KB102673

현대사회와
인문학

＊ 본 도서는 교육부의 재원으로 지원 받아 수행된 대학특성화사업의 결과물입니다.

현대사회와 인문학

김정동 지음

연암서가

지은이
김성동

서울대학교에서 철학과 윤리학을 공부하고 철학박사 학위를 받았으며, 현재 호서대
학교 문화기획학과 교수로 있다. 저서로는 『떼이야르 드 샤르댕』, 『돈 아이디』, 『인간
열두 이야기』를 비롯하여 '열두 이야기 시리즈'로 『문화』, 『영화』, 『기술』, 『소비』 등이
있고, 옮긴 책으로는 『기술철학』, 『현상학적 대화철학』, 『다원론적 상대주의』, 『윤리의
진화론적 기원』, 『실천윤리학』(공역), 『예술은 무엇을 위해 존재하는가』 등이 있다.

현대사회와
인문학

2017년 3월 15일 초판 1쇄 인쇄
2017년 3월 20일 초판 1쇄 발행

지은이 ㅣ 김성동
펴낸이 ㅣ 권오상
펴낸곳 ㅣ 연암서가

등 록 ㅣ 2007년 10월 8일(제396-2007-00107호)
주 소 ㅣ 경기도 고양시 일산서구 호수로 896, 402-1101
전 화 ㅣ 031-907-3010
팩 스 ㅣ 031-912-3012
이메일 ㅣ yeonamseoga@naver.com
ISBN 979-11-6087-005-3 03190

값 17,000원

이 책은 애초에 "인문학과 빅 데이터"라는 학사과정의 "현대사회와 인문학"이라는 강의의 교재로 기획되었다. "인문학과 빅 데이터"라는 학사과정은 빅 데이터를 인문학적으로 해석함으로써 현대사회에 대한 통찰을 얻고 그러한 통찰에 힙 입어 현대사회를 발전시켜 나갈 새로운 아이디어들을 찾아내도록 마련되었으며, "현대사회와 인문학"이라는 과목은 그러한 과정의 기초과목으로 개설되었다. 그래서 이 책은 학사과정의 목표에 직접적으로 접근하기보다는 그러한 접근의 토대로서의 역할을 자임하고 있다.

오늘날 우리 사회의 교수들은 지식의 창조자로서의 역할과 아울러 지식의 연결자로서의 역할을 요구받고 있다. 이 책을 기획하고 저술하고 있는 필자는 30여 년 대학 강단에서 교편을 잡으면서 자신이 지식의 창조자로서는 상대적으로 적게, 지식의 정리자로서는 상대적으로 많게, 기여하였다고 생각해 왔다. 하지만 오늘날 필자에게 추가적으로 요구되고 있는 것은 지식의 연결자, 즉 기존의 지식을 다음 세대

에게 연결시켜주는 역할이다. 이 역할에 이 책이 충분히 기여하기를
기대한다.

　이러한 두 종류의 요구에 따라, 즉 학사과정 상의 요구와 교수의 역
할에 대한 새로운 요구에 따라, 이 책을 기획하면서, 필자는 인문학적
관점에서 사회현상을 분석하고 있는 다양한 논의들을 모아서 새로운
세대에게 소개하고, 이러한 소개를 따라 새로운 세대들이 그러한 다
양한 논의들의 원천으로 접근하여 더 깊이 더 넓게 나아가도록 인도
하고자 했다. 그래서 가능하면 다양한 논의들의 육성을 제대로 들려
줄 수 있도록 하기 위하여 직접적으로 인용하고자 했다. 하지만 직접
인용이 너무 번잡할 경우에는 간접 인용도 했는데, 인용문이나 따옴
표 속의 인용들은 직접 인용들이고, 본문이나 따옴표 없는 인용들은
간접 인용들이다. 직접 인용이 거듭된 경우에는 마지막에 인용처를
표시했다. 아울러 이러한 인용이 가능하도록 훌륭한 논의를 먼저 제
시해준 인용문의 저자들에게 경의와 감사를 표한다.

　이 책에서는 그러한 논의들을 세 부분으로 나누었는데, 첫째 논의들
은 인문학 일반과 특히 인문학의 핵심적 주제라고 할 정의의 문제들
을 다루고, 둘째와 셋째 논의들은 한국사회의 정의 문제와 지구촌의
정의 문제를 다룬다. 물론 둘째와 셋째 논의가 끝난 다음 다시 빅 데이
터의 문제와 기만의 문제를 인문학 일반에 대한 논의로서 추가적으로
다루고 있다.

　그래서 이 책의 논의는 모두 열세 개로 이루어져 있는데, 책의 첫 두
장과 마지막 두 장인 인문학 관련 네 논의, 첫 두 장 뒤의 다섯 장인 한
국사회의 정의 관련 다섯 논의, 그리고 그 다음의 네 장인 지구촌의 정

의 관련 네 논의가 그것들이다. 물론 각각의 장들이 긴밀하게 얽혀 있는 것은 아니고 다소간의 독립성을 가지고 있기 때문에, 큰 문제없이 자신이 관심이 있는 장만을 따로 읽을 수도 있다.

강의의 보조 자료로 적합할 수 있는 내용을 이렇게 책으로 굳이 묶은 것은 준비된 내용을 오직 소수의 수강자들과 공유하기보다는 다수의 독자들과도 공유하기를 원했기 때문이다. "현대사회와 인문학"이라는 주제에 관심을 가지는 일반 독자들에게도 필자로서는 일독을 권하고 싶으며, 또 그러한 일독을 통하여 더 깊고 더 넓은 다독의 세계로 나아가기를 기대한다.

2017년 2월
지은이

차례

표 차례

그림 차례

주요참고도서 및 약어

거품 | 김동환, 『빅 데이터는 거품이다』, 서울: 페이퍼로드, 2016.

결혼 | 카르본/칸, 『결혼시장』, 김하현 옮김, 서울: 시대의창, 2016.

공정 | 리트비노프/메딜레이, 『공정무역』, 김병순 옮김, 서울: 모티브북,
2007.

궁극 | 전병근, 『궁극 인문학』, 서울: 메디치미디어, 2015.

기본 | 헤니/코브체, 『기본소득: 자유와 정의가 만나다』, 원성철 옮김, 인
천: 오롯, 2016.

기후 | 워커/킹, 『핫토픽-기후변화, 생존과 대응전략』, 양병찬 옮김, 서
울: 조윤커뮤니케이션, 2008.

너희 | 마제, 『너희 정말, 아무 말이나 다 믿는구나!』, 배유선 옮김, 서울:
뿌리와이파리, 2016.

다중 | 전병유/신진욱, 『다중격차』, 서울: 페이퍼로드, 2016.

빅데 | 에이든/미셸, 『빅 데이터 인문학: 진격의 서막』, 김재중 옮김, 파
주: 사계절, 2015.

세금 | 선대인, 『세금혁명』, 고양: 더팩트, 2011.

실천 | 싱어, 『실천윤리학』, 황경식/김성동 옮김, 고양: 연암서가, 2013.

에코 | 양혜림, 『기후변화, 에코철학으로 응답하다』, 대전: 충남대학교출판문화원, 2016,

우리 | 천주희, 『우리는 왜 공부할수록 가난해지는가』, 파주: 사이행성, 2016.

응용 | 브로디, 『응용윤리학』, 황경식 옮김, 서울: 종로출판사, 1988.

해외 | 랭커스터, 『왜 세계는 가난한 나라를 돕는가』, 유지훈 옮김, 서울: 시공사, 2010.

행동 | 노리오, 『행동경제학』, 이명희 옮김, 서울: 지형, 2003.

혁명 | 피케티/사에즈/랑데, 『세금혁명』, 박나리 옮김, 파주: 글항아리, 2016.

호모 | 김만권, 『호모 저스티스』, 서울: 여문책, 2016.

1장
인문학이란?
: 인간다운 삶

위키피디아의 인문학

우리가 어떤 단어의 의미를 아는 것은 에드문트 후설Edmund Husserl이 말한 생활세계lifeworld에서의 학습의 결과이다. 그러나 우리는 이러한 학습의 결과에 기초하여 내가 모르는 새로운 단어의 의미도 알아낼 수 있다. 그러한 단어의 의미를 전문가에게 물어볼 수도 있고, 책에서 찾아볼 수도 있지만, 가장 간단하고 쉬운 방법은 사전에서 찾는 것이다. 사전은 이러한 필요에 즉각적으로 대응하기 위한 가장 효율적인 도구이다.

현재 우리가 문제 삼고 있는 단어는 인문학이다. 인문학이라는 단어의 의미를 어렴풋이 알고 있기는 하지만, 그 의미를 명확히 확인하기 위하여 우리는 우선 사전을 참조하고자 한다. 그중에서도 위키피디아

Wikipedia[1]라는 이름의 온라인 사전을 선택하였는데, 이는 21세기 우리의 지적 상황, 즉 집단지성collective intelligence을 대변하는 대표적인 사전이기 때문이다. 오늘날 우리는 몇 사람의 천재들에게 의존하여 지적발달을 이루기보다는 집단의 지성에 근거하여 지적 발달을 성취하고 있다. 위키피디아는 이러한 집단 지성의 산물로서 유기체와 같이 계속 성장하고 있는 유력한 지식의 창고다. 아래의 내용은 위키피디아의 내용을 필자가 일부 번역하고 첨삭하였다.

인문학이라는 말과 그 역사

인문학이라는 말은 영어 humanities의 번역어로서 한자로는 人文學이라고 적는다. 한자문화권에서는 선비가 갖추어야 할 기본지식으로 문사철, 즉 문학, 역사, 철학을 이야기하곤 하는데, 이를 보통 인문학에 대한 간단한 정의로 본다. 우선 '인문'이라는 한자어 표현은 라틴어 humanitas라는 말의 번역인데, 이는 '인간됨' 혹은 '인간성'을 뜻한다. humanities를 인문학으로 번역한 것은 근대에 들어 서양 학문을 본격적으로 도입했던 일본 사람들이었을 것으로 추측된다.

한국에서의 철학의 성립과정을 연구한 한 연구자에 의하면, 서구인들이 philosophy라고 불렀던 것을 철학哲學, 즉 명철한 학문이라고 옮긴 것도 일본 사람들이다. 중국 사람들은 이를 원어의 의미를 살려, 즉 사랑을 뜻하는 philos와 지혜를 뜻하는 sophia를 글자 그대로 번역하

---

1 영문사전 홈페이지 주소는 en.wikipedia.org이고, 한글사전 홈페이지 주소는 ko.wikipedia.org이다.

여 애지학愛智學이라고 옮겼다. 다음 절에서 의견을 들어볼 고전학을 전공한 이태수 교수도 "르네상스Renaissance를 인문주의의 부흥이라고 부른 것도 일본 사람입니다."(궁극 21)[2]라고 지적하고 있다.

특히 이 교수는 이러한 인문학과 우리의 학문적 전통의 관계를 이렇게 설명하고 있다. "그렇다고 우리가 인문학을 안 했다는 것은 아니고, 공맹[즉 공자와 맹자]을 읽어 온 것은 틀림없는데, 그걸 인문학이라고 부르지는 않았지요. 사실 과거에는 학문이 곧 인문학이었습니다." (궁극 21) 사서오경이 주요 학문이었던 유교사회를 전제한다면, 오경인 시경, 서경, 역경, 춘추, 예기와 사서인 대학, 중용, 논어, 맹자가 문학, 역사, 철학을 가름한다고 말할 수 있을 것이다. 이렇게 보면 우리는 원래 인문학을 하고 있었지만, 서양식 인문학을 받아들여, 동서가 포괄된 인문학을 하게 되었다고 정리할 수 있다.

여하튼 humanities라는 표현은 르네상스 시대의 라틴어 표현 studia humanitatis에서 비롯되었는데, studia는 영어로 study라는 뜻이며, humanitas는 고전 라틴어 단어로 '인간성'이라는 의미 외에도 '문화, 세련, 교육'이라는 뜻을 포함하고 있고, 특히 '교양 있는 사람에게 적합한 교육'이라는 의미도 포함하고 있다.

15세기 초반에 studia humanitatis는 문법, 시학, 수사학, 역사, 그리고 도덕 철학으로 구성된 학습과정이었는데, 이것들은 주로 그리스와 로마의 고전들에 대한 연구에서 도출된 것이었다. 르네상스 시대

---

2 앞으로 인용을 표시할 때는 이와 같은 방식을 취한다. 여기서 '궁극'이 어떤 책을 가리키는가는 주요참고문헌에서 확인할 수 있고 '21'은 인용문이 있는 쪽수를 가리킨다. 인용처가 주요참고문헌이 아닐 경우에는 직접 참고문헌을 표시했고, 이후의 인용에서는 저자명을 약어 대신 사용했다.

의 이탈리아인들은 humanitatis를 응용하여 새로운 신조어 umanisti 라는 단어를 만들었는데, 이로부터 '인문주의자'라는 뜻의 humanist 라는 단어도 나타났다.

서구에서 인문학에 대한 학습은 고대 그리스로까지 소급될 수 있는데, 이는 자유민인 시민들을 위한 광범위한 교육의 기초였다. 로마시대에는 일곱 개의 교양과목, 즉 liberal arts라는 개념이 만들어졌는데, 여기에는 문법, 수사학, 그리고 논리학으로 구성된 세 학문Trivium과 대수학, 기하학, 천문학, 그리고 음악으로 구성된 네 과목Quadrivium이 있었다. 이러한 과목들이 중세 교육의 대부분을 구성하였는데, '행위의 방식들' 혹은 기술들로서의 인문학이 강조되었다

15세기 르네상스 휴머니즘Renaissance humanism과 더불어 주된 변화가 생겨났다. 당시 인문학은 실천보다는 연구의 주제로 간주되기 시작하였으며, 이로 인하여 전통적인 영역들로부터 문학이나 역사와 같은 영역으로 변화되었다. 20세기에 들어와 이러한 견해는 탈근대주의 운동으로부터 다시 도전을 받았다. 탈근대주의자들은 인문학을 보다 평등주의적인 용어로, 인문학이 유래한 그러나 전혀 민주적이지 않았던 그리스나 로마 사회 이후의, 민주주의 사회에 적합하도록 다시 정의하고자 시도하였다.

인문학의 의의에 대한 다양한 주장들과 비판들

인문학이 인간에게 어떤 영향을 주는가와 관련하여 다양한 논의들이 있는데, 크게 보면 첫째로, 자기반성을 도와준다는 주장이 있는가

하면, 둘째로, 의미를 이해하게 해준다는 주장도 있으며, 셋째로, 지식 탐구의 기쁨을 준다는 주장도 있다.

첫째, 19세기 후반 이후로 인문학에 대한 핵심적인 정당화는 인문학이 자기반성을 돕고 고무하며, 그것이 다시 개인적 의식이나 시민으로서의 적극적인 의무감을 돕고 고무한다는 것이었다. 이러할 때 인문학은 인간의 경험들 중에서 자연에 대한 경험, 즉 자연과학으로부터 구분된다. 이러한 인문학은 비슷한 문화배경을 지닌 같은 마음의 사람들을 하나로 묶고 과거의 철학과 자신들의 문화적인 연속성을 제공한다.

다른 한편으로 20세기와 21세기의 학자들은 자신들의 개인적인 사회적 및 문화적 맥락 밖에서의 생생한 경험들에 관한 기록을 이해하는 능력으로서 '서술적 상상력narrative imagination'이라는 개념을 제안하였다. 그들은 이러한 서술적 상상력을 통하여 인문학을 연구하고 공부하는 학자들과 학생들은 우리가 살고 있는 다문화사회에 보다 적합한 양심을 발달시키게 된다고 주장하였다. 그러한 양심은 보다 적극적인 자기반성을 허용하는 소극적인 형태를 취하거나 책임 있는 세계시민이 가져야만 하는 시민적 의무의 분담을 촉진하는 적극적인 공감의 형태를 취할 수도 있다. 그렇지만 인문학 연구가 개인에게 미치는 영향의 수준과, 인문학 활동에서 산출되는 이해가 사람들에게 확인할 수 있는 적극적인 효과를 가질 수 있는지 여부에 대해서는 의견이 일치하지 않는다.

둘째, 일반적으로 인문학적 연구와 자연과학적 연구는 구분되는데, 이러한 구분은 연구 주제에 대한 문제라기보다는 어떤 문제에 접근하는 양태의 문제이다. 인문학은 의미, 목표, 혹은 목적에 대한 이해에 초점을 맞추며, 나아가 하나뿐인 역사적 혹은 사회적 현상들을 평가하고자 한다. 이를 우리는 진리를 발견하는 해석학적 방법이라고 부르기도 한다. 이에 반해 자연과학은 사건들의 인과성을 설명하거나 자연 세계의 진실을 밝히고자 한다. 서술적 상상력은 다양한 사회에 적용될 수 있을 뿐만 아니라, 역사와 문화와 문학에서 의미를 생산하고 재생산하는 중요한 도구이다.

예술가와 학자의 도구로서의 상상력은 청중으로부터 반응을 이끌어내는 의미를 창조하도록 돕는다. 인문학자들은 언제나 생생한 경험과 연결되어 있기 때문에, 어떠한 절대적인 지식도 이론적으로 불가능하다. 지식은 그 대신에 텍스트가 읽히는 맥락을 발명하고 재발명하는 끊임없는 과정이다. 인문학의 이러한 성격은 자연과학과 달리 정답 없음을 내포하게 되며, 연구의 끊임없는 자기부정을 불러오게 된다.

셋째, 어떤 학자들은 인문학이 자신을 방어하는 최선의 방법은 인문학의 유용성을 거부하는 것이라고 말하기도 한다. 물론 이러한 주장은 역사와 철학보다는 문학에 주로 초점을 맞춘다. 인문학을 정당화하기 위하여 보통 사회적 유용성, 즉 생산성의 증대라든가, 개인의 교양증대, 즉 지혜의 증대나 편견의 감소를 이야기하는데, 이는 사실적 근거가 없는 주장이라는 것이다. 이러한 이들은 심지어 인문학적 훈련의 결과로서 자주 이야기되는 비판적 사고력도 다른 맥락에서 얻을 수 있다고 주장하며, 제2차 세계대전 이후의 대중 교육 시대 이전에 인문학이 제공한다고 말해졌던 사회적인 지위도, 사회학자들은 이를

'문화적 자본cultural capital'이라고 부르기도 하는데, 이도 제공하지 않는다고 또한 주장한다.

그렇다면 인문학이 제공하는 것은 무엇인가? 그들이 주장하는 것은 독특한 종류의 기쁨, 자식에 대한 공통의 추구에 기초한 기쁨이다. 그러한 기쁨은 서구 문화에서 특징적인 여가의 사유화privatization나 즉각적인 만족의 증대와 대비된다. 기쁨에 대한 학문적 추구만이 근대 서구 소비사회에서 사적인 영역과 공적인 영역을 결합시키며, 근대 민주주의의 토대가 될 공적인 영역을 강화시킨다. 하지만 이러한 주장과 관련하여, 오늘날 인문학 교수들이 인식론적 방법의 증명(나는 너의 논증의 질에 신경을 쓰지 결론에 신경 쓰지 않는다.)보다 교화(나는 너의 결론에 신경 쓰지 논증의 질에 신경 쓰지 않는다.)를 선호한다는 비판도 있다. 이렇게 되면 교수와 학생들은 제한된 일단의 관점들에 철저히 집착하고, 대립적인 관점들에는 흥미도 이해도 가지지 못한다. 일단 그들이 이러한 지적인 자기만족을 갖게 되면, 학습이나, 연구나, 평가에서의 쇠퇴가 일반적이게 된다. 만약 이렇다면 이는 인문학의 자살이다. 왜냐하면 인문학은 물음을 그치지 않는 데 있기 때문이다.

인문학에 대한 오늘날의 이러한 평가는 인문학이란, 인문학에 대한 공적인 지지에 대항하여 논증을 수행하는 것이 오히려 인문학의 본질이라는 주장이다. 우리는 변화하는 세계에, "문화적 자본"이 과학적 가독성으로 대체되는 세계에, 살고 있으며, 르네상스 인문학이라는 낭만적 관념은 쇠퇴하고 있다. IT에 인문학을 접목하는 것처럼 문학자, 역사가, 예술학자들이 경험과학자들과 공동 작업에 종사하거나, 인터넷을 이용하여 소설을 발표하는 것처럼 경험과학의 발견과 발명들을 지적으로 이용하는 것이 결정적으로 중요하게 보이는 것이 오늘날의 시대적 특성이기는 하지만, 인문학은 끊임없는 전복을 통하여 현재의 상태에서 개선을 목표로 한다는 점에 그 본질적 유용성이 있다.

인문학과 교양과목

인문학과 같은 의미로 사용되는 표현에 교양과목liberal arts이 있다. 영어에서 이 표현이 대학의 교양 교과를 가리키는 데 사용되기는 하지만, 그 표현의 원래 뜻을 새겨보면 '교양과목'이 '자유의 기술들'임을 의미하고 있다. 라틴어로 이는 artes liberales인데, 고전적 고대에서 자유인들이 시민적 삶에 적극적으로 참여하기 위해서, 좀 더 구체적으로는, 예컨대 그리스인들에게는, 공적인 토론에 참여하고, 법정에서 자신을 변호하며, 배심원으로서의 역할을 수행하고, 가장 중요하게는 병역 의무를 수행하기 위하여, 알아야만 하는 필수적인 것으로 간주되는 교과목들이거나 기술들이었다. 왜냐하면 라틴어로 liberalis는 '자유인에게 적합한'이란 의미이기 때문이다. 이에 반해 오늘날 우리가 전공과목이라고 일컫는 과목들은 '섬기는 학문'이라고 불렸는데, 이는 자유민을 섬기는 사람들이 전문화된 능력과 지식을 갖추고 자유민들을 섬기도록 훈련받았기 때문이다.

이렇게 보면 그리스와 로마 시대나 중세시대에 교양과목은 유전적으로 자유인인 시민이 자신의 역할을 제대로 수행하기 위한 필수과목들이었다. 르네상스 이후에도 이러한 전통은 유지되었지만, 자유인이 피에 의해 자격을 획득하는 것이 아니라 법에 의해 자격을 획득하는 것으로 바뀌어감에 따라 교양과목의 의미에도 변화가 있게 되었다. 자유인인 시민으로서 역할을 수행하기 위하여 필수적으로 갖추어야 하는 기술이라는 의미가 바뀌지는 않았지만, 자유인인 시민이라는 위상이 유전적으로 주어지지 않고 법률적으로 주어지는 현대사회에서 교양과목은 시민으로서의 역할에 앞서 시민으로서 자격을 획득하는 전제조건이라고 볼 수 있다. 즉 민주시민으로서 다른 시민들을 자신과 마찬가지로 존중하고 나아가 다른 시민들을 위하여 자신을 희생할 줄 아는 보편적인 태도의 획득이 그것이다. 어떤 사회의 문화적 교양이 그 사회의 성장이나 행복의 정도를 결정할 수 있다면, 교양과목 내지 인문학은 한 사회의 성장이나 행복을 좌우하는 결정적인 요소라고 간주할 수 있다.

문사철의 인문학

인문학을 문사철, 즉 문학, 역사, 철학이라고 보면, 각각의 세부 학문에서 인문학이 어떻게 이해되고 있는지를 보는 것이 인문학을 이해하는 다른 한 가지 방법일 수 있다. 앞에서 사전에게 인문학이 무엇인지를 물어보았다면, 이제 인문학자들에게 인문학이 무엇인지 물어보기로 하자.

먼저 철학자에게 인문학을 묻는다. 철학은 본질을 따지는 학문이니 인문학의 본질에 대하여 할 이야기들이 있을 것이다. 둘째로 역사학자에게 인문학을 묻는다. 역사는 생겨난 일에 대한 기록이자 그 기록에 대한 해석이니 인문학에 대한 나름의 견해를 제시할 것이다. 셋째로 문학자에게 인문학을 묻는다. 철학과 역사가 이성 지향적이라고 한다면 문학은 감성 지향적이기에 철학이나 역사와는 차별된 견해를 보여줄 것이다. 「조선일보」 조선비즈 지식문화부장으로 일하면서 북클럽 큐레이터를 맡고 있는 전병근 기자는 오늘날의 대표적인 지성들을 인터뷰하여 『궁극의 인문학』을 편집하였는데, 이 책에서 세 분의 견해를 주목하여 살펴보고자 한다.

철학자 이태수 교수의 인문학

고전학자인 이태수 교수의 인문학에 대한 견해들에서 우선 주목할 것은, 인문학과 고전의 관계이다. 인류 역사에 일찍이 등장하여 그 보편적 가치를 인정받고 있는 문화 산물들을 우리는 고전이라고 부른다. 앞에서 보았듯이 현재의 인문학에 대한 이해는 고전의 인문학과 그것을 부활시킨 르네상스의 인문학이 중복되어 있기 때문에, 이 교수는 다음과 같이 고전에 대한 관심이 인문학이라고 강조한다.

그리스 문헌을 공부하는 것도 인문학에 들어갔습니다. 그리스 문헌을 읽을 줄 알아야 사람 노릇을 한다는 뜻이었습니다. 옛날에 한문 공부를 해야 사람 노릇한다고 말했던 것과 통합니다. 이렇듯 인문학이라는 말의 뿌리에는 이미 고전 공부라는 뜻이 들어 있습니다.(궁극 21)

이처럼 고전으로서의 인문학을 공부하는 이유를 이 교수는 두 가지로 설명하고 있다. "[지금은] 낯선 것을 찾아가는 것"과 "인류가 보편적으로 받아들인 것을 재확인하는 것"이다. 그는 이 둘이 다른 것이 아니라고 지적하고 있는데, "그러니까 우리가 찾아 캐 들어가는 것은 인류의 보편적이고 근원적인 것인데, 그동안 우리가 잊어버리고 있었기 때문에 지금 다시 캐보니까 낯설고 새로워 보이는 것이라는 거지요." (궁극 17) 이처럼 고전 공부를 인문학과 동일시하는 까닭은, 고전에서 현재가 비롯되었지만 우리가 현재에 대하여 만족하지 못하기 때문에, 현재가 비롯된 고전으로 돌아가서 현재에 이르는 길을 새롭게 재구성하는 실마리를 찾고자 하기 때문이라고 보인다.

둘째로, 이 교수의 견해들에서 주목할 것은 인문학이 보편성과 특수성을 겸비하고 있다는 사실이다. 우리가 오늘날 보편적 인문학이라고 부르는 그리스 사상이나 공맹 사상도 처음에는 그리스에서 그리고 중국에서 시작되었다. 그러나 그러한 사상이 다른 문화권으로 전파되어 타당성을 획득함으로써 특수성이 보편성으로 확장되었다. 그래서 이 교수는 다음과 같이 지적하고 있다. "그런 점에서 인문학은 보편적이면서도 동시에 발생 문화권의 특색을 버리지 못한다고 봅니다."(궁극 23)

이러한 이 교수의 견해에서 우리가 특히 주목할 것은 한국 인문학에 대한 그의 확연한 견해이다.

따라서 우리가 영어로 인문학을 하면 그것은 한국 인문학이라 할 수 없습니다. 우리 인문학은 우리말로 해야 합니다. 우리말 속에 우리의 근원적인 체험이나 생각 등이 다 녹아 있기 때문입니다. 그런 것들을 학문적으로 정련하는 것이 인문학입니다. 삶을 떠나서 인문학은 성립하지 않습니다. 따라서 '한국의 인문학'은 따로 있어야 합니다.(궁극 23)

이러한 이 교수의 지적에 따르면, 한국의 인문학은 한국어로 인문학을 하되, 한국인의 삶에 영향을 미치고 있는 동양과 서양의 보편적인 전통들을 포괄해야 한다.

셋째로, 이 교수의 견해들에서 달리 주목할 만한 것은 인문학의 방법에 대한 그의 날카로운 통찰이다. 우리도 이미 알고 있듯이, 오늘날 우리 사회에서 대학 인문학 연구와 대중 인문학 강연의 차이가 많이 벌어지고 있는데, 이는 대학의 인문학 강의의 신중함과 대중성이 대중 인문학 강연의 신중함과 대중성과 많은 차이를 보이기 때문이다. 이에 대하여 이 교수는 대중이 현명해져서 대중 인문학 강연의 수준이 상승될 것을 기대하면서, 또한 동시에 대학 인문학 강의가 세분화된 장벽 속에 갇히지 말고 한국 문화를 구성하는 일원으로서 적극적으로 대중에게 나아가야 한다고 충고하고 있다.

이에 덧붙여 그가 강조하고 있는 것은 수사학에 대한 그의 견해이다. 수사학은 말을 꾸미는 기술을 가리키지만, 오늘날의 입장에서 볼 때 수사학은 내가 알고 있는 걸 남에게 얘기하고, 남이 얘기하는 걸 내가 듣는 커뮤니케이션학이다. 이 교수는 이러한 수사학이 인문학의 대단히 중요한 일부로서 소크라테스가 이러한 인문학의 전형이라고 지적한다. "소크라테스는 남과 이야기하면서 자기 생각을 다듬었습니다. 그것이 대화이고 인문학입니다."(궁극 28) 오늘날 대학 인문학 강의

와 대중 인문학 강연에서 모두 부족한 것이 바로 이것이라고 이 교수
는 또한 지적한다.

> 앞으로 우리 인문학에서 더욱더 필요한 것은, 1천~2천 명 모아놓고
> 혼자 떠드는 것이 아니라, 저녁때 모여서 책 한 구절 놓고 같이 토론
> 하고 얘기하는 문화를 키워가는 것입니다.(궁극 29)

이러할 때만이 지속적인 대화를 통한 자기반성과 상호발전의 과정
인 인문학이 제대로 꽃필 것임은 두말 할 나위도 없다.

역사학자 주경철 교수의 인문학

역사학자에게 인문학이란 무엇일까? 그것은 곧 역사학이다. 역사에
는 시간 위에서 일어났다 사라진 사실들이 있지만, 이러한 사실들만
으로 역사가 만들어지는 것은 아니다. 그러한 사실에 대한 철학적 해
석과 문학적 수사 없이 역사는 결코 존재할 수 없다. 서양 역사의 시
조라고 불리는 헤로도토스Herodotos의 『역사』나 동양 역사의 시조라고
불리는 사마천司馬遷의 『사기』는 결코 사실들만을 기록하고 있지 않다.
그것들은 그들의 철학과 수사에 의해 채색된 사실들일 뿐이다. 그래
서 역사학자 주경철 교수의 역사 이해는 주 교수의 표현 그대로 "인간
의 내밀한 심층에 대하여 살펴보고 사회에 대해 해석해주는 우리 정
신의 무당 같은 존재"(궁극 129)라고 요약할 수 있다.

그러한 무당으로서 주 교수의 오늘날 우리 사회의 인문학에 대한

견해는 사뭇 비판적이다.

> 남이 도와주는 '열기'에 기대기 전에 인문학이 스스로 갱신해서 사회
> 에 신선한 메시지를 주어야 합니다. 고고한 척하면서 어느 옛날이야
> 기를 반복하고 있는 것은 아닌지, 진보적인 척하면서 허황한 이데올
> 로기 슈퍼전파자에 그치는 것은 아닌지 생각해 볼 필요가 있습니다.
> 사회과학과 자연과학에 눈떠서 그런 내용들을 끌어들여 새로운 해
> 석의 틀을 제시하는 노력이 필요합니다.(궁극 135)

주 교수는 인문학이 타자의 조력에 의존할 것이 아니라고 지적하고
있다. 인문학이 자력으로 자신을 갱신해야 한다는 것이다. 우선 자신
의 장점이라고 내세우는 과거와 미래에 대한 가벼운 태도를 반성해야
하며, 과학적인 태도와 자세를 강력하게 견지하여 참된 인문학을 세
워야 한다는 것이다.

주 교수의 인문학, 즉 역사학에 대한 견해에서 주목할 만한 둘째 것
은 전문 역사 연구자들과 일반 대중의 역사 인식의 관계다. 일반인들
은 역사사료에 직접 접하는 것이 아니기 때문에 일정한 해석자를 통
하여 역사에 접하게 된다. 오늘날 공식적인 통로는 역사 교과서이고
비공식적인 통로는 소설이나 영화나 텔레비전의 역사물들이다. 그래
서 주 교수는 이렇게 지적한다.

> 일반 대중의 역사 '인식'은 넓은 의미에서 문학에 지배되기 마련입니
> 다. …… 이러한 경우에 역사가 왜곡되거나 정치적 영향 하에 들어갈

우려가 있고, 흔히는 저급한 수준으로 떨어질 위험이 있습니다. 그럴 때 전문 역사가들의 연구가 그런 문제 해결에 도움을 주어야 합니다.(궁극 135-36)

주 교수가 들고 있는 그러한 예는 『로마인 이야기』를 쓴 일본 작가 시오노 나나미다. 주 교수는 한국사회에 많은 열광적인 독자를 가지고 있는 시오노 나나미의 작품이 나름대로의 통찰을 가지고 있기는 하지만, 전제가 되어 있는 사관이 제국주의 사관이며, 역사적 사료가 부족한 부분에 가서는 섣부른 주관적인 해석으로 대처하고 있다고 비판하고 있다. 주 교수는 그녀의 위안부 문제에 대한 인식을 예로 들면서, "강력한 지배체제에 의한 식민지적인 제국 지배를 미화하는"(궁극 138) 그러한 인식 아래 만들어지는 문화 산물이 대중의 역사 인식을 좌우할 경우 문제가 된다고 강조하고 있다.

주 교수의 인문학, 즉 역사학에 대한 견해에서 주목할 만한 셋째 것은 역사가 왜 필요한가에 대한 답이다. 주 교수의 주장에 따르면 역사는 우연적이다. 이때 우연적이라는 말의 의미는 "영어로 'accidental 하다'는 게 아니고(로또 당첨처럼 아무 원인도 없이 어쩌다 일어난 게 아니고), 'contingent하다'……(그 시대의 인과관계에 따른 연쇄로 일어난 것이다.)"(궁극 142-43)는 뜻이다. 우연의 의미를 이렇게 설정함으로써 나오는 결론은 "현재 결과가 우연적이라는 것은 지난 과거에서 지금과는 다른 방향을 취할 수 있었다."는 것이다. 이렇게 역사의 우연성을 이해하게 되면 역사를 만들어갈 현실에 대한 대응에서 좀 더 장기적인 안목을 갖게 된다. 이러한 안목을 갖게 되는 것 그것이 역사의 효용이다.

주 교수는 역사의 효용성을 이렇게 설명하고 있다.

우리 인생이 그런 게 아닐까요. 당면했을 때는 우연이지만 지나고 보면 필연인 겁니다. 이걸 거꾸로 풀면 필연인 듯 보이는 게 사실은 우연의 연쇄라는 거지요. 이런 분석과 종합을 하다 보면 인간은 지혜롭게 됩니다. 내가 얻은 지혜들을 나누는 게 역사(학)입니다. 역사야말로 우리의 사고 폭을 넓혀주고 당장의 기근에 매달려 몸부림치지 않을 수 있게 만들어줍니다.(궁극 145)

현실에 함몰되지 않고 현실과의 적정한 거리를 유지함으로써 현실에 좌우되는 꼭두각시가 아니라 현실을 좌우하는 조종자가 될 수 있는 통찰력을 가지게 하는 것, 이것이 인문학으로서의 역사학의 의미일 것이다.

한문학자 정민 교수의 인문학

문학자에게 인문학이란 무엇일까? 그것은 곧 문학이다. 문학 속에 역사와 철학이 정겹게 담겨 있기 때문이다. 정 교수의 두 예는 그의 전문분야인 새의 이름이다. 그에 따르면 노고지리의 한자어 표기 중에는 노고질老姑疾이라는 것도 있는데, 이것이 '늙은 시어머니 병났네'라는 뜻이며, 까마귀의 한자어 표기인 고악姑惡은 '시어머니는 못됐다'라는 뜻이다. "며느리가 시어머니에게서 받은 스트레스를 푼"(궁극 292) 이러한 표현이 바로 인문학이다. 인문학이 인간을 인간답게 만들어주는 학문이라고 한다면, 이렇게 새 이름에 의탁하여 억눌린 마음을 인간답게 풀어내는 것이 바로 인문학이 아니고 무엇이겠는가?

정 교수의 인문학인 고문학에 대한 견해들 중에서 우리가 먼저 주목하는 것은 이렇게 인간다움을 추구했던 옛글을 만나는 것이 고문학, 즉 인문학이라는 주장이다. 인간의 인간다움은 철학자들이나 역사학자들이 주로 다루는 거시적인 이념들에도 있지만 문학자들이 주로 다루는 미시적인 경험들에도 있다. 이러한 미시적인 경험들을 우리가 문학자들을 통하여 다시 만나게 될 때 우리는 "반짝 빛나는 보석 같은 장면, 뭉클하게 다가오는 순간"(궁극 297)을 경험하게 된다. 그러할 때 우리는 아리스토텔레스Aristoteles가 말한 카타르시스katharsis를 경험하고 인간적인, 더 인간적인 인간으로 되어 감을 느끼게 된다. 정 교수의 인문학은 이러한 순간과 장면을 제공하는 학문이다.

정 교수의 견해들 중에서 주목할 만한 둘째의 것은 인문학의 생산과정인 글쓰기와 인문학의 재생산과정인 글읽기에 대한 그의 견해이자 모범이다. 글쓰기와 관련하여 그에 따르면 "글에서 가장 중요한 것이 간결성"이다. 그의 상표적인 표현을 빌리자면 "한 글자만 빼도 와르르 무너지는 글"(궁극 298)을 쓰라는 것이다. 그는 이러한 그의 견해와 태도를 함께 하는 옛 말들을 이렇게 인용하고 있다. "글에는 여운이 있어야 한다.", "절대 다 말하면 안 된다.", "드러낼 듯 감춰라.", "한 마디도 하지 않았는데 의미가 전달되는 글을 써라."(궁극 300)

정 교수가 전하는 자신의 석사학위논문 심사기가 간명하게 글쓰기의 전체는 아니겠지만, 오늘날 형용사와 부사를 막강하게 동원하고 있는 글쓰기의 역설적인 무력감에 대한 적절한 설명일 수도 있을 것

같다. 그가 논문에서 인용한 '공산목락우소소空山木落雨蕭蕭'를 그가 옮긴 것처럼 "텅 빈 산에 나뭇잎은 떨어지고 비는 부슬부슬 내리는데"로 옮길 것인지, 지도교수가 수정한 것처럼 "빈 산 잎 지고 비는 부슬부슬"로 옮길 것인지의 문제이다. 글이 인간의 마음에 비수처럼 꽂히지 않으니 글이 무력해지고 인문학이 무력해지는 것이 아니겠는가?

글읽기와 관련하여 정 교수가 강조하는 것은 "책도 종류에 따라 읽기를 달리 해야 한다는 것, 소리 내 읽기와 베껴 쓰기의 중요성"(궁극 315)이다. 책을 무조건 읽을 것이 아니라 책의 성격에 따라 읽어야 한다는 것이다. 같은 책을 여러 번 읽을 필요가 있을 때도 있고, 그냥 한 번 보고 지나가야 할 책도 있다는 것이다. 특히 그는 멘토가 될 만한 책은 두고두고 여러 번 읽을 필요가 있음에도 오늘날 그러한 책 읽기가 드물어지는 것에 대하여 아쉬움을 표한다. 소리 내 읽기와 베껴 쓰기는 오늘날 실천하기가 쉽지 않은 읽기 방법이기는 하지만, 때로 그러할 필요가 없다고 할 수는 없을 것이다. 책을 읽어야 하는 이유에 대한 정 교수의 견해는, 책을 그렇게 중요하게 생각하지 않는 사람에게는 터무니없는 이야기처럼 들릴 수도 있겠지만, 삶의 우연적인 가지치기를 생각한다면 깊이 새겨들을 만하다.

책을 읽는 사람과 안 읽는 사람의 차이는 굉장히 큽니다. 그 점은 분명합니다. 그 차이는 겉으로 볼 때는 아무것도 아닌 것 같지요. 하지만 아주 치명적인 차이입니다. 책을 손에서 놓은 사람 또는 안 읽고도 아무 문제없이 살아가는 사람과, 책을 통해 자기 삶을 보듬어가는 사람은 차이가 대단히 큽니다. 그 차이가 얼마나 막강한지 잘 모르니까 안 읽는 건데, 그걸 알면 책을 안 읽을 수가 없어요. 자기를 좀 더 나은 인간으로 만들어주는 마지막 장치가 책이라고 생각합니다.(궁극 317)

책을 읽는 것이 인문학의 알파고 오메가라고 하면 지나친 말일까?

마지막으로 놓칠 수 없는 정 교수의 견해는 인문학 콘텐츠에 대한 날카로운 지적이다. 그는 전문성에 바탕하는 콘텐츠의 신선도가 중요하다고 지적한다. "오리지널 텍스트에 접근하는 능력이 없으면서 남이 해놓은 걸 뽑기만 해서는 절대 콘텐츠의 힘이 생기지 않습니다." 이에 덧붙이는 그의 콘텐츠의 성격에 대한 한 마디도 오늘날의 상식에 대항한다. 대중이라는 절대 진리에 대한 인문학의 항변이다. "대중성이라는 것도 독자를 끌어올려야 하는 것이지, 자기가 내려가는 것은 아니라고 생각합니다."(궁극 302)

그가 이렇게 하기 위하여 갖추어야 할 인문학자의 덕목으로 제시하고 있는 것은 '전문적인 깊이가 있는 정보'와 '새로운 방향의 질문'이다.

전문적인 깊이를 가지기 위해서는 그것이 고전이든 현실이든 간에 원재료에 접근할 수 있는 능력을 가져야 한다. 고전이면 고전을 원어로든 좋은 번역으로든 읽어야 할 것이며, 현실이면 현실에 치열하게 참여하되 현실에 함몰되지 말고 일정한 거리를 유지하는 객관성을 가져야 할 것이다.

새로운 방향으로 질문을 제기하기 위해서는 시간적이거나 공간적으로 다른 곳에서 전개된 질문들을 참고하여 질문을 새롭게 할 필요가 있다. 원천으로 되돌아가자는 르네상스의 구호 ad fontes는 원천에 대단한 무엇이 있어 그곳으로 돌아가자는 회고주의가 아니라 역사의 우연성을 확인하고 가지 쳐 나온 지점으로 돌아가 새롭게 가지를 치자는 의미를 담고 있다. 이러한 일들을 다하기 위해서 우리말과 외국어에 대한 상당한 지식이 필요하다는 점 또한 우리는 결코 잊지 말아야 할 것이다. 정 교수가 일찍 영어 공부를 안 한 것을 후회한다고 소회하고 있음도 주목해야 할 것이다.

정 교수의 인문학에 대한 견해를 요약하면서 이 글을 적고 있는 필자도 등골이 서늘하다. "남이 해놓은 걸 뽑기만 해서는 절대 콘텐츠의 힘이 생기지 않습니다."라는 말이 비수처럼 콕 찌르기 때문이다. 다만 이 글이 '남이 해놓은 것'을 뽑고 있기는 하지만, 이렇게 뽑아놓은 것을 통하여 그렇지 않았다면 그러한 것이 있을 것이라고 알지도 못했을 독자들을 그 '남이 해놓은 곳'으로 이끌 것이라는 믿음으로 이 글의 정당성을 자위해 본다.

"한 글자만 빼도 와르르 무너지는 글"이라는 표현에도 등골이 서늘하기는 마찬가지인데, 중언부언하고 있는 이 글을 보면 누더기를 걸친 것 같아 부끄럽기 짝이 없기 때문이다. 하지만 어떤 의미에서는 하나의 대상을 여러 방향에서 바라보고 여러 방식으로 이야기하는 것이 그 대상을 묘사하는 최선의 방법일 수도 있다. 여기서 필자는 훌륭한 분들의 도움을 받아 인문학이라는 코끼리를 장님이 코끼리 만지듯이 묘사하고 있다. 장님도 코끼리를 이모저모 고루 만지면 그래도 어느 정도는 대상의 진실에 가까이 갈 수도 있지 않을까 하는 변명으로 중언부언을 변호해 본다.

당신의 입장은?

1. 인문학은 인간을 자유롭게 하는가, 아니면 스스로를 자유민이라고 이해하는 사람들의 자기정당화인가?
2. 인간의 역사는 정말 contingent한 것일까, 아니면 accidental한 것일까?
3. 대중강연의 인문학도 인문학인가, 아니면 소수 토론의 인문학만이 인문학인가?

더 깊고 더 넓게 읽을거리

1. 전병근, 『궁극 인문학』, 서울: 메디치미디어, 2015.
2. 김시천, 『미래 인문학 트렌드』, 서울: 글담출판사, 2016.
3. 채사장, 『시민의 교양』, 서울: 웨일북, 2015.

정의에 대한 기본적인 이해

인간의 개체발생을 검토해 보면, 사람은 자신의 주변에 있는 사람을 흉내 냄으로써 사람이 되는 것은 확실하다. 이러한 주장에 대한 가장 결정적인 증거는 우리가 사용하는 언어다. 우리는 한국어를 사용하지만, 우리가 만약 한국에 태어나지 않았거나, 태어났다고 해도 아주 어릴 때 외국에 입양되었다면, 태어나거나 입양된 나라의 언어를 사용하게 되었을 것이다. 우리 정신생활의 가장 기초가 되는 언어가 이러할진대, 이러한 언어에 기초하는 다른 정신적인 특징들은 두말할 필요도 없다. 사실 우리의 정체성은 우리의 사회에서 주어지는 것이 틀림없다.

하지만 개인과 사회의 관계는 이렇게 단순하지만은 않다. 개인은 자신의 정체성을 사회에서 획득하기는 하지만, 독립적인 주체로서 사회적인 규범에 대응할 뿐, 그러한 규범을 전적으로 수용하지는 않는다. 그렇기 때문에 사람들은 사회를 이루고 살기는 하지만, 사회 내에서 개인 대 개인, 개인 대 집단, 심지어는 개인 대 사회 등의 방식으로 갈등을 보인다. 인간 사회는 이러한 갈등의 상황을 어떻게 조정함으로써 사회를 유지할 것인가에 대하여 많은 고민과 노력을 기울여왔다. 이러한 결과로 나타난 것이 정의라는 사회적 이상이다.

필자는 사회적 이상으로서의 정의를, 사회를 구성하는 사람들의 이익과 손해를 규정하고, 사회적인 손익이 동등하도록 조정함으로써, 구성원들이 사회에서 일관성 있는 대우를 받도록 하고, 그리하여 사회구성원이 사회의 구성원으로서 만족을 느끼도록 고안된 것이라고 파악한다.

이렇게 보면 정의justice의 기능은 손익을 규정하는 일에서 시작된다. 무엇이 손해이고 무엇이 이익인지를 규정할 수 있어야, 그 다음에 정의라는 말의 형용사인 '정당한just'에 해당하는 손익의 배열이 가능해진다. 이렇게 손익을 정당하게 배열함으로써 구성원들이 일관성 있는 대우를 받았다는 느낌을 주는 것이 정의라고 하더라도, 그러한 일관성의 내용은 시기와 장소에 따라 다양하다.

예컨대 근세 민주사회와 그 이전의 왕권사회의 일관성은 아주 다르다. 왕권사회가 각각의 계급에 따르는 일관성을 유지했다면, 민주사회에서는 만인의 평등에 따르는 일관성을 지향한다. 이렇게 일관성이 보장될 때 사회구성원은 자신의 사회에 대한 만족감을 가지고 그 사회의 유지와 발전에 헌신하게 된다. 물론 이러한 만족감은 최악의 정부도 무정부보다는 낫다는 전제에서만 인정될 수 있을 것이다. 만약 이러한 만족감이 없다면 구성원들은 사회가 부정의하며 사회의 변혁이 필요하다고 판단하고 행동하게 된다.

계급에 따르는 일관성은 어떻게 보면 '힘의 정의'와 '도덕의 정의'의 절충이다. 힘의 정의는 달리 표현하자면 현실의 정의라고도 할 수 있는데, 힘의 크고 작음을 인정하고 그러한 가운데서도 서로의 행위를 규정함으로써 일관성 있는 대우를 확보하려는 시도다. 조선시대의 정의가 이와 같았을 것이다. 이에 반해 만인의 평등에 따르는 일관성은 순수한 도덕의 정의다. 도덕의 정의는 이상의 정의라고 할 수 있는데, 힘의 크고 작음을 따지지 않고 평등한 존재로서 보편성의 원칙에 따라 서로의 행위를 규정함으로써 일관성 있는 대우를 확보하려는 시도다. 오늘날 우리 사회의 정의는 이와 같은 것이다.

사회적 이상으로서 이러한 정의를 실현하기 위하여 법률을 가지지 못한 사람들은 공동체를 대변할 지도자를 선출하여 그에게 정의의 사자로서 역할을 맡겼지만, 사회가 발전하고 법률이 등장하자 더 복잡한 경우들에 대처하기 위하여 법률이라는 형태로 일관성 있는 대우를 모색하게 되었다. 하지만 이러한 일관성을 보장하기 위하여 사회는 사회의 조정에 순응하지 않는 구성원에 대한 강제력을 행사해야만 한다. 그러한 강제력이 없다면 조정 자체가 불가능할 것이기 때문이다. 그래서 사회 또는 사회정의는 구성원들에게 사회적 조정을 대변하는 법률에 복종할 것을 요구하고 법률에 따라 자신의 생명과 재산의 일부를 사회에 제공할 것을 요구한다.

물론 그렇다고 해도 정의와 법률이 일치하는 것은 아니고, 정의의 정신을 행정적으로 구현하는 것이 법률이며, 정의에 의해서 이러한 법률은 언제나 다시 고쳐질 수 있다. 그러므로 법률은 정의의 현실적인 구현이라고 하겠지만, 정의를 절대적으로 대변하고 있는 것은 아니다. 시간과 장소에 따라 법률이 다양하지만 그러한 법률들이 대개 정의라는 동일한 명분으로 정당화되고 있는 것이 바로 이런 이유일 것이다. 또한 정의도 시간과 장소에 따라 다양한데, 결국 정의라는 것은 그러한 시간과 장소의 사람들이 자신들을 일관성 있게 대우하는 것이 무엇인지를 현실적으로 결정하기 때문일 것이다.

인류는 이처럼 각각의 시간과 장소에서 무엇이 정의인지를 규정하려고 노력해 왔다. 물론 이러한 노력들은 어떤 과거의 노력들과 어떤 이웃 사람들의 노력을 참조하여 계속하여 새롭게 이루어져 왔다. 그리고 앞으로도 인류는 이러한 노력을 계속해 나갈 것이다. 한 예로, 근대적인 국가의 등장 이후에 정의는 국가 내라는 전제에서 논의되어 왔지만, 오늘날과 같은 글로벌한 상황에서는 국가 간이라는 전제에서도 논의되어야 한다. 아직 우리는 이러한 상황에 대하여 충분한 정의 개념을 공유하지 못하고 있다. 계속되는 국가 내에서의 정의 추구와 더불어 국가 간의 정의 추구도 인류의 과제다.

이러한 과제에 대응해 나가기 위해서, 지금까지의 정의에 대한 예비적인 이해를 가지고, 이 장에서는 김만권 교수가 그의 저서 『호모 저스티스』에서 전개하고 있는 정의에 대한 훌륭한 정리들과 논의들을 인용하면서 현대사회의 부정의의 문제들을 생각해 보고자 한다.

힘과 정의

앞에서 우리는 정의를 '힘의 정의'와 '도덕의 정의'로 구분하여 보았다. 보통 우리가 정의를 문제 삼는 맥락은 도덕의 정의다. 그러나 이러한 도덕의 정의는 단숨에 얻어진 것이 아니라 힘의 정의에 대한 상당한 자기반성의 결과로서 드디어 얻어진 것이다. 그리고 이러한 힘의 정의는 여전히 우리 삶 속에 남아 있다. 특히 그것이 온전히 남아 있는 영역은 국가와 국가의 관계에서이다.

김 교수는 이러한 관계의 두 가지 예를 가지고 힘이 곧 정의인 여전한 현실을 지적하고 있다. 그러한 예의 하나는 국제연합이다.

> 국제연합은 크게 유엔총회와 안전보장이사회라는 두 개의 의사결정 기구로 구성되어 있다. 실제 유엔총회는 의사결정에서 모든 국가가 인구의 수나 국력에 관계없이 한 표의 동등한 투표권을 행사한다. 그러나…… 이 유엔총회의 모든 의사결정은 아무런 강제력을 지니지 않는다는 점이다. …… 아무리 국제연합 회원국의 압도적 대다수가 합의한 의결사안이라 할지라도 이 국가 [미국, 러시아, 영국, 프랑스, 중국 이라는 상임 이사국] 중 한 국가라도 반대하면 그 결정은 무효가 되고 만다.(호모 45-46)

이렇게 보면 유엔총회는 도덕의 정의에 입각해서 운영되지만, 안전보장이사회는 힘의 정의에 입각해서 운영되도록 되어 있다고 볼 수 있다. 왜 이 다섯 상임이사국이 그러한 특별한 권능을 가져야 하는가? 도덕의 정의에서 보면 그러해야 할 이유가 없지만, 힘의 정의에서 보면 그러해야 할 이유가 있다. 그것이 현실이기 때문이다. 이런 의미로 힘의 정의는 현실의 정의라고 부를 만하다. 이와 마찬가지로 여전히 우리의 삶 속에 남아 있는 힘의 정의의 또 다른 예는 핵확산방지조약이다.

> 핵확산방지조약의 핵심은 이미 핵을 보유한 국가들은 어쩔 수 없고 핵을 보유하지 않은 국가들은 더는 핵을 보유해서는 안 된다는 것이다. …… 미국, 러시아, 프랑스, 영국 등은 인류를 몇 번씩 멸망시키고도 남을 만큼 핵을 보유하고 있으면서도 핵확산방지조약을 명분으로 다른 국가들이 핵을 보유하려는 시도를 가로막고 있다. …… [이러한] 논리는 주권국가 간의 관계가 평등하다는 입장에서 보면 도저히 이해할 수 없는 것이다.(호모 47-48)

이처럼 국내에서라면 도저히 성립할 수 없는 주장이 국제사회에서는 당당히 통용되고 있는데, 사실 이러한 일은 국내에서도 도덕의 정의가 확립되기 이전까지는 마찬가지로 당당히 통용되고 있었던 정의였다. 우리가 이를 이상하게 생각하는 것은 이제 우리는 국내에서는 적어도 공공연하게는 그러한 주장을 펼칠 수 없기 때문일 뿐이다. 공공연하게 그러할 수 없다는 것은 사실은 공공연하지 않게는 여전히 국내적인 상황에서도 그러할 수 있다는 의미이기도 하다.

우리가 기대하고 있는 것과 달리 법을 만드는 사람들이 공정하지 못한 사람들이라면, 다시 말해 모든 사람들의 손익을 평등하게 고려하지 않고 특정한 사람들의 손익에 더 큰 비중을 두는 사람들이라면,

정의롭게 보이는 법률이 실제로는 정의롭지 못한 부분을 품고 있을 수도 있다. 플라톤의 『국가론』에 나오는 트라시마코스의 다음과 같은 주장은 그 전제, 즉 '각 정권은 자기 이익을 목적으로 합니다'가 언제나 옳은 것은 아니기 때문에 타당할 수 없지만 만약 정권이 공정하지 못하다면 그의 주장은 타당할 수 있다.

> 적어도 법률을 제정하는 데 있어 각 정권은 자기 이익을 목적으로 합니다. 일단 법 제정을 마친 다음에는 이 법, 다시 말해 정권 자체에 이익이 되는 것을 통치를 받는 사람들에게 정의로운 것인 듯 공표하고서는 이를 위반하는 자들을 정당하지 못한 일을 한 자들로 취급하고 처벌하는 것이죠. 그러니까 보세요. 모든 나라에서 정권의 이익이 정의이고, 아주 명백하게 이 정권이 힘을 행사하기에 정의는 더 강한 자의 이익으로 귀결하는 겁니다.(호모 67 재인용)

이러한 트라시마코스의 주장의 현대적인 버전이 콜린 크라우치Colin Crouch의 포스트민주주의post-democracy 이론이다. 그가 말하는 포스트민주주의란 민주주의의 모든 특성, "즉 '자유선거, 경쟁하는 복수정당, 자유로운 공개토론, 인권, 공무의 일정 수준의 투명성'은 여전히 존재한다. 그러나 모든 핵심적 의사결정이 민주주의 이전 시대처럼 '권력의 중심 주위에 모여서 특권을 추구하는 소규모 엘리트와 부유한 집단'에 의해 이루어진다."(호모 83)는 것이다.

간단히 말해서 민주주의의 외피를 뒤집어쓰고 있기는 하지만 내적으로는 정치경제 엘리트들이 지배하는 새로운 봉건주의를 가리킨다.

우리 사회의 일각에서 이야기하는 "유전무죄 무전유죄"라는 표현이 우리에게 무겁게 다가오는 이유는 이것이 우리 사회의 포스트민주주의의 증거일 가능성이 있기 때문이다.

앞에서 필자는 트라시마코스가 감행한 주장, 즉 '각 정권은 자기 이익을 목적으로 합니다'가 늘 옳은 것은 아니라고 지적하였다. 이것이 틀린 한 이유를 『국가론』의 정의에 대한 다른 논쟁자인 글라우콘의 말에서 찾아볼 수 있다.

서로에게 불의를 저지르기도 하고 또 당하기도 하면서 그 양쪽 다를 겪어보게 된 사람들은 불의를 온전히 피할 수도 없고 그렇다고 온전히 저지르는 일도 불가능함을 알게 되고, 이에 서로 간에 불의를 저지르지도 당하지도 않도록 약정을 하는 것이 이익이 되겠다는 생각을 하게 되었지요. 결국 이런 이유로 사람들은 자신들의 법률과 약정(계약)을 제정하기 시작했으며, 이 법이 내리는 지시를 합법적이며 정의롭다고 하게 된 겁니다. 이것이 바로 정의의 기원이자 본질이지요.(호모 92 재인용)

이렇게 보면 글라우콘의 정의에 대한 견해는 상당히 어중간한 것으로 보인다. 힘의 정의도 아니고 도덕의 정의도 아니고 그 중간 쯤의 어디라고 볼 수 있다. 하지만 현대적 관점에서 보면 그의 정의관은 사실 시대를 앞서 갔던 정의관이다.

우리는 어떤 것이 주관적인 견해와 관계없이 타당할 때 '객관적으로objectively 참'이라는 표현을 사용한다. 자연과학적 진술들은 대개 이러한 범주에 속한다. 하지만 현대적인 입장에서 보면, 무엇이 정의正義 justice인가에 대한 정의定義definition는 이러한 자연과학적 진술들과는 종류가 다른 것으로서 사회과학적 진술에 해당한다. 그래서 오늘날 사회과학에서 어떤 것이 주관적인 견해와 관계없이 타당하다고 보일 때 과거에는 자연과학에서처럼 '객관적으로 참'이라고 했지만 이제는 '상호주관적으로intersubjectively 참'이라는 표현을 사용한다. 이는 각각의 주관이 다양한 의견을 가질 수 있지만 그 부분에 대해서 주관들이 같은 의견을 가진다는 의미이다.

현대의 대표적인 독일철학자인 위르겐 하버마스Jürgen Habermas의 견해에 따르자면, 정의는 도구적 행위instrumental action나 전략적 행위strategical action의 산물이 아니라 의사소통적인 행위communicative action의 산물이다.(김원식,『하버마스 읽기』, 서울: 세창미디어, 2015, 108) 글라우콘의 정의에 대한 진술은 바로 이러한 상호주관적인 의미에서의, 의사소통적 의미에서의, 정의를 가리키고 있다. 후기 산업사회에서 살고 있는 우리가 정의를 논의하는 맥락은 트라시마코스적인 것이 아니라 글라우콘적인 것이다.

글라우콘에 따르면 정의는 다른 사람에게 해악을 가하지도 않지만 자신의 이익을 양보하지도 않으려는 사람들이 만드는 것이다. 그러므로 소수가 다수의 뜻을 저버리고 정의롭지 못한 법을 만들게 된다면 다수는 정의에 입각하여 그 법을 수정하게 된다. 우리 법에 유전무죄 무전유죄의 요소가 있다면 일순간에 완벽하게는 아니라고 하더라도 당연히 점진적으로 수정될 것이다. 포스트민주주의라는 용어가 만들어지고 통용된다면 그것은 이미 포스트민주주의에 대한 비판으로서 기능하며 그렇게 기능하도록 여론은 압력을 행사한다.

『국가론』의 또 다른 논쟁자인 칼리클레스의 말에 따르면 법과 관례라는 것은 바로 그러한 정의롭지 못한 법을 개선하고자 하는 약자의 노력이기 때문이다. 물론 칼리클레스는 이러한 노력이 '자연의 정의' 곧 힘이 옳음을 만든다는 진리에 반한다고 지적하고 있기는 하지만 그의 불만에도 불구하고 바로 그것이 인류사의 현실이기 때문이다.

> 법은 인간 다수를 형성하는 약한 자들이 만들어낸 것에 불과합니다.
> 그들은 법과 관례를 만들어서 …… 더 강하거나 우월한 위치로 갈 수 있는 능력 있는 자들에게 위협을 가하지요. 그리고 너무 많이 가지는 것은 부끄러운 일이다, 못하는 일이다, 라고 말하지요.(호모 127 재인용)

동물학자이자 문화인류학자인 크리스토퍼 보엠Christopher Boehm은 부족사회의 인간들에게 바로 이러한 특성이 있다는 것을 지적하였다. 그는 수렵채취인들의 사회를 관찰해 보면 '더 강하거나 우월한 위치로 갈 수 있는 능력 있는 자'라고 할 급부상자들upstarts을 여러 가지 방식으로 통제하고 있다고 설명하고 있다. 비판에서 조롱으로, 추방에서 처형에 이르는(Boehm, *Hierarchy in the Forest-The Evolution of Egalitarian Behavior*, Cambridge: Harvard University Press, 1999, 74) 다양한 방법들을 통하여 그들은 그들 사회의 평등주의를 유지하고 있다. 우리도 어떤 의미에서는 평판에서 출발하여 탄핵에 이르는 다양한 방법을 통하여 우리 사회의 평등주의를 유지하고 있다고 말할 수 있다.

도덕과 정의

우리가 살고 있는 현실이 실제적으로 정의롭지 않을 수도 있고 또 부정의하기에 정의로워야 한다고 다양한 비판들이 쏟아져 나오고 있기는 하지만, 이러한 도덕의 정의가 수립되기까지에는 선각자들의 많은 노력이 있었다. 서양 철학사에서 이러한 도덕의 정의, 이상의 정의를 고집했던 인물로 흔히 소크라테스를 들고 있다. 아테네의 젊은이들을 타락시키고 있다는 혐의로 재판을 받고 독약을 마시는 과정에서 소크라테스는 정의로운 그 도시의 정의를 더욱 정의롭게 만들기 위하여 자신의 생명을 버리는 일조차 마다하지 않았다.

> 자네는 전쟁터에서나 법정에서, 도시 혹은 아버지의 땅이 명령하는 것이 무엇이든 간에 따르든지, 그것이 아니라면 진정으로 정의로운 것에 대하여 도시를 설득해야만 하네. 자네 부모에게 폭력을 가하는 것이 옳지 않듯 자네 아버지 땅에 폭력을 가하는 것은 더더욱 옳지 않네.(호모 153 재인용)

공자도 부모님이 도둑질을 하는 것을 알았다면 어떻게 해야 좋을지 묻는 제자에게 세 번 도둑질을 그만두시라 말씀드리고 그래도 부모님이 듣지 않으면 도둑질한 물건을 담아 올 포대자루를 매고 부모님을 따라가 도우라고 말씀하셨다. 소크라테스에 따르면 부모님을 돕든지, 아니면 부모님께 그만두시라 말씀드려야 하는 것이다. 소크라테스는 세 번 그만두시라 말씀드리는 과정에서 독약을 마시게 되었던 것이다.

우리는 사실 사회계약론에서 주장하는 것처럼 계약을 맺은 적이 결코 없다. 우리는 그냥 태어났을 뿐이고 스스로 생각할 수 있는 능력이 생겨난 후에 보니 이 사회 속에 있었다. 아버지도 국가도 그 법률도 내가 선택한 것이 아니다. 그렇다면 나는 왜 아버지와 조국과 그 법률에 복종해야 하는 것일까? 소크라테스에게는 너무도 명백하여 해명할 필요가 없는 일이었는지 자세히 이야기하고 있지는 않지만, 짐작해 보면 내가 원하든 원하지 않았든 아버지와 조국에서 받았고, 받고 있고, 받을 은혜를 생각해 보면 당연히 복종해야 하는 것이다.

하지만 소크라테스의 위대함은 '진정으로 정의로운 것'에 대한 설득에 있다. 그는 그가 아스클레피오스에게 빚진 수탉 한 마리를 갚으려고 했듯이, 그가 아테네에 진 빚을 갚으려 했고, 그것도 단순히 복종하는 것을 넘어서서, 진정으로 정의로운 것을 설득함으로써 그 빚을 갚으려 했다.

다른 도시들은 자신들의 마음에 들지 않을 때 피의자에게 자신을 변호할 기회조차 제대로 주지 않았겠지만, 다른 도시보다 훨씬 더 정의로운 아테네는 그래도 소크라테스에게 그러한 기회를 주었다. 그는 그 도시를 더욱 더 정의롭게 만들기 위하여 긴 변론을 마다하지 않았으며, 나아가 도망보다 죽음을 선택함으로써 아테네에 복종하며 아테네를 더욱 정의롭게 만드는 노력을 그만두지 않았다. 자신의 이익을 따라 공동체의 요구를 거부하는 것이 아니라 자신의 이익을 저버리고 공동체의 이익을 선택하는 도덕적 자세를 견지했던 것이다.

결국 아테네의 다수는 아테네의 충실한 시민인 소크라테스를 아테네에 유해한 자로 판단하고 그를 사형에 처함으로써 아테네가 더 정의롭게 될 기회를 상실하였다. 우리가 참된 지식이란 어떠한 것인가에 대한 복잡한 인식론적 논쟁 속으로 들어가지 않는다고 하더라도, 다수가 정의롭다는 민주주의의 일반적인 공리, 즉 민주주의의 최종 의사결정수단이 다수결이라는 공리에 대하여 의심을 품을 수 있다.

김 교수는 이러한 다수결 제도에 대한 대표적인 비판으로 존 스튜어트 밀John Stuart Mill의 다음과 같은 비판을 인용하고 있다.

> 민주주의라는 말 속에는 두 가지 완전히 상반된 개념이 통용되고 있음을 알아야 한다. 순수한 의미의 민주주의는 평등하게 대표되는 전체 인민whole people에 의한 전체 인민의 정부를 지칭한다. 반면 사람들이 보통 생각하는 민주주의 그리고 지금까지 존재했던 민주주의는 특정 집단만 대표하는 그저 다수파 인민에 의한 전체 인민의 정부에 지나지 않는다. 전자는 모든 시민이 평등하다는 전제 위에 서 있지만 후자는 앞의 것과 묘하게 뒤섞여 실제로는 다수파를 이롭게 하는 특권 정부다.(호모 108 재인용)

이러한 논의의 연장선상에서 김 교수는 다수결의 원리가 빠질 수 있는 세 가지 함정을 또한 지적하고 있다. 첫째, "다수결 혹은 다수의 지배 논리가 빠질 수 있는 가장 큰 함정은 '다수'가 늘 옳다는 논리적 오류다. '다수'라고 할지라도 늘 옳을 수는 없는 법이다."(호모 109) 김 교수의 말은 잘못 들으면 다수가 대개 옳은데 늘 옳지는 않다고 들리는데, 사실 다수와 옳음 사이에는 아무런 관계가 없다. 다수결은 다수가 옳다는 의미가 아니라 다수가 선택했다는 의미이다.

둘째, "'다수'가 빠지는 또 다른 함정은 '다수의 결정이기 때문에 어쩔 수 없이 따라야 한다'는 것이다. 다수가 늘 옳거나 다수의 결정이기 때문에 조건 없이 따라야 한다면 '소수자의 권리'가 보호받을 수 있는 길은 사실상 존재하지 않는다."(호모 109) 그러므로 '조건 없이'가 아니라 '조건에 의거하여' 따라야 한다. 그 조건이란 소수파에 대하여 배려가 크면 클수록 다수가 그만큼 더 정당성을 갖는다는 것이다. 정당성을 강화하기 위해서라도 소수를 배려해야만 한다.

셋째, "다수가 빠질 수 있는 가장 큰 함정은 다수를 '전체'로 환원하는 것이다. 다수는 부분이지 전체일 수 없다."(호모 110) 다수는 다수일 뿐 결코 전체는 아니다. 다수를 전체라고 주장하는 것은 인지적인 오류일 뿐만 아니라 소수의 존재를 무화시키는 태도의 오류이기도 하다.

하지만 이러한 다수의 부정의를 보았던 소크라테스의 제자 플라톤은 중요한 것은 숫자가 아니라 합당한 지식이라고 비판하였다. 그가 들었던 선장의 비유가 바로 이를 지적하고 있다.

가령 한 선박에서 선주가 덩치나 힘에 있어서는 그 배에 탄 모든 사람들보단 우월하지만, 약간 귀가 멀고 눈도 마찬가지로 근시인 데다 항해와 관련해서 아는 것이 고만고만하다고 하세. 이때 선원들은 키의 조정과 관련해서 서로 다투고 있네, 저마다 자기가 키를 조정해야 한다고 생각해서지. 아무도 일찍이 그 기술을 배운 적도 없고, 자신의 선생을 내세우지도 못하며 자신이 그 기술을 습득한 시기도 내세우지 못하면서 말이야. 게다가 이들은 그 기술을 가르칠 수도 없는 것이라 주장하며, 누군가 그걸 가르칠 수 있는 것이라 말하기라도 하

면, 그를 박살낼 준비가 되어 있다네.(호모 196 재인용)

누가 선장이 되어야 하겠는가? 선장을 투표를 통해서 뽑는 것이 과연 타당한 일이겠는가? 플라톤은 당연히 선장은 전문적인 지식을 갖추고 선박을 안전하고 신속하게 목적지로 이끌 수 있는 사람이 되어야 한다고 지적하면서, 바로 그러한 사람이 철학자라고 주장하고 있다. 사회가 정의롭기 위해서는 철학자가 왕이 되어야 한다는 주장, 즉 철인왕philosopher-king에 대한 주장은 바로 이와 같은 논리 위에 서 있다.

이렇게 주장함으로써 플라톤은 정의를 지식의 문제로 환원시키는 위험을 초래하고 있다. 고대 그리스에서 정의dike라는 표현은 오늘날과 달리 윤리의 정의가 아니라 사실의 정의, 즉 적합한 것을 의미했기 때문에 플라톤의 이러한 환원이 틀렸다고 할 수는 없지만, 영국에서 활동했던 과학철학자이자 사회철학자였던 칼 포퍼Karl Popper는 『열린 사회와 그 적들』이라는 책에서 플라톤에게 전체주의를 옹호했다는 혐의를 두었다.

플라톤의 혐의는 사실 여기에 그치지 않는다. 그는 철인왕으로서 합당한 성품을 가진 사람을 철인왕으로 훈련시킴으로써 완성된 철인왕이 된다고 보았다. 즉 아무나 철인왕이 될 수 있는 것이 아니었다. 이런 의미에서 그는 어린 아이가 태어났을 때 어떤 일에 적합한지를 구분하여 그에 맞는 일을 하도록 훈련시킬 것을 제안했다. 생산을 담당할 것인지, 방어를 담당할 것인지, 통치를 담당할 것인지 정해야 했다.

플라톤의 제자인 아리스토텔레스는 플라톤과 달리 이러한 혐의에서 상대적으로 자유롭다. 왜냐하면 그는 정의와 관련하여 한 사람의 타고난 소질이 중요한 것이 아니라 누구든지 가지고 있는 인간의 이성을 꾸준히 계발하여 가지게 되는 성품의 상태가 정의라고 보았기 때문이다. "우리는 정의가 올바른 행위들을 행하는 자들로 만드는, 즉 올바르게 행하도록 하고 올바른 것들을 바라도록 하는 성품의 상태라는 것을 알고 있다."(호모 207 재인용)

그렇다면 이러한 이성의 성품을 어떻게 만들어나갈 것이냐가 문제가 될 것인데, 아리스토텔레스는 그것이 정의에 대하여 계속적으로 탐구함으로써 가능하다고 보았고 이러한 탐구행위가 바로 정치행위의 본질이라고 보았다. 그래서 그는 다음과 같이 말한다.

> 인간이 벌보다 혹은 어떤 사교적 동물들보다 더 정치적인 동물임은 명백하다. 우리가 자주 말하듯, 자연은 그 어떤 일도 헛되이 하지 않는다. 인간은 자연이 유일하게 말이라는 능력을 부여한 동물이다. 단순히 목에서 나는 소리는 기쁨 혹은 고통의 표시일 뿐이며 다른 동물에게서도 찾아 볼 수 있다. 그러나 말의 힘power of speech은 행동이 적절한지 아닌지 설명하기 위해 의도된 것이므로 정의로운 것과 부당한 것도 설명할 수 있다. 인간만이 유일하게 선과 악, 정의와 부정의, 유사한 것들을 이해할 수 있다는 것은, 인간이 지닌 특징 중 하나다. 그리고 이런 이해를 지닌 살아 있는 존재의 결합이 가족과 국가를 만든다.(호모 216 재인용)

소크라테스가 하고자 했던 일이 무엇이었던가? 자신의 조국에 더 정의로운 사회를 설득하고자 하지 않았던가? 아리스토텔레스는 이렇게 더 정의로운 사회를 설득하고자 하는 가운데 개인적인 성품이나 그러한 개인이 속해 있는 사회가 더 정의롭게 되어갈 것이라고 보았던 것이다. 김 교수는 아리스토텔레스의 논의의 핵심을 이렇게 정리하고 있다.

> 정의를 구축하기 위해 혹은 실현하기 위해 다른 사람들과 대화와 논쟁을 펼치는 가운데, 구성원들은 자신이 속해 있는 공동체가 지향하는 '좋은 삶'의 내용을 함께 형성하게 된다. 그뿐만 아니라 논의과정 속에서 그 내용을 몸소 익히게 되는 것이다. 이런 점에서 시민들의 정치참여는 '좋은 삶'을 만들어가는 과정이며, '좋은 삶'을 지향하는 정치공동체에서는 필수불가결한 요소다.(호모 216)

우리가 예비적으로 이해했던 정의의 개념은 글라우콘에서 이러한 방식으로 아리스토텔레스에게 이어지는 이해에 기반해 있다고 말할 수도 있다. 정의는 플라톤이 말하듯 소수의 사람만이 인식할 수 있는 고정된 진리라기보다는, 아리스토텔레스가 말하듯 다수가 실천 속에서 최선의 상태로 계속 개선해 나가야 할 하나의 이상이다.

하지만 고대 그리스의 선각자들의 노력은 여기까지였다. 로마 시대에 이러한 전통을 이어받는 철학자들이 없었던 것은 아니었지만, 그리고 중세 신앙과 정의를 연결시키는 논의들이 없었던 것도 아니었지만, 르네상스와 더불어 이들의 정신이 부활할 때까지, 인류는 정의에 대한 특별히 새로운 논의를 들을 수가 없었다. 우리가 근대라고 부르는 시간에 이르러서야 정의에 대한 인류의 관심은 다시 활성화되었다.

권리와 정의

정의가 다시 인류의 핵심적 관심사가 되었던 것은 근대국가의 성립에 따른 것이었다. "근대국가는 구교세력과 신교세력이 벌인 30년 전쟁을 끝내기 위해 1648년에 체결된 평화조약인 베스트팔렌조약을 통해 확립되었다. 이 조약의 뼈대는 각 국가의 영토 내에서 종교적 자유에 대한 배타적 권리를 인정하는 것이었는데, 이를 통해 등장한 근대국가는 영토 내 배타적 권리를 주권이라는 이름 아래 확고히 할 필요가 있었다. 근대국가는 그 정당성을 영토의 경계 내에 살고 있는 사람들의 권리를 보호하는 데서 찾았다."(호모 238)

이러한 국제법적인 정의는 글라우콘이 말한 타협적인 정의였지만, 이에 따라 국내법적인 정의는 법률에 복종하고 법률을 개선하는 소크라테스적인 정의를 생성하였다. 이러한 상황을 이론적으로 설명한 것이 영국의 정치학자 토머스 홉스Thomas Hobbes가 주장한 만인에 대한 만인의 투쟁a war of all against all 상태로부터 사회계약social contract으로의 전환이다.

김 교수는 홉스의 설명을 이렇게 요약한다. "만인의 만인에 대한 투쟁인 자연 상태에 살고 있는 인간은 삶이 고독하고 곤궁하며 추악하고 짧을 뿐만 아니라 항상 죽음에 대한 공포에 시달린다. 그래서 자연 상태에 존재하는 사람들은 죽음의 공포에서 벗어나 자신의 안전을 지키고자 하는 욕망 때문에 사회계약에 가담한다."(호모 240-41) 이러한 계약의 내용은 "각 개인이 사적인 판단을 자유롭게 할 수 있는 권리를 모두 포기하고 제3자인 주권자에게 넘겨주는 것이다."(호모 241)

홉스의 책 이름 『리바이어던』은 바로 이러한 주권자를 가리키는 것인데, 이는 성경 욥기에 나오는 바다괴물의 이름으로 책의 그림에서 그것이 들고 있는 칼과 주교장은 폭력과 판단의 절대적인 독점을 의미한다. 그가 국가라는 이러한 리바이어던을 강조했던 이유는 이것이 없는 자연 상태에서는 정의가 있을 수 없기 때문이었다.

정의와 불의라는 말이 존재하려면 그보다 앞서 분명한 강제력이 존재해야 한다. 그리하여 사람들이 계약을 파기했을 때 그들이 기대할 수 있는 이익보다 더 큰 처벌의 공포를 느끼도록 해 똑같이 계약을 이행할 수 있도록 해야 한다. 또한 사람들이 포기하는 보편적 권리의 대가로 상호 계약을 통해 얻는 소유권을 보장해 주어야 한다. 국가가 설립되기 전에는 이런 일을 가능하게 할 수 있는 강제력이 존재하지 않는다. …… 어떤 강제력도 세워지지 않는 곳, 다시 말해 국가가 존재하지 않는 곳에서는 소유권이 없다. 그러므로 국가가 없는 곳에서는 그 어떤 일도 부당하지 않다.(호모 244-45 재인용)

홉스가 인정하는 정의는 교환의 대가로 확보한 것이다. 근대국가에 살고 있는 우리는 한 국가의 구성원으로서 책임과 의무를 다함으로써 한 국가의 구성원으로서 보호와 지원을 받을 수 있다. 이러한 권리를 현대적인 표현으로는 시민권citizenship이라고 부른다.

하지만 이러한 정의는 근대국가 이전에도 늘 문제가 되었던 이방인의 문제, 즉 시민이 아닌 사람들의 문제를 해결하지는 못한다. 그리스 도시국가에서 자유로운 사람은 남성인 어른이었다. 여성과 어린이는 자유인이 아니었다. 이는 노예나 외국인도 마찬가지였다. 근대국가에서도 우리가 외국인의 신분을 가질 경우에 시민권자로서의 혜택을 누릴 수 없다. 이것은 실정법적으로는 불문가지의 일이다.

하지만 부족주의적인 유대교의 세계관을 넘어선 보편주의적인 기독교적 세계관에서 보면 인간을 이렇게 시민권으로 구분하는 것은 인권human rights이라는 개념을 염두에 둘 때 마음이 평안하지 못한 일이었다. 만인에 대한 만인의 투쟁이라는 극히 비관적인 견해를 제시했던 홉스마저도 이러한 상황에 대하여 불편해 하였다. 그는 연민과 잔혹함을 구분하였다.

연민pity은 타인이 겪는 재난을 두고 느끼는 슬픔을 말한다. 이런 감정은 같은 재난이 자신에게도 일어날 수 있다는 상상에서 나온다. 따라서 이런 감정은 동정compassion이라고 부를 수 있고, 오늘날 쓰이는 표현으로는 동료감fellow feeling이라고 할 수도 있다. 하지만 최상의 상황을 누리고 있는 사람들은 거대한 악에서 비롯되는 재난에 최소한의 연민밖에 느끼지 못하는데, 자신은 그런 재난을 겪지 않을 것이라고 생각하기 때문이다. 타인이 겪는 재난을 못 본 척하거나 느끼지 못하는 감정을 일반적으로 잔혹함cruelty이라 부르는데, 이런 감정은 자신의 운명이 안전하다고 느끼기 때문에 생겨난다.(호모 260-61 재인용)

이러한 기독교적인 세계관을 정의의 문제에 도입한 사람은 근세의 대표적인 철학자인 이마누엘 칸트Immanuel Kant였다. 칸트의 철학은 벤담의 철학과 같은 경험철학이 아니라 선험철학이라고 분류된다. 이는 경험을 문제 삼지 않고 경험 이전에 순수한 사유에서 철학적 논증을 시도한다는 의미이다. 왜 칸트는 경험을 배제하고자 할까? 경험은 개인마다 모두 다르지만 선험적인 이성은 모든 사람에게 같다고 생각하기 때문이다.

이처럼 경험과 무관하게 이성적으로만 생각할 때 우리가 이성을 가진 한에서 따를 수밖에 없는 도덕적 명령은 '개인적인 격률'이 '보편적 입법'과 일치되도록 해야만 한다는 소위 정언명법categorical imperative이다. 김 교수는 철학자들이 복잡하게 설명하고 있는 정언명법을 아주 간단하게 요약하고 있는데, "좀 더 단순하게 '역지사지易地思之의 태도'를 떠올려보자. '내가 받아들일 수 없는 일은 타자도 받아들일 수 없다.' 그러므로 내가 세우는 준칙의 근거는 언제나 '타자가 받아들일 수 있어야 한다.'는 것이다."(호모 268)

그러나 현실이 어떠한가를 보면, 우리는 일반적으로 내가 하면 로맨스이고 남이 하면 불륜(스캔들)이라는 이중적인 기준을 갖는다. 칸트는 이처럼 정언명법과 관련하여 우리가 일반적으로 제대로 대응하려고 하지 않는다고 지적하고 있다.

> 의무를 위반할 때마다 우리 자신을 돌아보면, 우리가 사실은 우리의 준칙이 보편적인 법칙이 되는 것을 바라지 않음을 알게 된다. …… 오히려 우리는 우리 준칙에 반대되는 것이 보편적인 법칙이기를 바란다. 의무를 위반할 때 우리는 다만 우리 자신을 위해서나 우리의 욕망을 위해서 마음대로 그 법칙에 예외를 두고 싶어한다.(호모 294 재인용)

만약 우리가 시민권을 가진 동료 국민의 이익은 존중하면서 시민권을 가지지 않은 외국인의 이익을 존중하지 않는다면, 우리의 개인적인 격률은 보편적인 입법의 원칙이 될 수 없다. 역지사지, 즉 입장을 바꾸어서 생각해 보면, 외국인인 나는 내국인과 같은 수준의 존중을 받기를 원하지 불리하게 차별을 받기를 원하지 않을 것이다. 그러므로 모든 사람이 동의할 수 있는 개인적 격률, 즉 보편화 가능한 개인적 격률은 어떤 사람이든 간에, 즉 그 사람이 시민권을 가지든 않든 간에, 인간으로서의 권리를 가진다는 것이다.

이러한 인간으로서의 권리의 구체적인 내용은 무엇인가? 그것은 내가 존중받고자 한다는 것인데, 그것을 칸트는 내가 목적이고자 한다는 것으로 표현한다. 일반적으로 나는 목적이었으면 하고 너는 나의 수단이었으면 한다. 물론 사랑에 빠졌을 경우에는 너는 목적이었으면 하고 나는 수단이었으면 하기도 한다. 역지사지의 논리로 생각하면 모든 사람이 희망할 것은 각자가 목적이었으면 하는 것이다. 그래서 칸트는 다른 사람을 오직 수단으로'만' 대하지 말고 목적으로'도' 대할 것은 요구한다. 그것이 이성의 요구이기 때문이다.

이러한 칸트의 입장은 시민권에 따라 인간을 달리 대하는 국가주의nationalism가 아니라 인권에 따라 모든 인간을 하나같이 대하는 세계시민주의cosmopolitanism로 나타난다. 이러한 입장은 교통과 통신이 발달하지 않은 20세기 이전에는 하나의 이상으로 생각되었지만, 교통과 통신의 발달을 통하여 지구촌을 이룬 우리에게는 하나의 현실로 간주될 수 있다. 국가와 국가 간의 장벽이 계속하여 엷어지고 있는 21세기 세계시민주의는 우리의 새로운 필요로서 대두하고 있다.

앞에서 우리는 힘의 윤리의 현실적 사례로 국제연합의 안전보장이
사회를 검토하였지만, 국제연합의 총회는 바로 이러한 세계시민주의
의 연장선상에서 구성되었다. 이러한 관점에서 보자면, 우리는 국내
적 정의와 국제적 정의는 물론이고 세계시민적 정의도 고려해야만 한
다. 예를 들어, 내가 운이 나빠서 가난한 나라에 태어났다면 내가 소망
했을 것을, 가난한 나라의 사람들도 소망하고 있을 것이기 때문에, 나
는 그러한 소망에 대하여 관심을 가져야만 한다. 우리가 가지고 있는
편협한 국가주의적 정의관에 대하여 칸트가 세계시민적 정의관을 제
안하였음을 고려한다면, 우리는 칸트를 시간적으로는 과거의 인물이
지만 이념적으로는 미래의 인물이라고 평가해야 한다.

효용과 정의

우리가 글로벌 사회 속에 살고 있기는 하지만, 그것은 우리 현실의
일부분일 뿐이며, 대부분의 현실은 국내적인 것이다. 우리는 평등한
시민권을 가지고 있기는 하지만 불평등한 경제수준에서 살고 있다.
그래서 우리가 가장 관심을 가지는 정의는 경제적인 정의이다. 하지
만 경제적 정의에 앞서 우리가 관심을 가지는 주제는 경제적 성장이
다. 왜냐하면 경제적 성장 없는 경제적 정의는 가난의 평등화밖에 되
지 못하기 때문이다. 경제적 정의가 풍요의 평등화가 되기 위해서는
우선 경제적 성장이 있어야만 했다.
　이러한 경제적 성장과 경제적 정의를 칸트적인 보편주의적인 입장

에서 개진한 사람은 공리주의Utilitarianism의 창시자로 알려져 있는 제러미 벤담Jeremy Bentham이다. 그의 입장은 보통 '옳고 그름의 척도는 최대다수의 최대행복이다,it is the greatest happiness of the greatest number that is the measure of right and wrong'라는 구호로 요약된다. 앞 단락의 맥락에서 보면 최대행복은 경제적 성장을, 최대다수는 경제적 정의를 가리키고 있다.

김 교수는 이러한 벤담의 '최대다수의 최대행복'이라는 원리에서 '최대행복'이 '최대다수'에 앞서는 원리라고 지적하고 있다. 왜냐하면 "최대행복이 최대다수보다 근본적인 공리주의의 원칙이기 때문이다. 최대행복은 일단 개인부터 공동체까지 모두 포괄할 수 있는 행위의 원칙이다." 그에 반해 "최대다수는 최대행복이 확장되어야 할 범위를 명시하는 이차적 기준에 불과하다. 최대행복은 최대다수보다 훨씬 더 근본적일 뿐만 아니라 포괄적인 공리주의의 기준이다." 그리고 "실제 공동체에서 사회구성원들이 [최대행복인] 생산의 문제를 놓고 갈등할 일은 그다지 없다. 많이 생산할수록 나눌 몫이 많아지기 때문이다. 그러나 이렇게 생산한 것을 어떻게 [최대다수에게] 분배할 것인지를 두고는 자연스레 갈등이 생기기 마련이다."(호모 306-7)

우리 사회에서 환경보호와 경제개발을 놓고 갈등이 빚어질 때, 일반적으로 단기적 이익인 경제개발이 장기적 이익인 환경보호보다 앞서게 되듯이, 최대다수와 최대행복이 서로 갈등을 빚게 되면 최대다수는 그 순서에서 최대행복에 뒤질 수밖에 없다. 여기까지는 문제가 아니다. 문제는 최대행복이 어느 정도 달성되었을 때, 그렇게 성취된 최대행복이 최대다수에게 나누어지지 않는 것이 문제다.

사실 논리적으로 보면 공리주의적인 효용이 최대화되려고 하면 최대행복은 가능한 한 평등하게 사회의 모든 구성원에게 나누어져야 한다. 왜냐하면 우리가 한계효용체감의 법칙이라고 알고 있는 것처럼, 하나를 더 누릴 때 느끼는 한계효용은 누리는 것이 많아질수록 그만큼 더 적어지기 때문이다. 그러므로 효용은 글자 그대로 결과로서의 평등에서 극대화된다. 그러나 현실은 그 반대라고 보아도 무방하다.

김 교수가 미국의 정치경제학자인 로버트 라이시 교수의 연구에서 인용한 바에 따르면 미국의 상위 1%의 인구가 국가 전체 소득의 23.5%를 가지고, 미국의 부호 400명이 지닌 재산이 하위 50%(미국인 1억 5,000만 명)가 지닌 재산보다 많은데(호모 134), 이러한 상황이 '최대다수'가 아닌 것은 확실하다. 이러한 현실은 벤담이 생각했던 효용성과는 전혀 상관이 없는 것으로 미국이라는 사회가 벤담이 주창했던 공리주의적인 효용성에 근거하고 있는 것이 아니라 단순히 효용성에 근거하고 있다는 증거이다. 즉 최대행복을 구현하지 최대다수의 최대행복을 구현하고 있지는 않다는 증거이다.

김 교수가 동국대 김낙년 교수의 연구에서 인용한 바에 따르면, 우리 사회도 미국과 마찬가지다. 상위 1%에게 25.9%의 자산이 집중되어 있으며, 하위 50%는 단지 1.7%의 자산을 소유하고 있다.(호모 312-3) 이러한 경향을 보다 장기적으로 보면 계속되어 온 증가추세의 한 지점이기 때문에 앞으로도 이러한 경향은 더욱 심해질 것으로 예상되어 더욱 걱정스럽다.

미국이 세계에서 가장 자본주의적인 사회이고, 한국이 그러한 미국 사회를 모델로 해서 경제발전을 이루어왔다고 해도, 이러한 부의 편중은 공리주의의 효율성을 저해하고 있다. 지금 우리가 살고 있는 사회가 소크라테스가 살았던 아테네처럼 정의로운 사회임에 틀림없겠지만 우리는 더욱 정의로운 사회를 만들기 위하여 '진정한 정의'에 대하여 더욱 적극적으로 논의하고 설득해야 할 당위를 갖는다.

이러한 당위에 대응한 정의에 대한 20세기 대표적인 이론가가 존 롤스John Rawls다. 그의 저서 『정의론』에 제시된 그의 견해는 보통 두 개의 원칙으로 요약되는데, 그 하나는 자유원칙Liberty Principle이며, 다른 하나는 공정한 기회의 균등Fair Equality of Opportunity과 차등 원칙Difference Principle이다. 첫째 원칙은 인간의 정치적 자유를 보장하는 가치들은 모든 사람에게 평등하게 분배되어야 한다는 주장이다. 둘째 원칙의 앞부분은 직업이나 직책의 기회뿐만이 아니라 삶의 기회들까지 평등화되어야 한다는 주장이며, 뒷부분은 만약 차등을 두어야 한다면 최소수혜자, 즉 사회적 혜택을 최소로 받고 있는 사람에게 이득이 된다는 조건에서만 수용되어야 한다는 주장이다.

차등의 원칙은 한계효용체감의 법칙에 따라서 보면 공리를 극대화하는 방법이기 때문에 공리주의의 취지에서도 합리적인 원칙이다. 롤스는 만약 우리가 사회의 제도를 정하는 사람들인데 우리가 최소수혜자인지 아니면 그 밖의 어떤 사람인지 알 수 없다고 한다면—그는 이를 '무지의 베일veil of ignorance'이라고 불렀다—우리가 비록 차가운 이기적인 사람이라고 할지라도—그는 이러한 상황을 '원초적 입장 original position'이라고 불렀다—최악의 경우를 대비하기 위하여 이러한 원칙에 기꺼이 동의할 것이라고 주장하고 있다.

김 교수는 롤스의 이러한 차등의 원칙이 많은 사람이 생각하고 있는 것처럼 재배분을 통한 복지국가 이념을 주장하고 있는 것이 아니라는 점을 지적한다.

　오히려 롤스는 복지국가, 특히 자산조사에 입각한 복지국가에 반대
한다. 자산조사에 의한 복지국가는 소위 구성원들의 소득과 자산을
기반으로 하여 낮은 소득과 열악한 자산을 지닌 이들을 대상으로 복
지를 실시하는 국가를 말한다. 롤스는 자산조사에 입각한 복지국가
에서는 자본이 사적 기업에 장악된 상황에서 정부에 소득을 의존하
는 사람들과 시장에서 임금으로 지족하는 사람들로 사회가 갈라져
있음을 지적하며 이런 형태의 분배는 바람직하지 않다고 힘주어 말
한다. 자산조사에 입각한 복지가 사회를 분열시키기 때문이다. ……
롤스는 애초부터 적정 소득이 분배될 수 있는 사회적 기본 제도가 갖
추어진 민주적 정체를 '재산소유 민주주의property-owing democracy'라고
부른다.(호모 333-34)

　자산조사에 기반을 둔 복지국가와 재산소유 민주주의와의 차이는
다음과 같이 설명될 수 있다. "일반적으로 '자산조사에 기반을 둔 복
지국가'는 과도한 소득격차뿐만 아니라 정치적 자유의 공정한 가치와
양립 불가능할 정도로 큰 규모의 부의 불평등이 상속되는 것까지도
허용"한다는 점에서 오늘날 우리 사회와 같은 양극화가 일어날 수 있
다. 그러나 '재산소유 민주주의'는 "자유롭고 평등한 시민들의 장기간
에 걸친 공정한 협력체계"이기에 한 계층이 사회적 자원을 독점하는
일을 허용하지 않는다.(호모 347)
　어떻게 이러한 일이 일어날 수 있는가? 재산소유 민주주의는 "일정

시기의 마지막 순간에 적게 가진 사람들에게 소득을 재분배함으로써가 아니라 각 시기가 시작하는 순간 생산적 자산과 인간자본(교육된 능력과 훈련된 기예)의 광범위한 소유를 보장함으로써 부의 집중을 피한다." 이렇게 하게 되면 "사회적으로 생산적인 자산은 일부 계층이 아니라 일반시민들의 수중"에 있게 된다. "그러므로 재산소유 민주주의에서 가장 핵심적인 것은 경쟁을 가장한 독점을 제거하고 자본소유를 분산시키는 것이다."(호모 347)

결국 롤스는 공리주의에서 최대행복의 문제가 아니라 최대다수의 문제를 다루고 있는 셈인데, 그것도 벤담의 양적 공리주의라기보다는 밀의 질적 공리주의 차원에서 이 문제를 다루고 있다. 그가 질적인 고려를 하고 있는 점은 원초적 입장이나 기회의 평등을 논의하면서 사회구성원의 지적인 수준이 동등해야 한다는 점을 강조하고 있다는 데서 볼 수 있다. 이러한 점을 고려할 때 그가 벤담이 말한 핀으로 사람을 찌르는 쾌락과 시를 읽는 쾌락이 동등하다고 하지 않을 것임을 짐작할 수 있다.

롤스가 최대다수를 위하여 제안하고 있는 차등 원칙을 구현하기 위한 방법론으로 김 교수는 노동의 시간당 최소임금을 지정하는 '최저임금제'와 생활에 필요한 총수입을 올릴 수 있도록 주별 수입이나 월별 수입을 규정하는 '생활임금제'는 물론이고, 사회구성원이라는 기초적인 자격만 갖추면 무조건적으로 지급하는 '기본소득'과 출발선상에서 어느 정도의 자본을 사회가 제공함으로써 평등한 출발을 보장하고자 하는 '기초자본'을 제안하고 있다.(호모 335-45) 우리는 11장에서 이러한 것들 중 '기본소득'에 대하여 좀 더 자세히 살펴볼 것이다.

당신의 입장은?

1. 우리 사회의 지배원리는 '힘의 정의'인가, '도덕의 정의'인가? 민주주의 인가, 포스트 민주주의인가?
2. 당신은 국가주의자인가, 세계시민주의자인가? 시민권이 우선인가, 인권이 우선인가?
3. 우리 사회의 상위 1%가 가지고 있는 자산에 대하여 우리는 어떤 태도를 취해야 하는가? 그들은 어떤 태도를 취해야 한다고 생각하는가?

더 깊고 더 넓게 읽을거리

1. 김만권, 『호모 저스티스』, 서울: 여문책, 2016.
2. 크라우치, 『포스트 민주주의』, 이한 옮김, 서울: 미지북스, 2008.
3. 샌델, 『정의란 무엇인가』, 이창신 옮김, 서울: 김영사, 2010.

3장
여기는 어디?
: 한국경제의 역사와 현황

'다중격차'라는 개념은 한신대학교의 한 연구단이 우리 사회의 불평등을 연구하는 과정에서 우리의 불평등한 경제적 현실을 파악하기 위하여 고안한 것이다. 이 연구단은 'Social Science Korea 다중격차 연구단'이라는 명칭을 가지고 있는데, 『다중격차, 한국사회의 불평등 구조』와 『한국의 불평등 2016』이라는 두 권의 책을 발간하였다. 이 장은 주로 『다중격차, 한국사회의 불평등 구조』에서의 논의를 인용하고 있다. 1절에서는 주로 다중격차의 등장과 그 정체를, 2절에서는 주로 다중격차의 현황과 그 내용을 다루고자 한다.

한국경제의 현실과 다중격차의 등장

한국경제의 현실

한국경제의 현실은 과거의 한국경제와 따로 존재하는 것이 아니다. 왜냐하면 지금의 한국경제는 과거의 한국경제에 대한 긍정적이거나 부정적인 대응에서 나온 것이기 때문이다. 대한민국은 1945년의 해방, 1948년의 건국, 1950년의 전쟁을 겪은 아주 빈곤한 나라였다. 1954년 1인당 국민소득은 67달러였고, 국민총생산의 50%는 농업을 중심으로 하는 1차 산업에서 나왔다.

이처럼 경제가 낙후되었던 시점이라고 해서 소득 불평등이 없었던 것은 아니었다. 물론 오늘날과 비교하면 국민 전체가 가난한 시절이었기 때문에 상대적으로 불평등이 작은 것처럼 보이기는 하지만, 계층 간, 산업 간, 지역 간 차이가 현저하였고, 외국원조와 일제의 재산 불하와 관련하여 특정인들이 독점적인 부를 축적하고 있기도 했다. 이런 상황에서 국가 정책은 경제의 재건과 절대빈곤으로부터의 해방을 지향하고 있었다.

1960년의 4·19혁명과 1961년의 5·16군사쿠데타라는 정치적 격변을 겪은 다음 군사정부는 중화학공업을 중심으로 한 본격적인 수출주도형 경제개발을 추진하였는데, 1960년대 말부터 1970년대에 걸쳐 국가중심적인 경제계획을 통하여 비약적인 경제성장과 압축된 근대화를 달성하게 되었다. 우리나라의 대통령들에 대한 직무수행 만족도와 호감도에 대한 한 조사에 따르면 이 시기의 박정희 대통령은

78.8%와 34.7%로 탁월한 평가를 받는데, 이는 군사독재라는 비난에도 불구하고 경제성장을 이끈 지도자라는 이유 때문이다.

이때는 최대다수의 최대행복 중에서 최대행복에 관심과 노력이 집중된 시기였다. 그래서 최대행복을 지향하는 성장 중심의 발전전략으로 파이를 키우는 것이 우선이었고, 최대다수는 낙수효과spillover effects를 이용하여 차후에 달성하고자 하였다. 이러한 전략 속에서 재벌이 경제건설의 중심축이 되고 중소기업들은 재벌의 하청기업으로 활동하는 경제체제가 성립되었다. 이 시절의 불평등한 경제 상태에 대하여 강병익 교수는 "다중격차와 한국정치"에서 다음과 같이 요약하고 있다.

이렇듯 국가에 의해 육성된 독점재벌의 형성과 계급·계층 간, 지역 간 격차확대는 제한적인 정치경쟁의 상황 속에서 고도성장시대의 불평등을 공고화하는 사회구조로 작동했다.(다중 173)

이러한 상황에 대한 국민적인 저항의 결과로서 만들어진 것이 '87년 헌법'이었으나 이후에 등장한 민간정부 아래서도 불평등은 축소된 것이 아니라 지속적으로 확대되어 갔다. 황규성 교수는 "다중격차: 한국사회의 불평등을 심문하다"에서 이러한 점을 다음과 같이 평가하고 있다.

1987년은 민주화의 분기점이었지만 그 이후 민주주의는 결함 민주주의defective democracy의 특징을 보여주었다. 1987년부터 선거에 의한 집권이라는 형식적 의미의 민주주의는 이루어졌지만 이후의 정부는 1990년대 중후반 이후 심각해진 불평등 문제에 성공적으로 대응하지 못했다.(다중 28)

1997년 경제위기가 왔고, 이러한 불평등 현상은 더욱 강화되었다. 황 교수는 이를 다음과 같이 요약하고 있는데, 이후 우리나라 경제는 이러한 기조를 계속 유지하고 있다.

열매가 공유되는 성장shared growth이 벽에 부딪혔다. 경제력은 대기업으로 집중되었고 낙수효과는 약해졌다. …… 시장은 근본적으로 재편되었다. 흔히들 "신자유주의"라고 부르는 시장(근본)주의적 개혁들, 예컨대 규제완화, 금융자유화, 노동시장의 유연화 등이 이때부터 본격적으로 전개되었다.(다중 28-29)

이와 더불어서 현재 우리가 처해 있는 경제현실의 특징은 수출 중심 체제, 특히 중국을 대상으로 하는 수출 중심 체제라고 지적할 수 있다. 사실 우리가 산업화를 시작한 이후 우리는 계속 수출을 통한 경제성장 정책을 지향하였다. 다만 1960년대부터 20여 년 간이 미국을 대상으로 하는 수출 중심 체제였다고 한다면, 1990년대 중반 이후에는 중국을 대상으로 하는 수출 중심 체제라는 점이 다를 뿐이다.

이러한 상황에서 90년대 이후 우리 경제의 특징을 전병유 교수와 정준호 교수는 "한국경제에서의 불평등 증가와 성장패러다임"에서 다음과 같이 요약하고 있다.

한국경제의 90년대 이후 …… 수출주도 성장체제는 단순히 특정한 수요체제라기보다는 제조대기업 주도의 조립형산업화라는 생산체제와 동아시아 생산 분업구조라는 지경학적 조건에 기반을 두고 있다. 이는 글로벌 가치 사슬과 관련된 외주화, 자동화, 숙련과 노동의 배제를 극단화하는 공급주도 성장체제이며, 한국·중국·일본의 생산 분업체제 하에서 중국의 고도성장에 의존하는 수출주도 성장체제이다. 이러한 수출주도 성장체제는 외환위기 이후 한국경제의 성장을 주도하였지만, 대내적으로는 연관효과(이른바, 낙수효과, spillover effects)를 약화시켰으며, 수출과 내수의 격차, 기업소득과 가구소득의 격차, 생산성과 소득의 괴리('임금 없는 성장'과 노동분배율의 하락) 등 불균형과 불평등의 문제를 심화하였고, 대중소기업 간 격차와 노동시장의 이중화(대기업 정규직 vs 중소기업 비정규직)를 초래하였다.(다중 106)

다중격차의 등장

앞에서 보았듯이, 우리의 경제는 여느 나라와 마찬가지로 도농과 빈부의 차이가 있는 상태에서 시작했고, 근대화의 과정을 통하여 우리 경제가 성장하는 만큼 자연히 그러한 빈부의 차이도 성장하였지만, 우리 특유의 경제성장 전략에 따라 그러한 차이는 더욱 강화되었다. 군사정부에서 민간정부로의 이양에도 불구하고 이러한 차이는 오히려 증가하였는데, 그것은 이러한 불평등에 대한 자의식이 충분하지 못한 일에도 이유가 있겠지만, 우리 경제가 채택해 온 수출중심 전략과 세계적인 경향으로서의 신자유주의와 산업기술발전의 결과가 작용한 일이기도 했다.

이런 과정에서 우리 경제는 양면적인 특징을 가지게 되었는데, 우선 출발점과 현재를 비교해 보면 이른바 낙수효과에 따라 사회 전체의 경제적 상황이 세계의 모범이 될 만큼 개선되었다는 것이다. 우리는 제2차 세계대전 이후에 독립한 나라들 중에서 원조를 받는 나라에서 원조를 주는 나라로 전환한 유일한 국가로서 자부심을 가질 만하다. 하지만 이러한 일반적인 양적 성장에도 불구하고 소득, 자산, 주거, 교육, 문화, 건강 등 다양한 종류의 불평등이 그러한 과정 중에 배태되었다. 글로벌 경제체계의 한 고리인 우리의 이러한 현상은 우리만의 고유한 현상이라고 할 수는 없지만, 우리 나름의 방식으로 극복해야 할 과제인 것은 분명하다. 황규성 교수의 논의에 의거하여 다중격차에 대한 이해를 높여보기로 하자.

다중격차multiple disparities는 이러한 불평등의 순환적 복합물을 가리킨다. 하나의 불평등이 다른 불평등을 낳고 그것이 다른 불평등을 낳는 방식으로 순환하여 다시 최초의 불평등으로 나아가는 것을 순환적이라고 일컫는다면 이러한 불평등의 요소들이 그러한 과정에서 서로 간에 영향을 주어 서로 분리할 수 없는 상태로 뒤엉켜 있는 것을 복합물이라고 부를 수 있을 것이다.

소득격차가 커지고 소득격차는 자산의 불평등으로 연결된다. 소득과 자산의 불평등은 다시 수도권과 비수도권, 서울에서도 강남과 강북으로 나뉘는 주거공간의 분리와 자가소유, 전세, 월세 등 주거형태 불평등의 심화로 이어진다. 소득, 자산, 주거의 격차는 다시 교육 불평등에 영향을 주고 출신대학은 또다시 소득격차로 연결된다. 이제 불평등의 여러 영역은 매듭이 없는 사슬처럼 완성체가 되어가는 것 같다.(다중 24)

황 교수는 다중격차를 다음과 같이 정의한다. "다중격차란 다양한 불평등 영역이 지속적인 상호작용을 통해 서로가 서로를 강화시켜 개별불평등의 작동방식과는 다른 독립적인 내적 작동방식을 갖춘 불평등의 특수한 형태다."(다중 26) 이러한 다중격차는 어떻게 하여 오늘날 우리의 현실이 되었는가?

일차적으로는 다양한 불평등이 확대되고, 불평등의 요소들의 상호결합을 방지하고 있었던 불평등 방어 장치들이 해소된 결과이다. 상품의 질이 아니라 상품의 가격으로 승부를 거는 수출주도형 성장을 위해 강행된 전반적 저임금 정책은 1990년대 말 경제위기를 통하여 등장한 시장 근본주의의 바람을 통하여 임금의 산업부문별 그리고 기업 규모별 격차를 확대하였다. 물가관리를 위해 동원되었던 금융규제는 금융산업의 발전과 금융자유화에 따라 해체되었다. 토지는 개인의 노력의 산물이 아니라 자연이 우리 모두에게 제공한 재화라는 이해에 기초한 토지공개념제도의 색도 바래어졌다. 쿠데타로 집권한 신군부가 서민경제개선책으로 단행한 과외에 대한 금지도 2000년 헌법재판소 판결로 폐지되고 과외는 합법화되었다.

이렇게 되자 소득과 자산의 연결에서부터 왜곡이 일어나기 시작하였다. 산업화 과정에서는 소득인 봉급을 저축하여 자산인 집을 장만하는 일이 가능하였지만, 산업화가 성숙되는 시점에 이르자 주택이 자산 형성의 수단으로 보편화되면서 소득이 조금 나은 계층이 금융을 이용하여 주택구입을 확대함으로써 저소득자들이 주택을 구입할 수 있는 가능성이 낮아지게 되었고, 소위 8학군이라는 교육중심지에 주택을 구입할 수 있는 가능성은 불가능에 가깝게 되었다. 이제는 소득과 자산은 물론 교육에까지 불평등이 연결되게 되었다.

교육은 어느 사회에서나 신분상승의 유력한 통로이고, 특히 과거제도를 통하여 관리를 등용하는 오랜 전통을 가졌던 우리 사회에서는 자녀들의 신분상승을 희망하는 부모들이 가정의 지출에서 가장 나중에 절감하는 가계 사용처였다. 이러한 교육과 소득이 어떻게 연결되고 있는지를 보면 우리가 처한 다중격차의 한 단면을 여실히 들여다볼 수 있다. 부모의 임금소득과 학생들의 수능성적은 과외라는 매개를 통하여 예상할 수 있는 것처럼 밀접한 연관을 맺고 있다.

모든 학생들이 같은 교실에서 같은 선생님의 지도를 받아 공부한다는 이상적인 학교 상황을 전제한다면, 학생들의 수능성적은 학생의 지적 자질과 개인적인 노력의 산물이어야 한다. 과외가 필요 없을 정도로 지적 자질이 우수하거나 개인적인 노력이 탁월한 예외적인 학생이 없는 것은 아니지만, 평균적인 학생을 대상으로 조사한 보고서에 따르면, 가구 월평균 소득과 월평균 사교육비는 정비례 관계를 보이며, 학생성적 순위와 월평균 사교육비 또한 정비례 관계에 있다.

간단히 말해서, 소득이 클수록 사교육비를 더 많이 지출하며, 사교육비를 더 많이 지출할수록 학생성적이 상승되는 경향이 있다는 것이다. 황 교수는 "명문대에 진학하기 위해서는 할아버지의 재력, 엄마의 정보력, 파출부의 헌신, 아빠의 무관심이 필요하다는 우스갯소리에는 진실이 담겨 있다."(다중 32)고 지적하고 있다.

　문제는 학생의 성적에 따라 대학이 달라지고, 대학이 달라지면 직장이 달라지며, 직장이 달라지면 소득이 달라진다는 순환적인 현실에 있다. 거듭 강조하지만, 이러한 경향성 자체가 모든 사람이 반드시 이러한 틀을 따른다는 의미는 아니다. 실제로 우리 사회의 고소득자가 전부 소위 유명대학 출신인 것은 아니며, 많은 사람들이 소위 그 밖의 대학 출신이기도 하다. 다만 사회 전체를 평균해 보면 이러한 경향이 나타난다는 의미이다. 여하튼 어떤 사업장에서 근무하느냐에 따라서, 또 같은 사업장에서 근무하더라도 학력수준에 따라서, 임금격차가 나타나는데 이는 위에서 본 과정을 거쳐서 다음 세대로 이어져 계층의 세습화를 감지할 수 있는 수준에 이르렀다. 최근에 등장한 소위 수저론은, 금수저를 물고 태어난 사람과 흙수저를 물고 태어난 사람의 운명이 다르다는 숙명론은, 바로 이러한 현상에 대한 비판이라고 하겠다.

　황 교수가 이러한 다중격차의 특징으로 들고 있는 것은 다섯 가지다.

　첫째, 다중격차는 불평등 범주의 상호작용에서 도출된다. 소득·교육 다중격차에서 과외금지는 범주 간 상호침투를 억제하는 역할을 했다. 그러나 과외금지라는 차단막이 걷히고 소득과 교육이 서로를 넘나들며 맞물려가는 과정에서 소득-교육 사이의 다중격차가 생겨났다.(다중 33)

　둘째, 다중격차는 다양한 불평등 범주와는 구별되는 고유한 문법을 가진다. …… 교육 불평등은 학생이 가진 지적 능력의 함수지만, 다중격차의 영역에는 가구소득이 독립변수로 포함되었다.(다중 34)

셋째, 다중격차는 구조화되는 경향이 있다. 구조화란 다중격차가 해체하기 어려운 단단한 짜임새로 견고하게 굳어지는 것을 의미한다. 학교보다 학원이 유능하고, 학원비를 낼 수 있는 쪽과 없는 쪽이 있다면, 학원비를 많이 내는 쪽이 좋은 성적을 거두는 경향성이 더욱 확실해진다.(다중 34)

넷째, 다중격차는 재생산된다. 다중격차가 일단 구조화되면 고정된 상태로 머무는 것이 아니라 문법의 시공간적 확장을 통해 재생산 단계로 넘어간다. …… 부모의 재력으로 양질의 사교육을 받아 수능 성적이 좋다면 그것 자체로 세대 간 1차 재생산이 이루어지고, 학생이 명문대를 나와 좋은 일자리를 얻고 고소득자가 되어 자식에게 사교육을 시킨다면 2차 재생산이 이루어진다.(다중 35)

마지막으로, 다중격차는 환원불가능성을 낳는다. …… 다중격차의 환원불가능성은 다중격차가 발생하기 이전으로 되돌릴 수 없다는 의미가 아니라 되돌리는 과정에서 또 다른 복잡한 문제를 야기하기 때문에 시계태엽 되돌리듯 기계적으로 단순한 해법을 찾기 어렵다는 것을 의미한다.(다중 35)

이러한 한국의 다중격차는 다른 사회와 공유하는 부분도 있지만, 압축적 산업화 시기 이후, 그리고 경제위기 시기 이후의 특이성에 의해 독특하게 형성된 부분도 또한 있다. 압축적 산업화 시기의 상황을 울리히 벡Ulich Beck이 말하는 소위 '엘리베이터 효과'라고 요약할 수 있다. 누구나 엘리베이터를 타고서 상승할 수 있는 기회가 아직 있었다.(다중 12)

하지만 경제위기 이후에는 엘리베이터 효과가 크리스토프 부터베게Christoph Butterwegge가 말한 '버킷 엘리베이터 효과'로 전환된다. 버킷 엘리베이터는 예를 들면 주차빌딩의 순환식 엘리베이터를 가리킨다. 한 쪽이 올라가면 다른 쪽은 내려간다. 황 교수는 이러한 다중격차가 배제적이라고 지적하는데, 왜냐하면 "불평등의 중첩이 체계화된다는 것은 일단 어느 한 영역에서 낙오하게 되면 다른 영역에서조차 다시 회복하기 어렵게 된다는 것을 뜻"하기 때문이다. "가정의 소득과 자산→사교육→대학진학→노동시장→소득의 연결고리 중 어느 하나에서 이탈되면 좀처럼 다시 끼어들기 어렵다."(다중 37)

이제 개천에서 용 나던 시대는 지나갔다. 심지어는 용이 되기 직전 단계인 이무기조차도 나지 않는다. 그래서 개천이 말라붙었다고 말하는 것이다. 물론 이러한 평가는 상대적이다. 아직도 실개천이 있어서 실 같은 이무기도 용도 나고 한다. 다만 과거보다 그러한 기회가 더욱 작아졌다는 의미이다. 과거에는 개인적 성취가 그 사람의 사회적 지위를 결정하다고 생각했다. 오늘날에는 개인적 성취가 보잘것없어 보이는데도 세습된 사회적 지위를 가지는 것으로 보이는 사람들이 많이 있다.

한국의 경제적 불평등 현황과 대안

경험적으로나 직관적으로 이러한 불평등이 현존하고 있다는 것을 대개는 느낄 수 있지만, 이러한 불평등의 기원과 현황을 객관화하여 바라보기 전에는 그것에 대하여 정확한 파악을 하기는 어렵다. 사회를 정의롭게 만들기 위한 노력은 사회의 부정의한 상황에 대한 정확한 이해에서 출발할 수밖에 없기 때문에, 우리는 우리 사회가 가지는 불평등의 정체를 자세히 들여다볼 필요가 있다. 전병유 교수와 정준호 교수는 이러한 불평등의 정도에 대하여 전체적 모습과 세부적 모습을 자세히 논의하고 있는데, 이들의 논의에 의거하여 한국의 불평등 현황과 대안에 대하여 알아보기로 하자.

불평등 현황

산업화 시절에 성장우선을 옹호하기 위하여 동원되었던 불평등 해소에 대한 고전적 이론이 있었다. 경제성장 초기단계에는 불평등이 악화되지만 성숙단계에 들어가면 소득분배가 개선된다는 사이먼 쿠즈네츠Simon Kuznets의 역u가설이 그것이었다. 그러나 1980년대 이후 꾸준히 세계경제가 성장했는데도 불평등은 줄어들지 않았다.

불평등이 줄어들지 않았을 뿐만 아니라 오히려 불평등이 경제성장의 저해요인으로 등장하였다. 국제통화기금의 한 보고서에 따르면, 상위 20% 계층의 소득이 1% 증가하면, 이후 5년의 성장이 연평균 0.08% 감소하고, 오히려 하위 20%의 소득이 1% 증가하면, 이후 5년의 성장이 연평균 0.38% 증대한다.(다중 102)

우리나라의 경우도 2003년 포함 이후 5년간 평균 경제성장률은 4.3%, 2008년 포함 이후 5년간 평균 경제성장률은 2.9%였고, 2012년 이후에도 경제성장률은 3% 정도에 불과하다. 이러한 낮은 성장률의 한 원인은 경제적 불평등과 빈곤에서 비롯되었을 수도 있다.

전 교수와 정 교수는 "한국에서 불평등을 초래하는 일차적인 요인으로는 경제 구조의 이중화의 문제"(다중 102)를 들 수 있다고 지적하고 있다. 경제구조의 이중화는 두 가지 방식으로 나타나고 있는데, 하나는 대기업과 중소기업 간의 경제력의 이중화이며, 다른 하나는 기업들의 노동 유연화 전략에 따르는 정규직과 비정규직이라는 고용 형태의 이중화이다. 고용 불안과 임금 소득에서 대기업 정규직 근로자와 중소기업 비정규직 근로자의 차이가 커지고 있고 이것이 한국에서의 경제적 불평등의 원천이라는 것이다.

하지만 경제적 불평등은 고용 불안과 임금에만 국한되고 있는 것이 아니다. "사회적 보호와 교섭력, 그리고 사회적 발언권의 격차"(다중 103)에서의 불평등으로도 또한 나타난다. 사회보험 가입률을 보면 대기업 정규직은 90% 이상인 반면, 중소기업 비정규직은 30% 이하이며, 대기업 정규직의 노동조합 조직률은 60%에 가깝지만 중소기업 비정규직의 경우에는 3%에 불과하다.

이러한 이중구조는 우리 경제 자체의 이중구조에서 비롯되는 측면이 우선이겠지만, 생산측면의 두 주체인 기업가들과 노동자들의 전략에서 비롯되는 부분도 없지 않다. 즉 이러한 이중구조는 대기업과 중소기업 간의 경제력 차이와 내수·수출의 불균형이라는 한국경제의 이중적 구조에서 비롯되지만, 대기업들의 자동화·아웃소싱·유연화 전략 또한 이러한 구조에 영향을 미치고 있으며, 대기업 중심의 기업별 노동교섭 전략 또한 이러한 구조에 영향을 미치고 있다.

대기업 중심의 기업별 노동교섭이 중요한 이유는 이러한 교섭이 대기업 노동자들의 임금인상이라는 결과만을 가지고 오는 것이 아니라,

그러한 비용 상승 압박에 대한 대기업의 방어 전략을 불러오고, 이러한 방어 전략이 중소기업의 허약화와 중소기업 노동자들의 빈곤화를 또한 결과할 수 있기 때문이다.

이러한 점에 주목한 이철승 교수는 "산별노조운동의 성과와 한계"에서 다음과 같이 지적하고 있다.

> 한국의 선도 교섭은 독일과 같은 임금인상 자제와 근로조건 향상의 공유를 통한 '연대 확산' 효과가 아니라 '각자도생의 확산효과'와 '하방압력 효과'를 갖는다.(다중 64)

각자도생各自圖生은 제 살 길만을 찾는다는 뜻으로, 각자도생의 확산효과란 한국의 한 대기업 노조가 기업 활동의 과실을 자기 노조 내의 구성원에게 분배하기 위하여 사측과 합의할 경우, 첫째 효과는 산업 내의 다른 경쟁업체 노조들 역시 동일한 수준의 임금인상을 사측에 요구하게 된다는 것이다.

하방압력下方壓力 효과란 이러한 임금인상으로 인한 비용상승을 해결하고자 대기업이 취하는 전략에서 비롯되는 효과이다. 첫째는 장기적인 해결책으로 생산시설의 해외 이전이다. 둘째는 단기적인 해결책으로 사내 정규직 고용을 동결 및 축소하고 사내 하청 및 비정규직을 확대하며, 기존 비정규직의 임금을 하향조절하며, 하청업체에는 단가 후려치기와 같은 방식을 통하여 비용 상승분을 전이하는 것이다.

이 교수는 이런 까닭에 "선도업체의 정규직 노조가 달성하는 임금인상의 확산효과는 상술한 두 가지 경로인 '각자도생의 확산효과'와

'하방압력 효과'를 통해 대규모 사업장 정규직과 나머지 노동자 그룹 사이의 '불평등 확대'로 이어진다."고 지적하면서, "노조의 보호를 받지 못하는 비정규직 노동자와 세계시장에서 경쟁력 없이 구조적으로 선도업체들에 복속되어 있는 하청업체에 선도업체의 임금 인상은 곧 하청업체의 이익감소와 하청업체 노동자의 실질임금 하락 및 노동조건 악화의 신호"(다중 65-66)라고 또한 지적하고 있다.

이처럼 경제 구조 자체의 문제와 경제 주체들의 전략의 문제로 인하여 대기업 정규직과 중소기업 비정규직의 불평등이 계속적으로 확대재생산된 것이 오늘날 우리 경제의 이중화 현상이라고 보인다.

불평등의 측면들과 재분배정책

소득 불평등

소득은 경제생활의 핵심적인 지표로서, 사람들이 소비를 결정하는 기준이고, 자신의 자산을 축적하는 근거이기도 하지만, 앞에서 본 것처럼 자아의 개발과 신분 상승의 주된 통로인 교육과 삶의 행복을 좌우하는 주거에도 결정적인 영향을 미친다. 그러므로 소득을 중심으로 불평등의 구조를 쉽게 들여다볼 수 있다.

통계청 자료에 따르면 한국의 소득 불평등은 1970년대 후반 크게 증가하였다가 1980년대 후반 이후 감소하는 추세를 보였으나, 1990년대 중반을 저점으로 하여 이후 다시 상승하는 추세를 나타내고 있다. 이렇게 보면 앞에서 언급한 쿠츠네츠의 역u가설이 현재 우리 경제에 적용되지 않으며, 따라서 과거의 선성장 후분배 정책도 그 타당성을 상실했다고 볼 수 있다.

이러한 불평등 상황을 경제협력개발기구Organization for Economic Co-operation and Development OECD의 다른 국가들과 비교하면 지수로는 평균보다 약간 낮지만 국가순위로 보면 34개 국가들 중에서 17위로 중간 수준이다. 그러나 전병유 교수는 "한국의 불평등 현황과 다중격차"에서 가계소득에서의 불평등 수준은 OECD 국가들 중에서 중간수준이지만, 개인임금소득에서의 불평등 수준은, 특히 하위 10% 대비 상위 90%의 비율(D90/D10)이 4.78배로 미국의 4.89배 다음으로 한국이 가장 높다는 점을 지적하고 있다.

왜 이런 차이를 보이는가에 대하여 전 교수가 내놓고 있는 답은 "불평등도가 낮은 것은 상대적으로 저소득 가계의 경제활동 참가율이 높은 한국의 특징에 기인하는 것으로 볼 수 있다. 즉, 한국의 경우 정부의 이전소득(복지)이 취약하기 때문에, 저소득가계는 시장소득 없이 가계생활을 유지하기 어렵다. 따라서 저소득층의 가계 구성원들은 이전소득에 의존하기보다는 노동시장에 적극적으로 참여하여 시장소득을 높일 수밖에 없기"(다중 43) 때문인 것으로 보고 있다.

임금 불평등

전 교수는 이러한 소득 불평등이 우리 경제와 같은 경우에는 임금소득의 불평등에서 기인했다고 보고 있다. 1990년대 이후 한국의 노동시장에서 교육수준별, 기업규모별, 고용형태별 임금격차가 크게 확대되었다고 보고되고 있는데, 이러한 불평등은 우리의 경제구조에 기인한 것으로 판단된다.

일반적으로 이러한 차등화의 원인으로는 글로벌화, 기술변화, 그리고 노동시장의 변화가 지적되고 있다. 특히 임금은 저임금국가와의 무역이 활발해지면 상대국의 저임금을 활용하기 때문에 급격히 떨어지는 것으로 보고 있다. 우리가 대중국 무역이 활발해지면서 비숙련 노동으로 생산이 가능한 중국산 제품을 사용하게 되고 이로 인해 국내에서는 더 이상 그 제품을 생산하지 않게 됨으로써 일자리와 임금 수입이 사라지는 것을 실제로 경험하였고 지금도 하고 있다.

하지만 이러한 영향은 기술변화에서도 오는데, 예를 들자면 우리나라 제조업 취업자 1만 명당 산업로봇의 수는 350대를 넘어서 일본을 추월하였다. 이러한 자동화시스템도 중국의 노동자와 마찬가지로 국내 노동자의 일자리와 임금수입을 사라지게 한다. 대기업이 단가 인하를 위하여 기업 내 많은 부분을 외주화하는 것도 같은 효과를 가져온다. 이는 결국 비정규직의 급증과 정규직과 비정규직의 임금차를 벌리기 때문이다.

자산 불평등

전 교수의 다른 지적은 오늘날의 경제상황이 자본의 수익률이 경제성장률보다 높아 자본 소유자인 소득 최상위계층에게 부가 필연적으로 집중된다는 것이다. 이것이 오늘날 20:80이니 1:99니 하는 사회 불평등 현상의 한 원인이라고 볼 수 있다.

'20:80 사회'라는 표현은 제러미 리프킨Jeremy Rifkin이 『노동의 종말』이라는 책에서 기술의 진보로 인간 노동력 필요가 줄어드는 사회를 지칭한 것이다. '1:99 사회'라는 표현은 로버트 라이시가 『로버트 라이시의 1대 99를 넘어』에서 극소수의 사람들에게 소득이 집중되어 있는 사회를 지칭한 것이다.

자산 불평등 추세를 연대별로 살펴보면, "1997년 외환위기를 거치면서 크게 증가하였고, 적어도 2005-2006년까지는 증가 추세를 유지하다가 그 이후 감소하는 것으로 파악되고 있다."(다중 51) "이러한 감소의 원인은 경기침체에 따라 부동산을 비롯한 실물자산과 주식 등과 같은 금융자산의 가격 안정화가 큰 영향을 미쳤을 것으로 추정된다." (다중 52)

전 교수는 하지만 이러한 통계처리에서 상위 1%에 대한 정보가 충분하지 못하여 현실보다 완만한 수치가 나왔을 가능성도 높다고 또한 지적하고 있다.

소비 불평등

수입이나 자산의 불평등과 달리 소득의 불평등은 상대적으로 낮은 것으로 보인다. 그러나 소득의 추이와 상관없이 필수적인 소비는 반드시 이루어져야 하기 때문에 소비는 일반적으로 소득의 불평등보다는 더 적게 보일 가능성이 있기도 하고, 또 저소득층의 소비는 가계 적자와 부채에 기초해 있기 때문에 그러한 안정성의 의미는 평가 절하되어야 할 필요도 있다.

특히 우리 경제는 수출을 중심으로 성장하는 전략을 취하고 있는데, 이러한 수출은 수출 대상국가의 경제 상황에 따라 불안정하다는 특징을 가지고 있다. 이러한 불안정성에 대응하는 국내전략은 경제가 어려울 때에 건설투자와 개인금융을 촉진함으로써 내수를 확대하는 것이다.(다중 105) 수출부진에 따르는 경기 침체 때마다 정부는 이러한 카드를 사용하기 때문에 소비 불평등의 통계가 왜곡될 가능성은 매우 높다.

불평등의 완화를 위한 재분배정책

이렇게 소득, 임금, 자산, 소비에서 불평등이 심화되고 있기는 하지만, 이를 축소시키기 위한 재분배정책도 어느 정도 효과를 거두고 있다. 이러한 재분배정책의 효과는 시장소득과 가처분소득의 차이를 보면 확인할 수 있는데, 즉 개인의 직접적인 수입과 실질적으로 사용할 수 있는 소득의 차이를 보면 확인할 수 있는데, 자신의 직접적인 수입 외의 가처분소득은 공적으로 이전된 소득이라고 짐작할 수 있기 때문이다.

연도별 추이를 보면, 2003년의 4.6% 이후 지속적으로 증가하여 2014년에는 10.1%에 이르렀다. 하지만 전 교수는 "OECD 국가들의 이 비율이 평균적으로 20%를 넘는다는 점에서, 한국의 재분배정책이 시장소득의 불평등을 완화하기에는 아직 크게 부족하다."는 지적을 하고 있다.(다중 55)

당신의 입장은?

1. 다중격차를 해소하기 위한 사교육의 금지에 대하여 당신은 어떤 입장을 가지는가? 찬성하는가, 반대하는가?
2. 대기업 노조의 교섭이 하방압력 효과를 갖는다면, 이러한 상황을 타개하기 위하여 어떤 해결방안이 필요하다고 생각하는가?
3. 자동화기계의 도입으로 일자리를 줄이는 기업에게 더 높은 세율을 적용하는 세법개정이 제안된다면, 당신은 찬성할 것인가, 반대할 것인가?

더 깊고 더 넓게 읽을거리

1. 전병유/신진욱, 『다중격차』, 서울: 페이퍼로드, 2016.
2. 전병유, 『한국의 불평등』, 서울: 페이퍼로드, 2016.
3. 장하성, 『왜 분노해야 하는가』, 성남: 헤이북스, 2015.

4장

나는 누구?
: 오늘날 한국 젊은이의 자화상

인문학적 관점에서 현대사회를 조명해 보고자 하는 이 책이 앞 장에서 한국경제의 불평등 문제를 다루었던 것은 이 책의 주된 독자로 설정된 한국 젊은이들의 기대와 실망을 살펴보기 위해서였다. 남의 팔이 잘린 것보다 내 손톱 밑의 가시가 더 아프다는 말이 가리키는 것처럼 사회현상에 대한 인문학적 고찰에서 자신이 처한 사회현상에 대한 고찰이 가장 시급한 것이기 때문이다.

하지만 오직 자신의 아픔만을 들여다보고 그것을 확대재생산하는 사람은 자신에게는 자비로운 사람일지 모르지만 자신보다 더 아픈 타인에게는 잔인한 사람이 될 수도 있다. 아니 어쩌면 타인보다 자신에게 더 잔인한 사람일 수도 있다. 자신의 아픔만을 주목하며 자신의 인간성에 대한 주목을 소홀히 하게 되고, 그러한 소홀함 속에서 인간으로서의 자신을 상실하고 좌절과 분노에 자신을 내맡길 수도 있기 때문이다.

　나의 아픔이라는 것이 남의 아픔과 같은 것일 수 있다는 것을, 나의 아픔보다 더 큰 아픔을 겪는 남들이 있을 수 있다는 것을, 내가 아플수록 남의 아픔에 대하여 더 잘 느낄 수 있다는 것을, 나의 아픔이라는 것이 온갖 사람들의 아픔의 한 부분이라는 것을, 이러한 아픔들이 사회적인 노력과 개인적인 노력이 함께 할 때 덜어질 가능성이 높다는 것을, 염두에 두고, 이재경 연구원과 오선영 연구원이 읽어내고 있는 오늘 여기 젊은이들의 아픈 모습을 살펴보자.

청년세대의 다중격차

　다중격차 연구단에서 교수라는 직함을 가지지 않는 연구자는 연구원이라는 직함을 갖는다. 우리 사회에서 연구원은 예비 교수라고 할 수 있을 것인데, 이런 점에서 보면 연구단의 다른 연구자보다 청년세대와 가까운 경험을 공유하고 있다고 볼 것이다. 두 연구원은 "다중격차와 청년세대"라는 글의 첫 절의 제목을 '다중격차와 청년세대의 불행한 조우'로 붙이고 있다. 이러한 불행한 조우의 모습을 보자.

　　1997년 이후 장기불황이 도래하고 2000년대 후반부터 저성장이 고
　　착화 되면서 청년세대에게 가장 큰 타격으로 다가온 것은 '일자리',
　　즉 청년실업문제다. '고용 없는 성장'의 가장 큰 피해자는 사회진출
　　이 원천적으로 가로막힌 '젊은 세대'였고, 이는 기존의 불평등구조와

맞물리면서 소득과 결혼, 그리고 가족이라는 사회적 재생산 문제로 확대되었다. 즉 빈곤계층으로 새롭게 등장하게 된 청년세대를 가리키는 88만 원 세대는 불안정한 일자리, 학자금 대출 상환, 기약 없는 취업 준비, 치솟는 집값 등 정상적인 생활을 불가능하게 하는 사회경제적 환경 속에서 연애·결혼·출산을 포기한 '삼포세대'에서 포기할 것이 셀 수 없이 많아진 'N포세대'로 이어지며, 그 절망의 숫자는 끝이 보이지 않을 지경이다.(다중 80)

이러한 불행한 조우와 관련하여 두 연구원은 청년세대와 기성세대를 대립시켜 다음과 같이 평가한다. 청년세대는 이러한 조우를 맞이하여

급기야 이들은 탈출구가 보이지 않는 현재의 한국사회를 "헬조선", "불지옥반도", "망한민국"이라 부르기 시작했다. 이러한 사회규정은, 현재 청년들이 겪고 있는 고통이 사회구조적인 문제에 근본원인이 있음에도 불구하고 청년들의 노력 부족만을 탓함으로써, 구조의 문제를 개인의 문제로 치환하는 사회와 기성세대에 대한 또 다른 분노의 표현이다. 이런 사회에서 청년세대는 "이생망(이번 생은 망했어요)"이란 자조를 되뇔 수밖에 없는 지경에 이르렀다.(다중 80-81)

이렇게 자조하는 청년세대에 대한 기성세대의 대응에 대해서는 다음과 같이 평가한다.

기성세대의 시각은 구조보다는 행위양식에 꽂혀 있다. "나 때는 말이야", "배가 불렀다", "아니꼬우면 북한 가라", "눈높이를 낮춰라", "왜 중소기업에 가지 않으냐", "요즘 친구들은 더럽고 힘든 일은 안하려고 해서 문제다"라는 기성세대의 질책은 희생자 비난하기blaming the victim와 다름없다. 청년에게 고통을 안겨주는 현재의 구조를 낳은 것은 청년이 아니라 기성세대인데, 오히려 그 희생자인 청년세대를 탓하고 있는 것이다.(다중 81)

앞 장에서 보았던 것처럼 오늘날의 경제상황이 한국의 산업화가 이루어질 때의 경제상황과 다른 것은 사실이다. 그리고 그러한 차이가 과거 세대에 의해 만들어져 오늘날의 세대에 부가된 것도 사실이다. 결코 하기 싫은 가정이지만 만약 다음 청년세대가 지금 청년세대보다 더 어려운 상황에 처하게 된다면 지금 청년세대는 다음 청년세대들에게 어떻게 대응할 것인가? 우리는 우리의 앞 세대 때문에 너희 세대에게 우리보다 더 어려운 상황을 부가했다고 자신을 변호할 것인가?

아니면 개인적으로나 집단적으로 경제의 이중화를 해소하거나 적어도 완화시키는 데 기여하고 현실적인 타협을 이룸으로써 다음 세대에게는 좀 더 나은 상황을 넘겨줄 것인가? 정말 구조에만 문제가 있고 개인에게는 문제가 없는 것인가? 서로에게 책임을 떠밀어서 해결될 수 있는 과제는 없다. 앞 세대가 잘못한 것이 있다면 잘못을 바로잡아야 한다. 하지만 앞 세대가 잘못했다는 것이 다음 세대는 잘못하는 것이 없다는 증거가 될 수는 없다. 희생자 비난하기가 적합한 행위가 아닌 것처럼 상대방을 악으로 설정함으로써 자신을 선으로 설정하는 투사도 적합한 행위가 아니다. 연구자들이 인용하고 있는 기성세대의 대응은 연구자들이 인용하고 있는 청년세대의 대응과 마찬가지로 일방적인 주장일 뿐이다. 각자가 자신의 의견이 억견이 아니라 진리라고 생각한다면 그 다음은 '타협'이 아니라 '투쟁'일 수밖에 없다.

우리는 여기서 플라톤과 아리스토텔레스 중에서 선택해야 한다. 자신의 이해가 유일한 진리라고 생각할 것인지, 의사소통을 통해서 각자의 이해를 조정하는 것이 진리에 접근하는 길이라고 생각할 것인지 선택해야 한다. 정의는 고정되어 있는 것이 아니라 당사자들의 합의에 의해 구성되는 것임을 이해할 필요가 있다. 이러한 점을 염두에 두고 이제 두 연구원의 논의를 쫓아 청년세대의 다중격차를 좀 더 자세히 살펴보자.

대학: 취업준비와 교양

두 연구원은 20대 청년의 삶을 하나의 도표로 잘 정리하고 있다. 아래의 그림이 그것이다. 일반적으로 고등학교를 졸업한 남녀는 대학에 입학하거나, 취업을 하거나, 취업도 진학도 훈련도 받지 않는Not in Education, Employment or Training 백수, 이 세 경로로 간다. 이 중에서 가장 많은 숫자인 76% 정도는 대학에 진학한다. 그러므로 20대 청년 대부분은 대학에서 취업을 준비한다. 두 연구원은 대학생활 중에 진로를 수정하거나 대학생활을 통하여 취업을 준비하는 대학생들의 모습을 표에서 간단히 요약하고 있다.

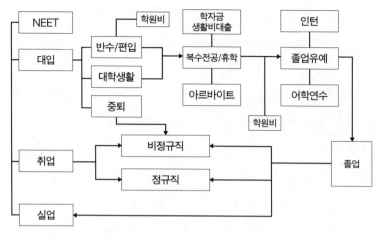

그림 1 청년세대의 생활 진로

명성 있는 대학이 더 좋은 취업기회를 보장한다는 점을 고려하여 반수나 편입을 하는 학생들도 있을 터이고, 재학 중인 대학이나 학과가 취업에 별로 소용에 닿지 않는다고 생각하고 복수전공이나 어학연수나 인턴 등을 통하여 이를 보완할 수도 있으며, 심지어는 졸업유예를 통하여 취업준비를 계속하기도 한다. 아니면 중퇴를 하고 취업전선으로 바로 달려가거나 취업훈련기관을 통하여 취업전선에 나서는 이도 있을 것이다.

여기서 알 수 있듯이 대학은 취업준비기관이기는 하지만 취업훈련기관은 아니라는 것이다. 대학에는 그 기능 이외의 기능도 있다. 대학의 그러한 기능들 중의 하나가 교양 형성이다. 교양 형성은 교양과목을 공부하는 것만을 의미하는 것이 아니다. 교양과목은 물론 교양 형성을 목적으로 하고 있다. 그러나 전공과목을 통해서도 교양은 마찬가지로 형성된다. 교양이 직접적인 목표는 아닌 것처럼 보일 수도 있지만, 우리는 대학교육을 통하여 시민이나 자유민으로서의 교양을 형성한다.

재벌과 수출을 중심으로 하는 경제전략이 단기간에 산업화를 이루기 위한 불가피한 선택이었든 아니었든 간에 이미 그렇게 진행된 돌이킬 수 없는 과거라면, 마찬가지로 과거지만 그래도 선택의 여지가 상대적으로 많았던 경제위기 이후의 대응을 통하여 양극화와 이중화가 이루어진 것은 대응에서의 문제도 있었다고 하겠는데, 이러한 대응에서의 문제는 사실상 우리 공동체의 빈약한 교양 역량에서 비롯된 것이었다고 볼 수 있다.

기업의 생존을 확보하기 위한 구조조정이 과연 기업의 생존이 목적이었을까 아니면 기업의 수익 개선이 목적이었을까? 그러한 과정에서 일자리를 나누지 않은 노동자들의 자기보신은 불가피한 생존권 보장의 차원이었을까? 동료 노동자들에 대한 무관심의 소치였을까? 자신들은 사회보험과 높은 임금을 확보하면서도 부분적이더라도 자기들로 인하여 낮은 임금과 사회보험으로부터의 소외에 시달리는 같은 공동체의 구성원들의 아픔에 눈감을 수 있었던 이유는 무엇일까? 이러한 일들이 벌어지고 있는데, 이러한 일들을 막아내지 못한 정치가들은 능력이 없었던 것일까? 아니면 소임을 방기한 것일까? 그러한 정치가들에게 표를 주고 국회의원직과 대통령직을 맡긴 유권자들은 선택의 여지가 없었던 것일까? 아니면 선택에 따르는 책임을 지기가 싫었던 것일까?

공동체 내의 하부 공동체들이 공동체 전체의 이익보다 하부 공동체

자체의 이익을 앞세운 결과가 양극화와 이중화라는 결과로 나타난 것이라고 본다면, 그러한 부정의한 대응은 정의로운 대응을 해나갈 우리 공동체의 교양 역량의 빈약함에서 비롯되었다 할 것이다. 헬hell조선을 아버지의 나라로 껴안고 헤븐heaven조선으로 변화시켜 나가기 위하여 우리는 지금 헬조선을 파헤치고 있는 것이지 헬조선을 인페르노inferno조선으로 만들기 위하여 그렇게 하고 있는 것은 아니다.

두 연구원은 자신들이 묘사한 이러한 과정들에서 청년들의 빈곤이 시작한다고 지적하고 있다. 이른바 '빈곤의 출발'이다. 이러한 과정에서 요구되는 금전적 수요는 생활비, 등록금, 학원비, 연수비 등이다. 이러한 금전적 수요는 일차적으로는 가족에게서, 이차적으로는 대출로, 삼차적으로는 자신의 노동으로 충당된다고 또한 지적하고 있다.

이러한 충당방식 각각에 대한 두 연구원의 간략한 논평을 확인해보자. 우선 가족에게서의 충당이다.

> 가족 간 사적 이전은 한국 청년들의 삶에서 매우 중요하다. 그러나 가계소득의 격차에 따라 전반적인 가족복지 또한 점차 약화되고 있다. 이른바 금수저·흙수저론도 이러한 태생적 소득격차를 배경으로 하고 있다.(다중 82-83)

한국의 부모들은 자식들에게 비교적 관대하다. 자식과 자기를 별도의 존재로 생각하지 않고 구별되지 않는 존재로 생각하는 경향이 있다. 그래서 자식에 대한 의무의 하한선을 대학까지의 생활비와 등록금을 제공하는 것으로 생각한다. 그러나 주지하다시피 모든 문화권에서 이러한 지원을 받는 것은 아니다. 일본이나 미국과 같은 국가들에서 이러한 지원을 기대하지 않는 청년들도 많다.

그래도 지원을 충분히 못하는 한국의 부모들은 안타깝다. 이런 안타까운 부모들을 두고 '나에게 해준 것이 무엇이냐?', '이렇게 할 것이면서 왜 태어나게 했냐?'고 다그치는 자식이 옳은 것은 아니다. 다른 부모처럼 충분히 지원하지 못하는 자신의 부모에게 책임을 묻고자 하는 자식이 있다면 가정교육이 잘못된 것이 틀림없다. 그 부모는 자식을 거지로 키웠다. 까닭 없이 왜 자신의 삶의 비용을 남에게 청구하는가? 다음으로는 대출에 의한 충당이다.

한국은 청년에게 복지정책과 사회서비스를 제공하는 조력자가 아니라 청년에게 미래 소득을 담보로 대출을 권하는 대부업자를 선택했다. 그런데 이 대출은 언제나 기준금리보다 훨씬 높은 것으로 나타났다. 즉, 경제적으로 취약한 청년들에게 일종의 약탈적 대출을 실시한 것이다.(다중 83)

롤스에 따르면 대학교육의 기회와 같은 기본재화는 의욕하는 모든 사람에게 동등하게 제공하는 것이 좋고 그러한 의미에서 공동체가 대학의 운영비를 제공하고 학생들은 무상으로 대학을 다니는 것이 이상적이다. 한국교육도 고등학교까지는 어느 정도 이러한 이상에 따라 운영된다. 그러한 의미에서 우리 공동체가 조력자가 아니라 대부업자였다고 하는 비난은 받을 만하다.

그러나 사회가 제공할 수 있는 공급보다 수요가 많다면 본인부담으로 등록금을 내는 것은 피할 수 없다. 그렇지만 그러한 대출의 금리가 정부의 다른 정책금리보다 높다고 한다면 약탈적 대출이라는 비난 또한 받을 만하다. 정부는 학자금 대출 금리를 신중하게 결정해야 하며, 국회는 그러한 금리를 지원할 수 있는 예산을 확보해야 한다. 이렇게 하지 못한 정부와 국회와 유권자는 이것보다 더 중요한 일 때문에 이 일을 하지 못했다고 변명해야 할 것이다.

그 다음으로는 노동임금에 의한 충당이다.

> 청년들은 알바를 하면서 감정노동(47.6%), 불합리한 요구(47.4%), 이유 없는 화풀이 (43.7%), 인격적인 무시 (43.3%), 사적인 참견(28.3%), 폭언(27.5%), 감시 (27.2%), 막무가내 요구(20.9%) 등을 경험하고 있는 것으로 나타났다. 이러한 정서적 고통과 함께 이들은 근로계약서 미작성, 최저임금 미지급, 임금 체불, 수당 미지급, 휴게시간 미준수, 부당해고 등 근로기준법의 사각지대에 놓여 있다.(다중 83-84)

아르바이트를 하며 겪는 정서적 고통은 관련된 사람들로부터의 고통이다. 관련된 사람들은 특별한 사람들이 아니라 우리 공동체의 구성원들이다. 구성원들 간에 이러한 불필요한 고통을 주고 있다면 고통을 가하는 사람들은 공동체 구성원으로서 자격이나 교양이 충분하지 않은 것이다. 우리가 우리를 고상하게 만들어야 하는 이유가 여기에 있다.

아르바이트를 하는 젊은이들이 근로기준법의 사각지대에 놓여 있다는 것은, 우리가 시민권을 매우 좁게 해석하고 있다는 증거이다. 아

르바이트와 같은 정규직이 아닌 임금노동을 하는 사람들에게는 노동
권을 허용하고 있지 않다는 것이다. 노동권을 이렇게 협소하게 정의
하고 운영하는 것을 개선하는 것은 관련된 사람들의 인간적인 노력도
필요하겠지만, 법과 제도가 이러한 사회정의를 반영하여야 한다. 입
법자나 행정가나 유권자 모두에게 책임이 돌아가는 일들이다.

새로운 일자리 부족과 일자리 미스매치

청년고용의 문제는 두 기준으로 살펴볼 수 있다. 하나는 동일 연령
인구 대비 실업률이며, 다른 하나는 전체 취업자 대비 정규직 취업률
이다. 통계청의 경제활동 인구조사에 따르면 2000년대의 정규직 취
업률은 20~30세 연령에서는 감소추세에 있으며, 40~50세 연령에
서 증가추세에 있다. 20대와 50대가 12~13%대이며 30대와 40대가
18~19%대이다. 실업률에서는 20대가 10%대로 독주하고 있고 다른
세대는 5%대에 머무르고 있다.

이렇게 고용의 문제에서 세대별 차이가 나타나고 있기 때문에, 고
용문제의 심층적 원인이 사회경제적 문제인데도 표면적으로 세대별
갈등인 것으로 이해되기도 한다. 그리고 이러한 결과로서 청년세대를
계속 부양하기 위하여 노년세대가 은퇴시기를 지나서까지 노동현장
에 남아 있어야 하기도 하며, 젊은이들과 일자리를 놓고 경쟁해야 하
기도 한다. 노동 가용인구의 축소와 더불어 청년고용의 문제가 해결
될 것이라는 전망도 있지만 실제 상황은 그러한 축소가 어느 정도 충

분히 진행된 다음에 나타날 것이라 보인다.

두 연구원은 이렇게 진행되고 있는 청년고용 문제의 구조적 원인을 두 가지로 지적하고 있다.

하나는 "한국경제가 저성장국면에 접어들면서 고용창출능력이 떨어졌다는 점을 들 수 있다. 투자 및 소비 수요가 감소함에 따라 신규투자가 줄어들었고, 이에 따라 신규인력을 고용할 유인이 사라졌다."(다중 87-88)

다른 하나는 "일자리 미스매치mismatch의 문제다. 한국의 경우 대기업과 공공부문의 일자리 비중은 극히 적고 대부분의 일자리는 중소기업에서 만들어진다. 그러나 임금과 처우, 안정성 등의 이유로 대다수의 젊은이들은 대기업 일자리를 선호하고 중소기업에는 잘 가려고 하지 않는다. 이에 따라 중소기업은 인력난에 시달리지만 대기업과 공공부문 채용에는 수십 대 일 또는 수백 대 일의 경쟁률을 보인다."(다중 88)

두 연구원은 일자리 미스매치에 대하여 다음과 같이 강조하고 있다.

이렇게 보면 미스매치 문제가 청년세대의 과도한 눈높이에 따른 지극히 개인적인 문제인 것 같지만 실은 정부의 대학정책, 노동시장의 이중구조, 그리고 대기업과 중소기업 간 기업복지 격차에 기인하는 당사자들의 합리적 반응이라는 점을 유념할 필요가 있다. 앞서 언급했듯이 대학 입학부터 취업준비생 모드로 졸업까지 유예해 가며, 막대한 비용을 감당했던 청년들에게 단순히 기대를 낮추고, 자아를 실현하라는 주문은 희망 고문과 다름없기 때문이다.(다중 88-89)

사실 이러한 미스매치는 반드시 청년세대의 문제만은 아니다. 경제적 지원이 가능한 부모세대 또한 자식들의 만족스럽지 못한 취업에 대하여 부정적인 태도를 취하며 오히려 중소기업 취업을 반대하기도 한다. 두 연구원은 청년세대의 이러한 선택을 "당사자들의 합리적 반응"이라고 평가하고 있는데, 그렇다고 한다면 취업을 반대하는 부모세대도 합리적으로 반응하고 있다고 평가해야 할 것이다.

동일 연령대의 70~80%가 대학에 진학하고, 진학한 대부분의 학생들이 졸업하는 상황에서 소수의 졸업생들만이 자신이 기대하는 취업을 한다는 것은 불가피한 일이다. 물론 대기업이나 공공부문의 복지수준에 접근하도록 중소기업 취업자들의 복지수준을 개선할 수 있는 여러 사회적인 지원들이 이루어져야 한다는 주장은 합리적일 수 있지만, 그렇게 되기 전까지 기대를 낮출 수 없다고 주장하는 것을 합리적이라고 판단하는 것은 무리가 있어 보인다.

물론 청년고용의 문제를 구조의 문제가 아니라 오직 개인의 문제로 환원시키는 것은 결코 바람직하지 않다. 그것은 공유해야 할 사회적 문제를 개인에게 떠넘김으로써 사회적 책임을 회피하려는 태도이다. 하지만 청년고용의 문제를 오직 구조의 문제로 환원시키는 것도 결코 바람직하지 않다. 그것은 개인이 그 해결에 참여할 수 있는 부분까지도 사회에 떠넘김으로써 의사소통을 통한 정의의 추구를 어렵게 만들기 때문이다.

다른 한편으로 이렇듯 불안한 청년고용의 상황에서 청년들의 미래에 대한 설계가 어려워지고, 이로 인하여 결혼과 출산을 미루거나 포기하여 사회적 재생산이 지체되는 상황이 발생한다. 두 연구원은 이러한 저출산과 비혼/불혼 현상이 불안정한 청년고용에서만 비롯되는 것이 아니라 다른 이유와 원인을 갖기도 하기 때문에 직결되지는 않는다고 지적하고는 있다. 그러나 "그럼에도 저출산 문제가 경제 및 고용불안과 함께 일과 양육을 함께 할 수 없는 사회적 시스템과 정책미비에 대한 청년세대의 자연스러운 반응이라는 점은 분명하므로"(다중 90) 결코 무관하지만은 않다는 점 또한 지적하고 있다.

지역주의 2.0과 실버 데모크라시

청년세대의 다중격차에 대하여 청년은 청년대로 정치권은 정치권대로 대응해 나가야 한다. 하지만 청년세대의 정치화에는 두 가지 왜곡 가능성이 있다. 하나는 청년세대의 다중격차를 세대 간 갈등으로 유도함으로써 자신의 정치적 이익을 취하려는 정치꾼들이 있다는 것이다. 둘째는 결국 민주주의는 다수결의 정치인데 사회의 인적 구성에서 실버세대가 차지하는 비중이 커짐에 따라 상대적으로 소수인 청년세대는 경제적인 불리에 더하여 정치적인 불리까지 경험할 위험이 있다는 것이다.

두 연구원은 첫째 문제를 '지역주의 2.0'이라는 용어로, 둘째 문제는 '실버 민주주의'라는 용어로, 요약한다. 지역주의 2.0이란 한국의 세대 불평등에 의한 세대 갈등을 한 외국인 기자가 명명한 것이다. 이는 과거의 정치꾼들의—여기서 정치꾼이란 다음 선거를 준비하는 정치 관련자를 의미하며 다음 세대를 준비하는 정치 관련자는 정치가라고 구분한다(호모 199) — 지역주의를 통한 권력의 '분할통치전략'이 지금 세대갈등이라는 새로운 형태로 재현되고 있음을 가리킨다.

즉 영남과 호남을 갈라서 각 지역 출신의 정치꾼들이 대립을 조장하고 이익을 보았던 것처럼, 이제 청년과 노년을 갈라서 각 진영 출신의 정치꾼들이 대립을 조장하고 이익을 보려는 것이다. 이는 세계적인 경제위기 속에서도 정치적으로 적절하게 대응한 국가들이 그렇게 하지 못한 국가들보다 성공적으로 대응한 사례들을 볼 때 우리 사회에 대해 더 큰 좌절감을 느끼게 하는 작태다.

두 연구원은 지역주의 2.0을 드러내는 '불효', '효도', '패륜'의 용어들을 정치적 수사로 동원하는 정치꾼들이, 복지 및 조세 정책과 같이 누가 더 부담할 것인지와 같은 형평성의 문제와 누가 더 받을 것인지에 대한 분배의 문제에 대한 제대로 된 의사소통을 시도하기는커녕, 이러한 용어들을 사용하여 진영논리로 몰고 가는 작태를 비판하면서, 상황은 여기에 그치지 않고 보다 근본적인 문제를 담고 있다고 지적하고 있다.

보다 근본적으로는 정치권이 앞서서 세대 불평등을 강화하고 갈등을 첨예화하는 정책을 입안하고 집행한다는 데 있다. 예를 들어, 지난 3년간 발의된 노인 관련 법안이 청년 법안의 약 3.7배에 달한다는 언론보도가 있었다. …… 최근 20대 총선에서도 새누리당은 노인공약추진단(행복실버단)을 만들겠다고 발표했고 더불어민주당과 국민의당은 더 많은 예산을 노인공약에 배치했다.(다중 92)

정치권의 이러한 일방적인 행보에는 이유가 있다. 우리는 이웃국가인 일본에서도 이와 같은 행보를 보게 되는데, 결국 숫자의 정치인 민주주의에서 인구의 다수를 차지하는 노인집단이 정치를 좌우하는 이러한 현상을 일본의 우치다 미츠루는 "실버 데모크라시"라고 불렀다.(우치다 미츠루 지음, 『실버 데모크라시』, 김영필 옮김, 논형, 2006 참조)

이미 인구의 25% 이상이 65세 이상의 고령인구인 일본의 선거에서 노인 유권자의 비중은 매우 크다. 왜냐하면 노인의 투표율이 상대적으로 다른 연령에 비해 또한 높기 때문이다. 두 연구원은 다음과 같이 인용하고 있다. "일본의 2012년 총선거에서 60대 유권자는 수적으로 20대 유권자의 2.9배였고, 투표율로 계산하면 여기에 다시 2배 이상으로 늘어남에 따라 실제 투표자는 60대가 20대의 5배에 달했다."(다중 92)

한국의 경우는 아직까지 60대 이상이 결정적인 영향을 미치지 못하고는 있다. 선거관리위원회 자료에 따르면 18대 선거 시 20대가 18.1%이고 60대 이상은 20.8%로서 인원 그 자체로는 큰 차이가 없으며, 다만 투표율이 상대적으로 조금 높은 정도이다. 하지만 20대 선거 시에는 20대와 30대의 '분노투표'가 화제가 되었고, 여론조사의 결과가 빗나가는 데 결정적인 요인이 되었다.(다중 94) 이렇게 보면 청년세대가 시민으로서의 교양을 가지고 열심히 투표함으로써 어느 정도 실버 데모크라시의 횡포를 제어할 수 있으리라 보인다.

이렇게 선거에서 실버 데모크라시를 통제한다고 하더라도 여전히 남아 있는 문제는 한국의 경우 선출직을 차지하고 있는 연령대가 주로 40대 이상이라는 점이다. 두 연구원은 이러한 상황에서 이른바 '인지포획cognition capture'의 문제, "쉽게 말해, 노인들이 많은 국회에서 비숫한 생각을 가진 의원들에 의해 노인 정책이 더 자주, 그리고 더 쉽게 다뤄질 가능성이 크다는 점"(다중 95)을 걱정하고 있다.

청년세대를 위한 의사소통

두 연구원은 다른 세대보다 더욱 어렵게 다중격차와 조우하고 있는 청년세대의 문제를 비관적으로 진단하고 있다. "세대 간 불평등이 갈등의 정치과정을 거쳐 동의와 합의의 정치적 결과를 낳지 못하고 오히려 편향된 정책을 통한 불평등의 공고화로 연결되면서, 청년문제의 해결은 점점 요원해지고 또한 세대 불평등은 심화되는 악순환을 거듭하고 있다."(다중 97)

예를 들어, 최근의 정책적 결정, 즉 대졸초임을 깎아 추가적인 일자리를 만드는 방식, 이는 결국 새로운 일자리의 책임을 기성세대가 나누는 것이 아니라 청년세대에게 부담을 지우는 방식인데, 이러한 정책은 결코 근본적인 해결책이 될 수 없으며, 보다 의사소통적인 결정을 한 독일의 방식이 낫다고 지적하고 있다. "예를 들어, 독일의 경우 근로시간 단축을 통한 일자리 나누기로 청년들의 일자리를 늘렸다. 정부는 근로시간 단축에 따른 소득축소를 보조했고 최근에는 최저임금제를 도입했다."(다중 98)

또한 기존의 노동조합운동에 대해서도 날카로운 비판을 가하고 있다. "기성세대는 정규직 노조를 통해 자신들의 고용안정성을 확보하고 불안정성은 젊은 세대의 몫으로 돌렸다. 사실 기업이나 노조는 세대론의 관점에서 보면, 기성세대의 조직이라는 공통점을 가진다. 이들은 계급갈등은 제쳐둔 채 자신들의 이익만을 챙기면서 거기서 파생한 사회적 부담은 젊은 세대에게 떠넘기며 노동의 사회적 의무를 방기했다."(다중 98)

이 연구원과 오 연구원의 다음과 같은 결론적 발언에 대하여, 필자는 앞에서 이미 지적한 것처럼 부분적으로 이들과 의견을 달리하지만, 우리 사회가 충분히 주의를 기울여야 한다고 생각한다.

무엇보다 청년일자리 창출을 위한 사회적 타협이 우선되어야 한다. 또한 청년세대를 위한 공적 이전 지출을 늘려야 한다. 시작에 불과하지만 최근 지자체(서울시와 성남시)를 중심으로 등장하는 청년수당과 같은 제도도 확산되어야 한다. 또한 정치적으로도 이들을 대표할 수 있는 제도와 사회적 인식의 전환 및 그 결과로서의 사회적 연대가 구축되어야 한다.(다중 98-99)

당신의 입장은?

1. 우리 사회의 청년 실업과 관련하여 일자리 미스매치가 지적되고 있다. 이 문제의 책임은 기성세대에 있는가, 청년세대에 있는가? 이를 해결하기 위해서 누가 결심해야 하는가? 기성세대인가, 청년세대인가?
2. 선거권을 가지는 연령을 18세로 하향조정하자는 주장이 정치권에서 나오고 있다. 당신은 이러한 하향조정에 찬성하는가, 반대하는가?
3. 실버 데모크라시를 방지하기 위하여 고령자들의 선거권을 제한한다면, 70세가 상한선일까, 80세가 상한선일까?

더 깊고 더 넓게 읽을거리

1. 우석훈, 『살아 있는 것의 경제학』, 서울: 메가스터디, 2016.
2. 중앙일보 청춘리포트팀, 『청춘리포트』, 서울: 맥스미디어, 2016.
3. 김서영 외, 『헬조선에는 정신분석』, 서울: 현실문화, 2016.

5장
우리는 왜?
: 대학과 등록금

대학인으로서 우리가 던져야 할 질문, 가져야 할 자의식 중의 하나는, 대학교육과 등록금의 문제이다. 그래서 여기서 "우리는 왜?"라는 질문은 '우리는 왜 대학에 다녀야 하는가?'와 '우리는 왜 등록금 부담을 스스로 져야 하는가?'이다. 이러한 질문에 대하여 실제로 이제 막 대학과 대학원을 졸업한 천주희 운동가가 답하고자 시도하고 있는 책이 『우리는 왜 공부할수록 가난해지는가』이다. 누구보다도 이 문제를 개인적으로 체험하고 체험을 같이 한 여러 사람들을 인터뷰한 천 운동가의 목소리는 대단히 설득력 있다. 이 장에서는 이 책의 논의를 중심으로 앞의 두 질문에 대하여 같이 생각해 보고자 한다.

한국에서의 대학의 시대별 의미

천 운동가에 따르면 한국에서의 대학은 두 시기로 구분된다. 1997년 말에서 2000년 초까지 소위 'IMF 체제'라는 경제위기 이전과 이후이다. 한국사회가 그 이전에는 산업화와 고성장을 특징으로 하고 있었다면, 그 이후에는 금융화와 저성장을 특징으로 하고 있다고 하겠다.

고성장 사회에서는 "대학을 나오면 일자리가 있어 취업에 대한 걱정이 비교적 덜했고, 자녀 교육비를 바로 노동력과 임금으로 환수할 수 있었다." 하지만 저성장 사회에서는 "대학을 나오더라도 일자리가 없고, 취업이 어려워 졸업과 취업 사이에 공백 기간이 길다. 취직을 하더라도 그동안 투자한 돈을 바로 회수하기가 어렵다. 임금 자체가 더디게 인상될 뿐 아니라, 1~2년 만에 계약이 만료되는 비정규직 일자리가 많기 때문이다."(우리 41)

이러한 사회성격의 변화에 따라서 그 사회의 대학 성격도 변화된다. 천 운동가는 이 두 시기를 '학력주의'와 '신학력주의' 시기로 구분하고 있다. 학력주의 시기의 대학은 멀리 소급해 보면 조선시대의 과거 문화의 연장선상에 있었다. 사법고시와 행정고시와 같은 고급관료 선발제도는 '개천에서 용 난다'라는 표현처럼 사회의 하층부에 있던 젊은이가 사회의 상층부로 급상승할 수 있는 강력한 통로였고 잉어가 중국 황하 상류에 있다는 용문이라는 급류를 올라 용이 된다는 전설에서처럼 글자 그대로 등용문登龍門이었다. 학력주의 시기의 대학은 등용문까지는 아니라고 해도 그와 비슷한 통로였다.

대학이 곧 능력의 지표가 되었다. 그 능력은 대학 졸업 후 안정적인 일자리를 얻거나 높은 임금을 받는 것으로 증명되었다. 대학을 졸업한 자식이 기업에 취직하여 부모와 가족을 부양하던 전통적인 가족문화가 학력주의를 더욱 견고하게 만들었으니 대학이란 나름대로 가족 내에서 세대 간 경제 재생산의 전략이었다.(우리 40)

신학력주의 시기의 대학은 이러한 학력주의의 전통을 계승하고 있기는 했지만, 어떤 의미에서는 배에서 칼을 물에 빠트리고 뱃전에 빠진 곳을 표시해 두었다가 배가 포구에 닿은 다음 그곳에서 칼을 찾으려 했다는 각주구검刻舟求劍의 상황이었다. 대학은 이미 그러한 등용문적인 통로가 아니게 되었는데도, 그러한 착각에 의해서 대학을 선택하게 되었다.

1997년 말에서 2000년 초 'IMF 체제'라는 국가적 비상사태를 거치는 동안 몰락한 중산층과 서민층이 부채와 함께 시장경제에 내몰리면서 가족해체와 경제적 불안을 경험하던 부모는 자녀의 대학진학을 통해 위기를 극복할 수 있을 거라고 여기는 한편, 경제가 어려워도 자식이 공부하겠다는데 대학교육까지는 부모가 책임져야 한다는 문화적 관습에 의해 대학진학률은 급격히 증가한다.(우리 40)

이전과 비교할 때 이제 대학에 대한 이해에서 한 가지 차이가 나타나게 되는데, 그것은 '좋은 대학'과 '좋지 않은 대학'의 구분이다. 1995년 대학설립준칙주의가 도입되어 대학의 수가 급격히 증가하기 이전에 대학은 유명하든 유명하지 않든 모두 그냥 '대학'이었다. 1990년에 107개 대학이 있었는데, 2008년에는 174개 대학이 있었다. 이러한 급격한 대학의 증가에 따라 과거 대부분의 대학과 대학 졸업생들이 누리던 특권은 이제 소위 소수 명문대학과 명문대학 졸업생들만이 누리게 되었다.

> 이제 누구나 '대학'에 갈 수 있다. 대학에 가는 것이 전혀 특별한 일이 아닌 시대가 되었다. 그러다 보니 다른 차별점이 필요하다. 모두 다 가는 대학에서, 내 자식만은 그리고 나만은 '좋은' 대학에 가야 한다고 열망한다. 그래서 1년, 2년을 재수하고, 또는 편입을 하기도 한다. 여전히 학생들은 '좋은 대학', '좋은 직장'에 대한 꿈이 있다.(우리 45)

이러한 좋은 대학에 대한 이해가 대학 이전의 문제, 즉 사교육 문제를 야기한다. '명문대에 진학하기 위해서는 할아버지의 재력, 엄마의 정보력, 파출부의 헌신, 아빠의 무관심이 필요하다'는 우스갯소리처럼 그 누구의 재력이든 간에 사교육을 지원할 돈이 필요하다. 2000년 헌법재판소가 1980년 제정된 과외금지법이 위헌이라고 판결한 이후 과외는 필수적인 과정이 되었고, 이를 부담하기 위해 부모들은 심지어 부채를 안기까지 했다.

김광수 경제연구소의 부소장인 선대인 연구원은 이렇게까지 된 여러 이유들 중의 하나에는 경제위기 이후의 '승자독식구조'도 있다고 지적하고 있다.

이런 상황에서는 성공 경로에서 조금이라도 앞선 사람들이 상대적으로 훨씬 더 큰 몫을 차지하게 마련이다. 따라서 각각의 개인이나 가계는 성공 경로에서 조금이라도 앞설 수 있다면 부담스러운 수준의 투자도 마다하지 않게 된다. 부모들은 사교육에 조금이라도 더 투자해 자녀가 좋은 대학, 좋은 직장이라는 '성공 코스'에 진입할 수 있다면 투자수익률 관점에서 수지맞는 장사라고 생각한다.(세금 103-4)

이런 구조 하에서 "부모는 자녀교육을 위해 전폭적인 지지와 많은 입시정보를 물어다 주는 것을 의무라고 여기기도 한다. 정보력과 자본력은 자녀교육에 절대적인 경쟁력이기도 하다. 그리고 자식이 대학만 간다면 빚지는 것쯤은 잠시 허리띠를 졸라매고 감수하려 한다."(우리 50)

상황이 이렇게 전개되면서 교육은 그 본질을 상실하고 마치 입시학원인 것처럼 전락하게 된다. "원래 초중고 학교 교육과정은 미성년자인 어린 학생들이 민주주의 시민사회의 구성원으로서 필요한 인성과 사회성을 함양하는 한편 자신의 삶을 풍요롭게 하기 위해 필요한 지식과 판단력을 습득해 가는 과정이다."(세금 107) 하지만 현실적으로는 본질적인 성취는 별로 없고 오직 사교육시장의 수익만 창출하는 그래서 '사고력과 창의적 발상을 키우는 교육이 아닌 소모적이고 아이들을 지치게 만드는 고비용 저효율 교육'(세금 112) '다단계 돈 지르기' 교육(세금 108)이 되고 만다.

이러한 사교육비의 지출규모는 어마어마하다. 천 운동가의 조사에 따르면 "1인당 사교육비로 매월 지출하는 금액은 2012년 23만 6,000원에서 2013년 23만 9,000원으로 증가했다. 이를 전체 규모로 합산하면,

2012년에는 19조 원, 2013년에는 18조 6천억 원이다."(우리 50) 이러한 사교육비를 1년 단위로 계산한다면 286만 8,000원이다. 2012년의 대학 등록금을 700만 원으로 잡는다면 거의 40%에 해당하는 금액이다. 그러나 이것은 평균치이고 개별적으로는 이것의 두 배 이상의 사교육비를 부담하는 경우도 없지 않다.

이러한 부담에도 좋은 대학에 자식을 보내기 위한 부모의 투자는, 만약 나만 하지 않는다면 내가 내 아이에게 불리한 삶을 살게 만드는 못난 부모가 되는 것이 아닌가 하는 두려움에서 결코 멈추지 않는다. 이것은 판돈을 계속 올리는 포커 게임과 비슷하게 전개된다.(세금 105-107)

천 운동가에 의하면 이러한 노력에는 "자녀의 성공이 가족을 일으킬 수 있다는 믿음, 대학에 가면 성공할 수 있다는 학력주의 신화, 공부를 잘하는 자식을 둔 부모라면 경제적 지원을 해야 한다고 믿는 정서가 밑바탕에 깔려 있다."(우리 51)

다른 한편으로 이러한 상황은 전문가로서 주부의 역할이라는 조작된 신화에 기인하기도 한다. 20세기 전반에 기업가들은 주부들이 과학에 일반적으로 문외한인데도 과학 전문가로 자신을 착각하도록 유도했다.(김성동, 『소비 열두 이야기』, 서울: 철학과현실사, 2006, 283) 이는 그러한 유도를 통하여 우리 사회를 떠들썩하게 한 가습기 살균제 같은 그러한 자신들의 가정용 제품을 판매하기 위해서였다. 신자유주의가 내습한 우리 사회에서 주부들은 가계의 관리자로 호명을 당하였다. 부동산을 통하여 자산을 늘리는 것이나 자녀를 좋은 대학에 진학시키는 것은 주부들의 인생성공의 바로미터이기도 했다.

대학생활비용과 등록금 융자

천 운동가가 자신이 서울시 소재 대학의 문과계열 대학생으로서 살아온 경험에 근거하여 산출한 대학생활비용은 다음과 같다. 재학기간을 5년으로 계산한 것이 우선 눈에 띄는데, 이는 자신의 경험에 의하면 "4년제 대학을 다니더라도 요즘은 4년 만에 대학을 졸업하는 사람이 드무니까 취업 준비며, 아르바이트를 한다고 추가학기 1년을 더 다녔다."(우리 27)고 한다.

놀랍게도 5년간 대학생으로 살아가기 위하여 필요한 금액은 1억 1,330만 원에 육박한다. 물론 이 중에서 보증금은 회수 가능한 금액이므로 순수 지출액만 보면 1억 880만 원이다. 5년이 아니라 4년으로 줄이더라도, 거의 1억에 가까운 9,110만 원이 된다. 이를 4년으로 나누어 보면 1년에 2,277만 원이다.

대학 등록금	대학 입학금: 100만 원 등록금: 한 학기 340만 원×8학기(4년) = 2720만 원 추가학기 등록금: 80만 원×2학기(1년) = 160만 원
대학 생활비	학습비(교재비, 세미나): 학기당 30만 원×10학기 = 300만 원 노트북: 50만 원 대외활동비: +α
의식주	주거비: 보증금 500만 원 + 월세 30만 원×12개월×5년=2300만 원 생활비: 월 50만 원(공과금 포함)×12개월×5년=3000만 원 교통비: 월 10만 원×12개월×5년=600만 원 식비: 월 30만 원×12개월×5년=1800만 원 통신비: 월 5만 원×12개월×5년=300만 원
합계	1억 1330만 원+α

그림 2 대학생활에 필요한 기본비용

위의 비용 산출은 가정을 떠나 독립적으로 생활하는 것으로 산출되었기에 고등학생 때처럼 부모님에게 계속 생활을 의존한다고 치고 도시락을 싸서 다니는 최소한의 비용으로 산출한다고 가정하여 입학금, 등록금, 학습비, 노트북, 교통비, 통신비만 계산하여도 3,830만 원, 매년 958만 원이다. 이를 간단히 표현하면 1년 등록금 700만 원 월별 생활비 30만 원 10개월 300만 원 합계 1,000만 원이다. 이것이 너무 내핍적인 생활이라면 1,400만 원이라고 볼 수 있다. 천 운동가가 인용하고 있는 "1985-2015년 서울지역 대학생 빈곤화" 연구를 발표한 서용구 교수는 "2015년 대학생들이 매년 부모로부터 1,400만 원 정도 지원을 받아야 졸업이 가능하다고 말했다."(우리 197 재인용)

이렇게 보면 대학생들은 대학을 졸업하기까지 부모기생형의 경우 4,000만 원에서 부모독립형의 경우 9,000만 원의 비용이 들며, 5년 만에 졸업하는 경우 1억 2,000만 원까지 비용이 들어간다. 이러한 기본적인 비용 외에, 취업스펙을 쌓기 위해 어학연수를 간다거나 학원을 다니거나 대학의 낭만을 즐기기 위해 추가지출을 한다면 그러한 비용은 모두 이러한 최소비용에 더하여지는 비용이다. 천 운동가는 9종 스펙 패키지를 소개하고 있는데, 그것은 "학벌, 학점, 영어, 어학연수, 자격증, 공모전, 봉사활동, 인턴, 성형"(우리 216)이다.

천 운동가는 그러나 독자들에게 이 정도에서 놀라지 말라고 경고한다. 자기처럼 대학원에서 석사과정이라도 한다고 하면 또한 물경 8,000만 원이 추가적으로 든다는 것이다. 그래서 대한민국 서울에서 학부 5년 석사 3년을 대학생과 대학원생으로 살게 되면 부모가 부담하든지 자신이 부담하든지, 아니면 공동부담을 하든지 간에 2억 원이라는 비용이 든다고 지적하고 있다.

서울에서, 대학과 대학원 석사 과정을 마친 사람이 8년 동안 생활하는 데 드는 기본 생활비용이 약 2억 원. 놀랍지 않은가? 2억 원은 20~30대 직장인이 [연봉 2,500만 원을 받는 경우 그 돈을 하나도 사용하지 않고, 3,500만 원을 받는 경우 1년에 오직 1,200만 원 한 달에 오직 100만 원만 사용한다고 해도] 8년을 꼬박 일해도 모으기 힘든 액수다. 그런데 대학 다니는 데만 2억 원을 쓴다니! 가능한 일인가? 이런 불가능한 일이 대학에서 버젓이 일어나고 있다"(우리 28)

천 운동가는 대학교 입학 때에 아버지로부터 독립자금 1,000만 원을 받아서 독립하였다. 그렇다면 나머지는 어떻게 마련하였을까? 물론 아르바이트나 휴학 후 임시직 취업 등을 통해 자신이 직접 조달한 부분도 있지만 대학에 다니는 비용의 큰 부분을 차지하는 등록금은 학자금 대출을 받아 대응하였다.

그럼에도 내가 대학(원)을 마칠 수 있었던 것은 학자금 대출제도 덕분이었다. 내 수중에 돈이 없더라도 대학등록금을 낼 수 있었다. 우리는 부모가 잘살건 못살건 설령 부모의 덕을 보지 않더라도 대학생이라면 쉽게 대출해 주는 사회에 살고 있다. 대학생은 미래의 희망이자 언젠가 취직을 해서 돈을 벌 것이기에, 이런 추정과 금융공학의 은덕으로 나는 2,000만 원이 넘는 돈을 무리 없이 빌릴 수 있었다. 대학과 정부에서 늘 말하지 않는가. "당신의 장밋빛 미래를 위해 투자

하세요(대출받아서요).”라고 말이다.(우리 30)

이렇게 학자금을 융자받는 학생들은 천 운동가의 조사에 따르면 “2015년 2학기와 2016년 1학기 사이, 서울권 대학(원)에 재학 중인 학생 중 한국장학재단 학자금 대출자 비율은 약 25%로 전체 대학(원)생의 4분의 1 가량이 학자금 대출을 받으며 대학에 다니고 있다.”(우리 162) 하지만 이것이 전부는 아니다. 왜냐하면 등록금만이 아니라 생활비가 부족해서 대출을 받는 경우도 있기 때문이다. “오늘날 학자금 대출을 받는 학생들이 늘어나는 이유는 대학 등록금뿐만 아니라 생활비가 필요하기 때문이다. 학생들이 생활비 대출을 받는 이유는 크게 두 가지인데, 하나는 아르바이트 비중을 줄이고 공부에 전념하기 위해서, 또 하나는 가족 생활비를 마련하기 위해서이다.”(우리 163)

비록 제한된 통계이기는 하지만 오늘날 우리 대학 강의실에 있는 학생들의 25%가 학자금 융자를 받고 있는 상황이라고 한다면, 학자금 융자는 대학의 현실에서 대단히 주목해야 하는 사항이 된다. 이러한 학자금 융자와 전혀 상관이 없는 사람들도 있고, 똑같이 융자를 받아도 이자를 전혀 부담하지 않은 사람들도 있다. 하지만 대한민국이라는 공동체에서 같이 생활하는 사람으로서 우리 이웃의 25%가 이 일과 관련되어 있다고 한다면 우리는 이 일에 대하여 충분히 관심을 가질 만하다.

학자금 융자의 진면목

학력주의 시대에 대학을 가리키는 말로 상아탑象牙塔 대신 우골탑牛骨塔이라는 표현이 있었다. 이런 표현이 있게 된 것은 당시에 많은 학자금이 부모가 소를 팔아서 마련한 돈이었기 때문이다. 신학력주의 시대에는 이제 우골탑 대신 대출탑이라는 표현을 사용해야 할지도 모른다. 이제 부모가 소를 팔아서 대학 보내는 시대는 끝나고 학생이 대출받아서 대학 가는 시대로 바뀌었기 때문이다.

학력주의 시대의 전반기에는 대학생의 숫자가 그렇게 많지 않았기 때문에 그 때의 대학생은 개인이라기보다는 가족 내지 친족의 대표선수로 대학에 갔다. 그래서 당시 대학교육 학자금은 부모나 심지어는 친척들로부터 조달되었으며, 대학을 졸업하여 사회적 지위가 상승되었을 때에는 그 혜택이 가족은 물론 친척들에게까지도 이전되었다. 물론 이런 경향은 산업화의 진행과 함께 점점 옅어져가기는 하였다.

> '대학'의 상징성은 단순히 '성공'이나 '신분상승'이라는 부유함의 경로라기보다 가족 내에서 세대 간 재생산을 안정적으로 이룰 수 있는 방편이자 부모의 명예였다. 한 사람이 대학교육을 받고 노동사회로 이동하는 일이 가족경제의 재생산에 기여하는 일이었다.(우리 147)

학력주의와 신학력주의 사이의 기간에 대학과 대학생의 숫자가 급속하게 팽창한다. 어느 정도 산업화가 달성된 우리 사회의 전체적인 경제수준이 그만큼 성장하였고, 대학에 가보지 못한 많은 부모들이 자기 자식들을 대학에 보내고 싶어 했다. 대학 진학률은 증가하였고, 대학 등록금도 인상되었다.

하지만 경제위기로 여유가 없는 부모에게서 학자금 지원이 어려운 신학력주의 시대가 되자 학생들은 학자금 융자로 학업을 이어갔다. 이러한 상황에 적극적으로 대처하기 위하여 정부는 학자금 융자제도를 개편하였는데, 이때 시장원리를 절대시하여 개인의 선택과 책임을 강조하는 신자유주의 경제철학에 따라 학자금 융자는 학생복지제도로서의 성격과 더불어 금융상품으로서의 성격을 아울러 가지게 되었다. 천 운동가는 학자금 융자에 대한 일반의 오해가 바로 여기에 기인하고 있다고 지적한다.

> 학자금 대출이란, 1960년부터 빈곤한 계층의 자녀를 대상으로 이루어지던 교육복지 정책 중 하나였다. 그러나 IMF 이후, 금융영역으로 외주화된 복지제도로 성격이 바뀐다. 본디 학자금대출은 금융상품이지만, 사람들이 금융상품으로 잘 인식하지 못하는 이유는 빈곤한 사람들에게 혹은 대학생에게 주어지는 '복지적 수혜'라는 관념 때문이다.(우리 148)

천 운동가가 거듭거듭 강조하고 있는 것은 이러한 학자금 융자를 받음으로써 학생들이 채무자가 된다는 것이다. 그리고 이러한 학생 채무자는 여러 가지 부작용을 안고 있다는 것이다.

우선 이런 학생 채무자는 대학을 졸업하고 출발하는 출발선상에서 평등한 출발을 할 수 없다. 우리 사회가 자유와 평등을 이상으로 하고 있다고 할 때, 우리 사회 내에 존재하는 불평등이 정당화되기 위해서는 출발선 상에서의 평등이 요구된다. 물론 현실적으로 이는 불가능하다. 개인의 자질이 같을 수 없고, 개인이 속하는 가정이 같을 수 없기 때문이다. 그러나 최소한 대학을 졸업하고 사회에 진출하는 첫 시점에서라도 평등한 출발이 보장된다면 그나마 불평등이 정당화될 수 있는 최소한의 빌미라도 될 것이다. "어떤 이는 자신의 미래를 생각할 때, 출발점이 다르다는 것에 대해 분노를 느낀다고 했다. 자신이 학자금 대출금을 제대로 관리하지 못했다는 데서 오는 실망감, 다른 한편으로는 이런 자신을 다른 출발선에 서게 한 사회에 대한 실망감 때문이다. 그리고 사회와 자신을 향한 실망감이 만나 존재하지 않는 그 누군가를 향해 분노를 느낀다."(우리 247)

둘째는 학생 채무자는 기본적으로 자신을 빚진 자라고 생각하기 때문에 소비할 때마다 죄책감을 느끼며, 또 졸업 후 상환이라는 제도적인 편의를 이용하는 경우라고 하더라도 자신의 삶을 족쇄를 찬 삶으로 받아들임으로써 불안감과 상실감으로 채워진 대학시절을 보내게 된다. "결국 부채 문제는 빌리고 상환하는 것 자체만으로 겪는 어려움이라기보다 빚과 함께 삶을 조율하는 일상생활 자체가 재생산이 불가능하다는 것에 대한 어려움이다. 굶주림이 익숙해진 삶, 밥 한 끼에 마음 졸이며 눈치를 보는 삶 속에서, 음식뿐만 아니라 생활의 전 영역에서 스스로 단속하며 살아간다."(우리 196)

셋째는 오늘날 우리의 현실은 이러한 학생 채무자가 늘 상환불가능성을 염려하며 살게 되는데, 이것이 학생 채무자의 다른 사람과의 관계를 가로 막음으로써 서로에게 혜택을 나누게 하는 호혜성의 기회조차 박탈하고 있다. "결국 채무자는 심리적으로 위축되어 인간관계에서 오는 호혜마저도 자신이 갚지 못할 것으로 여기게 된다. 상환 불가능성을 계산하는 이러한 문화는 친구관계, 가족관계, 공동체관계에서 호혜를 두렵게 만들고 스스로 고립되는 현상으로 나타난다."(우리 209)

천 운동가에 따르면 학생 채무자라는 이 어울리지 않는 한 쌍의 결합은, 대학에 가고 싶기는 하지만 학자금 때문에 대학에 가지 못하는 학생들에게 대학교육의 기회를 열어주는 것은 사실이지만, 이러한 기회를 통하여 얻게 되는 '제약'이 어떤 의미에서는 그러한 '기회'를 초과하는 것으로 보이기까지 한다.

> 학자금 대출과 금융부채로 인한 경제적 제약이 종국에는 개인의 생애기획이나 삶의 가능성을 사유하는 틀까지 제약한다. 대학을 졸업하기 전부터 추가학기를 통해 삶을 유예시킨다. 노동사회에 나가서도 상시적인 취업 준비와 다중생활부채의 증식으로 빚을 지고 상환하는 삶에 익숙해진 자신을 발견한다.(우리 250)

우리는 신용카드 사용을 악마와의 거래라고 흔히 이야기한다. 미래의 수입을 담보로 수입을 할인하여 현재의 물건을 구매하는 것이 신용거래다. 신입사원으로 입사하면 가장 먼저 연락하는 이는 카드회사 직원이며, 그 다음에는 자동차회사 직원이다. 중간관리자급이 되면 이제 주택회사 직원도 연락할 것이다. 이들은 모두 우리에게 직장인 채무자로 살도록 설득한다.

주로 프랑스에서 활동하는 사회철학자인 마우리치오 라자라토

Maurizio Lazzarato는 자본주의의 본질이 구성원을 부채인간으로 만들어 죄책감 혹은 부채의 관념에 근거하여 인간을 통제하고 조종하는 것이라고 지적하기도 하였지만,(라자라토, 『부채인간』, 허경/양진성 옮김, 서울: 메디치, 2012, 19) 학생 채무자는 이러한 지배의 최악의 경우라고 볼 수 있다. 왜냐하면 직장인은 그나마 자동차나 주택을 스스로가 선택할 수도 있고 선택하지 않을 수도 있는 반면, 학생은 대학을 스스로 선택하지 않을 수 없는 상황이기 때문이다. 학생은 자신의 존재방식에 어떤 것을 추가하지 않으면서도 오직 학생이라는 현상을 유지하기 위해 부채를 지는 반면, 직장인은 자신의 존재방식에 자동차나 주택 등을 추가함으로써 부채를 지기 때문이다. 이러한 점을 고려할 때, 학생 채무자라는 존재는 우리 사회의 채무자들 중에서 가장 최악의 채무자, 부채인간들 중의 최악의 부채인간, 구속당하는 존재들 중에서 가장 강하게 구속당하는 존재라고 볼 수도 있다.

학자금 부담자의 문제

천 운동가의 기본적인 입장은 우리가 대학 등록금을 사적으로 지불해서는 안 된다는 것이다. 대학교육은 의무교육이 아닌데, 왜 자발적으로 대학에 온 사람이 대학교육의 비용을 사적으로 지불해서는 안 된다고 주장하는 것일까? 그녀의 주장은 두 가지 전제에서 나온다.

첫째로, 오늘날 우리 사회에서 대학교육은 국민 대부분이 받는 보통교육인데, 이러한 대학의 교육비를 사적으로 부담할 수 없는 사람들에게 국가는 교육기회의 평등이라는 원칙에 따라 공적으로 부담해 주어야 한다는 것이 천 운동가의 요지이다. 더구나 이러한 대학교육의 보통화가 국가의 정책결정에 의해 생겨났으며, 대학생들이 주체적으로 대학진학을 결정하지 못하는 사회적 분위기에서 국가는 더욱 적극적으로 이러한 입장을 취하여야 한다는 것이다.

대학교육이 어떻게 보통교육으로 바뀌었던가? 정부는 국민들이 자식들을 대학에 보내고자 하는 열망을 가지고 있다는 것을 알았고, 이러한 열망을 재정적인 확장 없이 충족시킬 수 있는 방법은 대학의 설립을 자유화하고 시장화하는 것이라고 결정했다. 1995년의 '5.31 교육개혁'이 바로 그것이었다. 이렇게 됨으로써 그 이전에 인문계 고등학생들이 대학에 가고, 실업계 고등학생들이 직장에 가던 구조가, 인문계든 실업계든 고등학생들은 모두 대학에 가는 것으로 변경되었다.

> 인문계→대학, 상업계·실업계→취업이라는 삶의 경로는 대학으로 획일화되어 갔다. 대학을 가는 아이와 안 가는 아이의 구분은 서울에 있는 대학과 비서울(지방)에 있는 대학에 가는 아이로, 상위권과 중위권, 하위권이라는 수능등급의 서열에 따라 나뉠 뿐이었다.(우리 35)

일반적으로 롤스와 같은 철학적 정의관에 따르자면, 교육은 공동체의 모든 구성원들이 평등하게 나누어야 하는 권리라고 간주된다. 하지만 대학교육은 각각의 공동체에 따라서 이러한 교육으로 간주되기도 하고 그렇지 않기도 하다. 예컨대 미국의 대학은 주립대학이 연 2,000만 원 정도, 사립대학이 연 4,000만 원 정도의 등록금을 내야 하지만, 덴마크, 노르웨이, 스웨덴과 같은 국가들은 대학도 무상교육을 원칙으로 하고 있다. 여하튼 우리는 미국의 예를 따라 유상교육의 형태, 즉 직접적인 수익자 부담의 형태를 취하고 있다.

이러한 수익자 부담 형태의 대학등록금으로서 한국의 대학 등록금이 세계에서 둘째로 또는 제일 비싼 등록금이라는 비판이 있다. "심지어 우리는 세계에서 두 번째로 비싼 대학 등록금을 내야 하는 사회에 살고 있지 않은가?"(우리 30), "한국의 대학 등록금은 OECD 국가들 가운데 가장 높은 수준이다."(세금 140)

절대치로 보면 이러한 주장은 결코 합당하지 않은 주장이다. 그런데도 이러한 비판을 감행하는 데 독특한 계산법이 작용하고 있다. 첫째, 등록금을 평가할 때에 등록금 총액에서 장학금 총액을 감액한다. 둘째, 이렇게 감액된 금액을 1인당 국민총생산Gross National Product GNP으로 나눈다. 이러한 과정을 거치면 한국의 등록금을 제일 비싼 등록금으로 만들 수 있다.(세금 128-141)

이러한 산출방법은 나름대로 일리가 있기는 하지만, 예컨대, 대학의 등록금 의존율이 현격한 차이가 있는 미국 대학(하버드 20%)이나 일본 대학(게이오 18%)과 한국 대학(평균 68%)을 같은 지평 위에 놓고 비교하는 것이기 때문에, 한국 대학 당국의 입장에서는 받아들일 수 없는 계산법이라고 하겠다. 왜냐하면 미국 대학이나 일본 대학은 학생이 아닌 다른 곳에서 등록금으로 충당할 금액을 지원받고 있기 때문이다.

천 운동가도 이러한 점을 지적하고 있다. "한국의 대학 등록금이 이처럼 비싼 이유는 한국에 대학이 설립된 이래로 한국의 고등교육 비용을 주로 민간이 부담해 왔으며 대학과 정부는 이러한 구조를 바꾸려는 의지가 없었기 때문이다."(우리 59) 여하튼 다시 대학교육이 보통 교육이 된 이유로 되돌아가자.

정부의 이러한 정책과 더불어 대학이 보통교육으로 변경된 데는 사회적인 분위기가 중요한 역할을 하고 있다. 학령인구의 70% 이상이 모두 대학에 가는 상황에서 그 70%에 들지 않는다는 것은 소수자의 길을 선택하는 것이다. 더구나 대학에 가보지 않은 부모가 자식을 대학에 보내는 상황에서 부모나 자식 모두 대학에 대하여 확실한 이해를 가지고 있지 못하고 막연한 선망만을 가지고 있기에 이러한 분위기는 더욱 더 강력한 영향력을 발휘한다. 천 운동가가 한 학생과 이런 문제에 대해 이야기를 나눈 경험을 이렇게 보고하고 있다.

'그런데 (한국에서) 왜 대학에 가는지 묻는 것 자체가 비정상적인 게 아닌가요?'라고 물었다. 이 질문 뒤에 우리는 한참을 웃었다. '당연히' 서울 상위권 대학에 진학해야 탄탄대로를 밟으며 살아갈 수 있다고 믿는 사회, 모두가 대학에 가지만, 왜 대학에 가야하는지 그리고 대학에서 무엇을 해야 하는지 질문을 하지 않는 사회, 이런 사회에 몸담고 있으면서 왜 대학에 가냐고 묻는다는 것 자체가 얼마나 우스꽝스러운 일인지 잘 알았기 때문이다.(우리 36-37)

모두가 대학에 가기에, 당연히 대학에 가기에, 대학에 가기로 결정하는 행위 자체가 결여되어 있는 우리 사회의 분위기도 문제이기는 하지만, 대학선택의 문제에는 학자금 대출에서 부모의 경제 상태가 고려의 요인이 되는 것에서 확인할 수 있듯이, 대학생이 피보호자에서 독립적인 성인으로 넘어가는 과도기에 있다는 것 또한 문제이다.

설혹 대학에 가기로 결정하는 행위가 우리 사회 내에 있다고 하더라도 그러한 행위를 하는 사람은 대학생 자신이 아니라 대학생과 부모가 포함된 가족이거나 아니면 오롯이 부모이다. 그러나 결국 대학을 선택하는 대가의 궁극적인 책임자는 부모가 아니라 대학생이다. 학자금융자는 학생이 대학등록금은 책임질 수 없는 사람이라고 간주하면서도 책임을 지우는 모순을 내포하고 있다.

물론 대학에 가기로 선택한 것은 너이고, 그렇다면 대학에 등록금을 내기로 선택한 것도 너이기 때문에, 너의 등록금을 다른 사람에게 대신 내달라고 요구할 아무런 이유가 없다고 지적할 수 있다. 물론 그렇다. 그것이 자유주의이고 자본주의이니까.

그렇지만 담배를 피우는 사람들에게는 담배를 피우지 못하도록 그렇게 열렬하게 계몽하면서, 빚을 내어 대학에 가는 사람들에게는 왜 신중하게 대처하도록 열렬하게 계몽하지 않는가? 본인에게 일차적 책임이 있다고 하겠지만, 학령인구의 25%가 관여되는 일이라고 한다면 사회는 자신의 25%의 복지에 대하여 각별히 생각할 필요가 있지 않은가?

천 운동가가 대학이 무상교육이어야 한다고 주장하는 둘째 이유는 오늘날 기술 사회에서 한 사람의 시민으로서 살아가기 위해서는 충분한 기술 교육이 필요한데, 이러한 기술 교육 수요는 사회의 변화에 의해서 조장된 것이기 때문에, 이러한 수요에 대응하는 대학 교육은 그러한 변화를 조장한 사회가 책임을 져야 한다는 것이다. 결국 대학에서 교육 받는 까닭에 기업이나 사회가 따로 교육을 시키지 않아도 되니 미래의 노동자이자 시민을 위한 교육비를 기업이나 사회가 부담해야 한다는 것이 둘째 요지이다.

세계적으로 과학기술이 발전하고 산업기반이 지식기반으로 변화하면서 개개인은 노동시장에 진출하기 위해 예전보다 훨씬 더 많은 것을 배우고 익혀서 나가야 한다. 기술이 발전할수록 노동자는 늘 새로운 기술을 습득하고, 그에 대한 교육비용을 지불한다. 앙드레 고르스는 이런 현상을 '학생 만들기'라고 불렀다.(우리 169)

프랑스의 문명비평가인 장 보드리야르Jean Baudrillard는 현대문명의 한 특징을 재활용recycling에서 찾았다.(김성동, 『문화 열두 이야기』, 서울: 철학과현실사, 2003, 281) 재활용은 환경보호의 차원에서 생태학적으로 적극 권장되고 있는 사물의 사용방식이다. 하지만 보드리야르는 현대문명의 한 특징이 사물이 아닌 인간의 재활용에 있다고 지적하였다. 즉 한 인간의 자격증이 시대의 유행에 뒤지게 되면 재교육을 통하여 새로운 자격증을 얻게 되는데 그리하여 실업, 훈련, 재취업이라는 재활용의 과정을 겪게 된다는 것이다.

프랑스에서 주로 활동했던 앙드레 고르스Andre Gorz는 이러한 재활용을 '학생 만들기'라고 불렀는데, 천 운동가는 이를 다음과 같이 요약한다.

'평생교육', '자기계발' 담론은 빠르게 변하는 기술을 뒤따라가지 못하는 이전 세대가 늘 새롭게 자신을 갱신하여 노동시장에서 도태되지 않도록 노동자 스스로 자신의 능력을 고양시키는 방식으로 소비

된다. 새로운 직장을 구하려면, 쓸모없어진 이전의 자격증 대신 새로운 (기술) 자격증을 다시 따야 한다거나, 주기적으로 직업훈련센터나 학원에서 교육을 받아야 한다. 일련의 모든 과정이 '학생 만들기'에 속한다.(우리 169)

일반적으로 이러한 재교육과정은 사적인 부담으로 이루어지기보다는 공적인 부담으로 이루어진다. 실직수당을 받는 실직한 노동자들은 물론이고 취업한 적이 없어 한 번도 실업보험을 들어본 적이 없는 사람들도 취업훈련을 무상으로 받을 뿐만 아니라 훈련기간 중의 최소한 생활비까지 지원받기도 한다. 이렇게 하는 이유는 그러한 취업 내지 재취업이 실업으로 인한 사회적인 비용을 낮추어 주기 때문이다.

그렇다고 한다면 대학생들의 대학에서의 훈련도 이러한 취업훈련의 일환일 수 있다. 물론 대학의 취업훈련은 특정한 직업을 정향하고 있는 것이 아니고 일반적이기 때문에 예비적인 취업훈련이라고 보고 이에 대해서는 사적인 비용부담을 주장할 수도 있다. 하지만 그것이 예비 훈련이든 본 훈련이든 간에 그것이 없다면 사회적인 비용이 더 들어간다는 점에서는 차이가 없다. 그러므로 대학교육의 무상화, 최소한 스스로 교육비를 부담할 수 없는 학생들에 대한 선택적 무상화가 요청될 수 있다.

지난 몇 년 동안 칠레에서는 무상교육에 대한 사회 여론이 강하게 일어났다. 대학생을 비롯해 학부모 단체와 교사, 지역 노동자들이 무상교육과 공교육 개혁을 요구한 것이다. 그 결과 지난해 말, 칠레의 상하원은 대학 무상교육 결의안을 통과시켰다 비록 국립대 저소득층을 대상으로 하는 무상교육이지만, 약 20만 명의 칠레 대학생들이 무상교육의 혜택을 받을 수 있게 되었다.(우리 232)

사실 우리 사회도 반값 등록금을 향하여 나아갔다. "국가장학금이 지급되기 시작하면서 교내장학금뿐만 아니라 교외장학금 역시 큰 폭으로 증가했다. 1995년 등록금수입 대비 2.5%에 불과하던 교외장학금 비율은 2011년까지 5.6% 증가하는데 그쳤지만 2012년에는 12.6%로 대폭 증가했다. 이러한 교내·외 장학금의 증가는 총장학금의 확대로 이어져 1995년 11.3%이던 등록금수입 대비 총장학금 비율은 2012년 31.7%까지 늘어났다."(사립대학 장학금 현황 2014. 1. 22. 대학교육연구소)

대학교육의 학자금을 누가 부담할 것인가의 문제는, 대학교육의 성격을 어떤 관점에서 바라보느냐와 밀접한 관련이 있다. 대학교육을 개인적인 성장의 문제로 본다면 개인이 부담해야 할 것이며, 대학교육을 사회적 자본으로 본다면 사회가 부담해야 할 것이다.

우리 사회가 대학을 시장화하여 생각해 온 것은 우리 사회가 대학에 대해 가지는 사회적 관심을 고려할 때 적절한 것은 아니라고 보인다. 우리 사회는 대학이 사회발전에 정치, 경제, 사회적으로 기여하기 바라며 대학이 사회구성원의 평등을 촉진시키는 데도 기여하기를 바란다. 사회가 대학에 기대하는 바가 있다면 대학이 그러한 기여를 할 수 있도록 여건을 조성해줄 책무도 또한 있다.

소크라테스가 다른 소피스트들과 달리 교육비를 받지 않았던 것에는 그 나름의 이유가 있다. 하지만 소크라테스의 처인 크산티페에게는 결코 타당하지 않은 이유였다. 학자금과 관련해서는 소크라테스의 관점도 있고 크산티페의 관점도 있다. 어느 한쪽의 시각만이 옳다고 할 수도 없고 현실은 양쪽 모두에 걸쳐서 있다. 한쪽에서 해결하고자 접근하는 것보다 양쪽에서 해결하고자 접근하는 것이 더 효율적일 것이다. 현실을 인정하고 의사소통을 통하여 부담을 줄여나가는 것이 정답이리라 본다.

대학 학자금의 문제는 여러 가지 방향에서 접근할 수 있다. 다른 나라들과 비교해 보면 학령인구의 70%가 대학에 가는 것은 사회적인 낭비일 수 있다. 이에 대한 대응도 필요하다. 한때 가요 대통령이라고 불리던 서태지는 대학에 가지 않았다. 〈교실 이데아〉라는 그의 노래에서 그는 학교가 인간의 삶을 만인에 대한 만인의 투쟁으로 전형화한다고 비난하면서, 자신의 길을 갔다. 사실 원칙론적으로 말하자면, "고교 수준의 전문 직업교육을 활성화해 대학에 진학하지 않고도 괜찮은 일자리를 가질 수 있는 기회를 확대하는 것은 중요한 과제다."(세금 158)

입학생의 대부분이 졸업하는 오늘날 우리 대학의 학사운영도 반성해볼 필요가 있다. 실질적으로 대학졸업자의 자격을 갖추지도 못하는 학습에 비용을 들이는 것은 그것이 사적 비용이든 공적 비용이든 낭비다. 예를 들면, 미국 주립대학의 입학생들 중에서 최종적으로 졸업하는 비율은 60~70%라고 한다. 다음 장에서 미국의 결혼시장을 볼 때, 미국인을 분류하는 기준으로 대학에 입학하였지만 졸업하지 못한 사람이 등장하는데, 우리나라에서는 이러한 분류가 불필요하다. 왜냐하면 입학하면 거의 졸업하기 때문이다.

소위 보수정권이라는 이명박 정권과 박근혜 정권 아래 장학재단에서 학자금을 대출받은 학생들은 2%의 이자부담을 지고 있다. 하지만 소위 진보정권이라는 김대중 정권과 노무현 정권 아래 카드회사나 은행에서 대출받은 학생들은 10%나 7% 이상의 이자부담을 지고 있었다. 역설적으로 보이는 이러한 사실은 정권이 문제가 아니라 관심을 가지고 문제해결에 접근하게 되면 실제적인 차이들을 만들어 나갈 수 있다는 증거다.

사실 학자금 대출의 초창기 형태는 지방정부가 학자금을 대출해 주는 형태를 가지고 있었다. 오늘날 지방정부가 기본소득의 형태로 취업활동비를 지급하는 경우가 있는데, 좀 더 적극적으로 기본소득의 형태로 부담능력이 부족한 학생들에게 학자금을 지원하는 것이 우리의 상황에는 더욱 적합한 정책이 될 수도 있다고 본다.

학자금 대출 문제와 관련하여 천 운동가의 다음과 같은 비난에 물론 필자는 전적으로 동의하지는 않지만, 그 기본적인 문제의식은 사회적 담론으로 발전시켜 나갈 필요가 있다고 생각한다.

> 학자금 대출은 대학(원)생이 수혜를 입는 것이 아니라, 돈을 빌려주고 거기서 이윤을 취하는 금융권과 투자자들, 비싼 등록금을 거둬들이는 대학에 수혜를 주는 것이다. 그들의 이득을 위해 사회 전체가 손해를 감당하는 것이 오늘날 고등교육 비용의 실체다. 당신의 침묵이 당신의 인생과 자녀세대와 이웃의 아이들을 '학생 채무자'로 만들고 그런 사회에 동조하는 것이다.(우리 275-76)

당신의 입장은?

1. 대학등록금을 누가 부담해야 하는가? 사회인가, 개인인가? 만약 공동으로 부담한다면 그 비율을 어떻게 하는 것이 좋을까?

2. 학자금 융자와 관련하여 개선되어야 할 사항들에 어떤 것들이 있는가? 융자되는 학자금에 대하여 이자를 붙이지 말아야 하는가, 적정한 이자를 붙여야 하는가?

3. 당신이 직장인으로서 당신의 소득에서 소득세를 내고 있다고 할 때, 취업하지 못한 청년들을 위하여 기본소득을 제공한다면, 찬성할 것인가, 반대할 것인가?

더 깊고 더 넓게 읽을거리

1. 천주희, 『우리는 왜 공부할수록 가난해지는가』, 파주: 사이행성, 2016.
2. 한국대학교육연구소, 『미친 등록금의 나라』, 고양: 개마고원, 2011.
3. 라자라토, 『부채인간』, 허경/양진성 옮김, 서울: 메디치, 2012.

6장

나는 결혼할 수 있을까?
: 결혼과 출산

취업 이후의 삶: 결혼과 출산

대학을 졸업하든 고등학교를 졸업하든 정규직이든 비정규직이든 자영업이든 취업을 했다고 가정하자. 그러한 취업 이후 성공적으로 직장생활이나 자영업을 수행하고 있다고 가정하자. 이제 맞닥뜨리는 현실은 결혼이다. 생물학적으로 보면 중학생이면 생식능력을 가진다. 그런데도 고등학교와 대학교 그리고 남성의 경우 군대까지 7년이나 10년 이상의 성적 교섭의 지연이 있는 것은 대단히 자연스럽지 못한 상황이다. 하지만 그런데도 우리는 여전히 '나는 과연 결혼할 수 있을까?' 그리고 '더 나아가 출산할 수 있을까?'라고 의문을 갖는다. 대학 이후에 마주 칠 결혼과 출산의 문제를 살펴보자.

사람이 태어나서 죽는다는 것은 누구나 알고 있고 누구나 하는 일이다. 인간에게 존재론적 구속이 있다면 바로 나고 죽는 것이라고 할 것이다. 우리가 다중격차 내에 있든 아니든 이러한 존재론적 구속은 상황을 가리지 않는다. 하지만 자식을 낳을 것인가 말 것인가는 이러한 방식의 구속이 아니다.

생물체가 태어나고 죽는 것은 비생명에서 생명으로, 생명에서 다시 비생명으로 옮겨가는 과정이지만, 생물체가 번식하는 것은 생명과정 속에서 이루어지는 일이다. 대개의 경우 생물체는 번식의 욕구를 가지고 있지만, 우연한 상황에 따라 그러한 욕구가 충족될 수도 있고 안 될 수도 있다. 인간에서 번식의 욕구의 성공과 실패는 우연한 상황뿐만 아니라 이러한 상황에 대처하는 인간의 의지에 따라서도 결정된다. 이런 의미에서 생식은 인간에게는 생물학적 구속이자 사회학적인 대응이다.

산업화가 이루어지기 이전에는 경제적으로는 지금보다 훨씬 어려운 상황 속에서, 때로는 밥을 굶으며 살았지만, 어떻게 해서 생수 한잔 떠놓고 치르는 결혼식이라 하더라도 결혼이라는 틀을 통하여 자식을 낳고 사는 것이 일반적이었다. 산업화를 통하여 이러한 틀이 훨씬 굳건해지는 듯했지만, 경제위기를 통하여 이러한 틀이 흔들리기 시작하자 오히려 부부는 헤어지고 가족은 해체되는 현상이 생겨났다.

물론 가족제도의 이러한 동요는 가장의 수입 감소나 실직이나 주부의 경제활동 증가와 같은 경제적인 이유에만 원인이 있는 것은 아니다. 여성운동의 성과로 여성의 자기결정권을 보호하는 사회제도나 분위기가 형성되었다거나 결혼과 가족제도에 묶여 있던 성적 쾌락이 제도 바깥으로 뻗어 나갔다는 등의 사회문화적 이유도 있다.

전후 사정이 어떠하든 간에, 오늘날 우리는 자신의 결혼에 대하여 확신을 가지지 못하게 되었다. 결혼연령은 계속하여 늦어지고 있으며, 결혼비용 또한 천문학적 숫자로 증대되고 있다. 내가 과연 남들과 같이 결혼할 수 있을지 확신이 들지 않는다. 내가 배우자감에 대하여 이 모든 현실적 고려를 제쳐버릴 정도로 푹 빠져들지 않는다면 나는 결혼하지 못할지도 모른다.

　설혹 결혼이나 동거에 들어간다고 해도 엄청난 양육비와 교육비로 부부의 경제적 삶을 밑 빠진 독으로 만들 자녀를 출산할 것인지도 또한 확신이 들지 않는다. 이러한 상황에서 둘째 자녀를 낳는다는 것은 지각이 부족하거나 엄청나게 용감하거나 둘 중의 하나다. 정부가 아니라 배우자가 그것도 그냥이 아니라 절실히 원한다고 해도 결코 선뜻 받아들일 수 없는 가능성이다.

　이렇게 보면 우리가 현재 살고 있는 사회는 내가 결혼할 수 있을지 출산할 수 있을지 확신이 서지 않는 사회다. 살기 어려울 때에는 사람들이 모두 어렵게 하니 모두 그렇게 하던 일이, 살기 좋아진 오늘날에는 사람들이 쉽게 하지 못하니 나도 쉽게 발을 들여놓지 못하게 된다. 무엇이 상황을 이렇게 만들었고, 이러한 상황에 어떻게 대처해 나갈 수 있을지 미국인의 결혼 상황을 분석해 놓은 준 카르본June Carbone과 나오미 칸Naomi Cahn의 책 『결혼시장』의 논의를 인용하며 검토해 보고자 한다.

경제상황의 이분법과 결혼시장의 삼분법

한국인의 결혼문제를 살펴보고자 하는데, 왜 미국인의 결혼분석을 보아야 하는가라고 이의를 제기할 수도 있다. 사실 한국과 미국은 결혼에 대한 문화도 다르고, 사회의 인종적 구성도 다르고, 여러 가지로 동일성보다 차별성이 두드러져 보인다. 그럼에도 불구하고 미국의 경우를 참고하고자 하는 이유는 우리 사회를 대상으로 결혼시장을 준 카르본 교수와 나오미 칸 교수와 같은 사회과학적인 방법으로 분석해 놓은 도서를 보기가 쉽지 않기 때문이다. 앞으로 이러한 유형의 연구가 우리 사회를 대상으로도 이루어지기를 기대한다.

하지만 카르본 교수와 칸 교수의 연구를 참고하는 것에 이점이 있기도 하다. 우리 사회는 미국을 모델로 산업화를 진행했고 이에 따라 사회구조도 미국과 비슷하게 구성되어 있다. 다만 차이가 있다면 우리가 따라가는 입장이었기 때문에 약간의 시간적인 지연이 있다는 점이다. 이러한 지연을 고려하면 우리가 처할 미래 상황을 추측할 수도 있다.

예를 들자면 미국의 경제상황은 1980년대를 기준으로 나누어진다.

베이비붐 시기에 태어난 경제학자들은 애정 어린 시선으로 자신의 어린 시절을 돌아보면서 당시를 '대압착 시대The Great Compression'라고 부른다. 반면 이들은 1980년대 이후의 시기는 '대분기시대The Great Divergence'라 이름 붙였다. 이때부터 사회적 불평등은 다시 심화되기 시작해 다시 …… 대공황 때의 수준에 이르렀다.(결혼 119)

이러한 동질성을 향한 시대와 이질성을 향한 시대의 한국적인 기준은 1990년대 말이다. 앞에서 우리는 이러한 두 시대를 학력시대와 신학력시대로 구분했다. 그래서 카르본 교수와 칸 교수의 연구는 이미 이루어진 미국 사회의 결혼 상황에 대한 분석이지만, 필자가 볼 때 이는 부분적으로는 우리 사회의 현실이기도 하고 또 부분적으로는 우리 사회의 미래의 현실일 것으로 보인다. 그래서 우리는 그들의 분석에서 우리의 미래에 대한 시사를 얻을 수 있다.

아울러 결혼시장이라는 그들의 용어 사용법에 대해서도 약간의 비판이 필요하다고 본다. 결혼은 동서고금의 보편적인 제도다. 일반적으로 남자와 여자의 공인된 성적인 관계를 통하여 자손을 생산하여 사회를 재생산한다. 이러한 결혼을 결정하는 사람은 결혼당사자들일 수도 있고 그들의 부모들일 수도 있다. 사실 산업화 이전에는 주로 부모들이었고, 산업화 이후에는 자유연애에 힘입어 주로 결혼당사자들이 결혼을 결정한다.

이러한 결혼당사자의 입장에서나 종교적인 입장에서 보면, 결혼을 시장에서의 거래행위로 간주하는 것은 적절하지 못하다고 생각할 수도 있다. 카르본 교수와 칸 교수도 "여러 정치적 철학적 신념에 따르면 친밀한 관계를 교환의 산물로 여기는 것은 옳지 않다."고 지적하고 있다.(결혼 23) 사랑에 빠진 남녀에게 혹은 결혼에 대한 낭만에 설득된 남녀에게 결혼은 사랑의 완성을 이루고자 하는 의지적 결단이며 결코 경제적 거래와 같은 타산적 행위가 아니기 때문이다. 물론 종교적 입장에서도 결혼은 신의 섭리에 따라 후손을 낳아 신의 섭리를 실현하는 신성한 행위이기 때문에 이를 시장적 행위라고 보는 것은 모욕

적이다.

그러나 사회과학적으로 결혼을 보고자 한다면, 그러한 주관적이거나 종교적인 의미는 결코 관심의 대상이 아니다. 개인적으로 어떻게 배우자를 선택하든지 간에, 종교적으로 결혼의 의미가 무엇이든 간에, 사회현상으로서의 결혼은 다른 많은 사회적 행위와 마찬가지로 재화의 거래행위다. 다만 그 거래되는 재화가 당사자의 삶과 때로는 재산 모두를 포괄하는 총체적인 거래라는 점에서만 다를 뿐이다.

인간은 모든 생물들 중에서 유일하게 자살할 수 있는 존재이다. 살아남으려고 하는 것이 모든 생물들의 생물학적인 보편적인 추동임에도 불구하고 인간은 병적으로 이러한 추동을 극복하고 스스로를 죽일 수 있다. 마찬가지로 인간은 문화적으로 합당한 배우자에 대한 사회적인 압력에도 불구하고 그러한 압력을 거스르고 스스로 배우자를 선택할 수 있다. 그러나 대개 우리가 자살하지 않듯이 대개 우리는 사회적 압력에 따라 합당한 배우자를 선택한다. 우리는 이러한 추동이나 압력 아래에 있다는 것을 의식하지 않지만 그렇게 한다. 이러한 사회적 압력이 통용되는 결혼자원의 선택공간이 바로 결혼시장이다.

추정해 보면 19세기에는 극소수의 부르주아지들과 다수의 프롤레타리아의 결혼시장이 각각 있었다고 할 수 있고, 20세기에는 이러한 양극단 사이에 중산층이 등장하여 소수의 상류층과 다수의 중산층과 소수의 하류층이라는 세 종류의 결혼시장으로 발전했다고 하겠는데, 카르본 교수와 칸 교수는 오늘날 미국의 결혼시장이 중산층의 몰락으로 20세기 중반과는 중산층의 성격이 약간 다르기는 하지만 그래도 그때와 마찬가지로 삼분될 수 있다고 본다.

첫 번째는 대졸자 집단으로, 오늘날 청년 인구의 약 3분의 1을 차지하나 전체 인구에서의 비중은 이보다 조금 낮다. 최근의 결혼 관련 연구들에 따르면 대졸자끼리 결혼하는 경우가 점점 늘어나고 있다.(결혼 20)

상층 집단 안에는 규모는 작지만 뚜렷이 구별되는 엘리트 집단이 있다. 바로 이 엘리트 집단이 마르크스가 말한 자본가 계급, 또는 오늘날 정치 담론에서 "1퍼센트"라고 불리는 자들이다.(결혼 21)

두 번째는 미국 인구의 '중간'에 위치한 집단으로, 정확히 규정하기 어려운 집단이기도 하다. 대학을 졸업하지 못한 고졸자, 가난하지는 않지만 경제적으로 분투하는 사람들이 이 집단에 속한다. 인구 통계를 들어 설명하자면, 2011년 미국 가계소득 백분위 50에 해당하는 가구로 연소득이 4만 2,000달러보다 약간 높은 가구, 고등학교를 졸업하고 4년제 대학에 진학했으나 졸업하지 못한 사람도 이 집단에 속한다. 이 집단은 지난 20년간 숙련노동자와 비숙련노동자의 소득 차이가 줄어들면서 점차 기반을 잃었다. 여전히 중간 집단은 하위 집단과는 다르지만, 소득이나 결혼 측면에서 20세기 중반만큼 하위 집단과 뚜렷한 차이가 드러나지는 않는다.(결혼 20)

세 번째는 가난하고 소외된 이들의 집단이다. 고등학교 중퇴자들이 이 집단에 속하는데, 16~24세 인구 중 7.4%가 고등학교를 졸업하지 않았으나 이 집단은 분명 그보다는 규모가 크다. 빈곤선 이하에 있는 15%의 미국 인구 대다수가 이 집단에 속한다. 이 집단에서 결혼율은

급격하게 낮아지고 있다.(결혼 20)

우리는 미국과 달리 대학졸업생의 비율이 아주 높기 때문에 미국의 기준을 그대로 받아들이기는 어렵다. 카르본 교수와 칸 교수가 대졸자 집단이라고 지칭하는 미국 집단에 해당하는 한국 집단은 대학교를 졸업하고 정규직에 취업한 집단이라고 분류할 수 있을 것이다. 만약 이렇게 본다면 대학교를 졸업하고 비정규직으로 취업하고 있거나 기간이 경과하였지만 정규직으로 전환하지 못한 집단이나 대학교에 진학하지 못했지만 정규직으로 취업하고 있는 집단은 중간 집단으로 분류할 수 있을 것이며, 대학에 진학하지 못하고 비정규직으로 일하고 있는 집단은 하위 집단으로 분류할 수 있을 것이다.

가족의 변화

가족이 변하고 있다. 결혼 연령은 갈수록 높아지고, 결혼율은 갈수록 낮아지며, 출산율도 갈수록 낮아지고, 이혼율은 갈수록 높아지고 있다. 이는 적어도 OECD 국가들의 일반적인 경향이다. 아래에 인용하고 있는 OECD의 통계를 보면(http://www.oecd.org/social/family/database.htm) 한국의 결혼연령은 OECD 평균보다는 낮으나 2014년에는 여자 29.8세 남자 32.4세이지만 1995년만 해도 25.3세 28.4세였으며, 결혼율은 상위 10위에 올라 있지만 1970년이나 1995년의 1,000명당 9명 수준에서 6명 수준으로 급락하였으며, 출산율은 1.2명 수준으로 하위 1위를 기록하고 있는데 1970년의 4.5명 1990년의 1.6명 수준에서 급격히 하락한 것을 볼 수 있다. 이혼율은 통계청의 세부내역을 밝히지 않은 통계발표로 세 쌍 중 한 쌍이 이혼한다고 알려졌으나 OECD의 통계에 의하면 1,000명당 2.3명 수준이고 1970년의 0.4명이나 1995년의 0.9명에 비하면 크게 증가한 것을 알 수 있다.

이러한 변화를 미국과 비교해 보면, 절대치에서는 차이가 있지만, 추세에서는 거의 비슷하거나, 오히려 더 가파르다. 예컨대 결혼율을 보면 미국은 1970년 10.6명 1995년 10.1명이었다가 2014년에는 6.9명으로 감소한다. 한국의 감소율이 35%이지만 미국은 37%로서 비슷한 비율을 보이고 있다. 이혼율을 보면 미국은 1970년 3.5명 1995년 5.0명이었다가 2014년에는 3.2명으로 감소한다. 한국의 증가율은 5.75배이지만 미국은 0.9배에 불과하다. 물론 우리는 통계가 고려하지 못하는 세부적인 사정이 있고 한국과 미국 간의 문화적인 커다란 차이가 존재한다는 것을 고려해야 할 것이다.

결혼시장의 변화

이러한 가족의 변화는 가족을 이루는 출발점인 결혼의 변화에 기인하는 것이다. 추정상이기는 하지만 미국과 한국이 같은 길을 간다고 가정하고 미국의 결혼시장에 대한 분석이 한국의 결혼시장에 어떤 시사를 주는지 검토해 보자.

한국의 등록금 문제를 다룬 천주희 운동가는 경제위기 이후의 한국

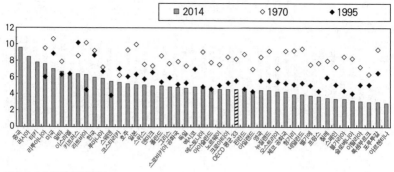

그림 3 1,000명 중 결혼수

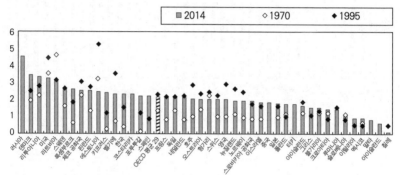

그림 4 1,000명 중 이혼수

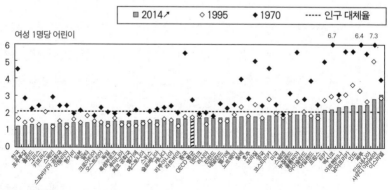

그림 5 출산율

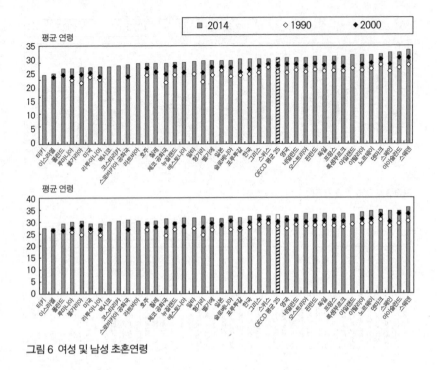

그림 6 여성 및 남성 초혼연령

경제상황에서의 가족의 대응을 다음과 같이 요약하였다.

중상위층은 경제위기와 경쟁 속에서 생존전략으로 부모가 동원할 수 있는 모든 자원을 활용하여 자식 세대에게 물려주고 이러한 경제적 지원 이전을 통해 가족주의를 강화시킨다. '효테크'와 같은 담론 및 문화의 등장은 그동안 한국사회에서 '효'를 중심으로 위기에 처한 가족공동체를 다시 결속 혹은 재봉합하는 기제로 작동한다. 반면에 중하위층과 서민층은 자녀의 독립과 부채의 분리를 통해 가족 중심의 연대 부채가 초래할 수 있는 가족공동체의 파괴를 예방하는 전략을 취한다. 그래야만 이후에 예기치 못한 상황이 닥쳤을 때 가족 구성원 중에서 신용이 '살아있는 자'의 명의로 다시 대출을 받거나 위기를 지연시킬 수 있기 때문이다.(우리 206)

이러한 전략은 가족 공동체가 어려움에도 불구하고 여전히 유지되고 있다는 점에서 대단히 한국적이기는 하지만, 경제위기 속에서 가족이 처한 경제적 상황에 따라 가족들이 각각 다른 모습을 보인다는 사례가 된다. 이러한 전략들과 더불어 한국의 결혼시장이 어떻게 변화했을지 직접 들여다볼 수는 없지만, 미국의 결혼시장을 통하여 추정할 수는 있다.

미국의 결혼시장

우선 경제적 조건을 보자. 삼분된 미국의 결혼시장에서 상층부는 수입이 오히려 증대되었고, 중간층은 정체되거나 오히려 감소되었으며, 하층부는 그때나 지금이나 어렵기는 마찬가지니, 중간층과 마찬가지로 정체되거나 감소되었다고 보아야 할 것이다. "1966년에서 2011년 사이 미국인의 하위 90%는 인플레이션을 감안했을 때 소득이 60달러도 오르지 않았으나 상위 10%는 평균소득이 11만 6,000달러 이상 늘었다."(결혼 120)

다음으로 성별 경제적 조건을 보자. 일반적으로 여성의 경제적 지위는 상승되었다. 여성의 교육수준이 높아짐에 따라 여성의 사회진출이 늘어났을 뿐만 아니라 중하층 남성의 실직이나 경제적 불안정성에 대응하기 위하여 여성들의 직업생활이 늘어나기도 했기 때문이며 기술적으로 보면 제조업 중심의 2차 산업보다는 서비스업 중심의 3차 산업이 늘어났기 때문이다. 아래의 그래프가(결혼 125) 보여주듯이 소득이 6만 달러 이하에서 여성의 숫자가 남성의 숫자보다 더 많다. 이는 남성의 경우는 상층부만 증대하고 중하층의 남성들은 정체되거나 감소되었다는 것을 의미하는데, 불황과 기술의 발전에 따르는 제조업의 쇠퇴 그리고 여성의 사회진출에 따라 이러한 변화가 일어났다. "맞벌이 가정 중 아내가 남편보다 돈을 더 많이 버는 비율은 소득 하위 20% 가족에서는 70%로 나타난 반면, 상위 20% 가족에서는 34%로 나타났다."(결혼 183)

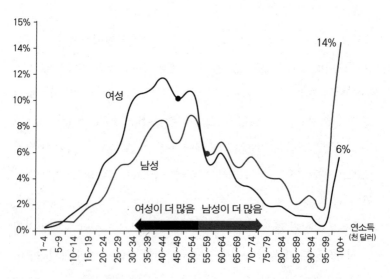

그림 7 남녀 인구의 수입 현황

이러한 경제적 조건과 더불어 문화적 조건에도 변화가 일어났는데, 우선 피임도구의 발달과 더불어 성적 교섭과 출산을 분리시킬 수 있게 되었다. 이와 더불어 결혼제도 바깥의 성적 교섭이 자유로워졌으며, 혼외 출산에 대한 태도 또한 매우 너그러워졌다. "피임약이 개발되고 낙태가 합법화되자 여성은 남성과 같은 조건에서 섹스를 할 수 있게 되었다. 미래를 약속할 필요가 없어진 것이다. 이제 여성은 임신을 하더라도 스스로 낙태를 결정할 수 있게 되었다."(결혼 74-75) 이러한 조건에 의해서 결혼과 출산에 대한 태도가 계층별로 나누어졌다.

상층의 결혼 시점은 그들이 어느 정도의 확고한 기반을 확보할 때까지, 그리하여 그러한 자신에 적합한 배우자를 찾을 때까지로 늦추어졌다.

> 50년 전, …… 회사의 남성 경영진은 주로 그들의 여비서와 결혼했다. 그러나 오늘날에는 다른 회사의 경영진이나 의사, 아니면 회계사와 결혼할 확률이 높다.(결혼 35)

원나잇 스탠드라는 자유로운 성적 교섭의 풍조가 보이기는 하지만 성공적인 피임과 임신 시의 자유로운 중절에 따라 혼외출산율이 낮아졌다. 또 이에 따라 출산도 자연히 늦추어졌지만, 자녀에 대한 집중적인 투자와 이에 따르는 가족중심적인 보수적 세계관이 강화되었다. 결과적으로 이혼율 또한 낮아졌다. 특히 자녀에 대한 투자의 차이를 보면 "1970년대에는 소득이 상위 4분의 1인 부모는 자녀에게 다양한 활동을 시키기 위해 소득이 하위 4분의 1인 부모보다 세 배 더 많은

돈을 들였다. 그러나 오늘날 이 차이는 아홉 배로 뛰었다."(결혼 158)

성적 교섭의 시점과 관련해서는 소득의 상중하를 막론하고 일반적으로 늦추어졌다. 10대의 성적 교섭과 혼외 출산에 대한 사회적 계몽의 결과로서 연령이 늦추어지고 혼외 출산율이 낮아지기는 하였지만, 하층의 경우는 상대적으로 성적 교섭도 시기적으로 가장 빠르고 혼외 출산율도 가장 높다.

미국의 하층에서 가장 특징적인 것은 여성이 결혼을 하지 않으려고 한다는 점이다. 심지어는 임신하거나 출산한 아기의 아빠가 결혼을 할 의사가 있는 경우조차도 결혼을 하지 않으려고 한다는 것이다.

어떤 여성들은 아이 아빠가 결혼할 의사가 있어도 결혼하지 않고 혼자 힘으로 살아간다. 이들은 굳세게 또 유능하게 자기 삶을 스스로 책임진다.(결혼 183)

성별 소득이 여성에게 유리하게 전개됨에 따라 하층에서 여성이 주된 가계부담자가 되었고, 이러한 상황에서 남편이 있다는 것이 아이에 더하여 추가적인 부담으로 간주되기 때문에, 이를 회피하기 위하여 결혼을 하지 않으려는 경향이 강화되었다. "결혼은 배우자를 지지하고 돌보겠다는 헌신이자 약속"(결혼 228)인데, 하층의 남녀는 남녀를 불문하고 자신의 상대방에 대한 헌신과 상대방의 자신에 대한 헌신을 회의하고 있다.

전체적으로 보면 중간층은 상층과 가깝게 되기보다는 하층과 가깝게 되었다.

한두 세대 전만 해도 중간 집단의 가족은 상위 3분의 1과 훨씬 비슷한 패턴을 보였지만, 오늘날에는 하위 3분의 1 가족과 점점 더 비슷해지고 있다.(결혼 23)

수입이 정체되거나 감소되었고, 안정되었던 과거와 달리 수입의 불안정성이 높아지고 있기 때문이다. 중간층의 이러한 좌절이 여론조사와 달리 2016년 도널드 트럼프Donald Trump가 미국의 대통령에 당선된 이유라고 분석되고 있기도 하다.

중간층의 경우에는 남성이 여성의 부담이 되는 상황은 아니기 때문에 결혼이 가능하기는 하지만, 적합한 남성의 숫자가 많지 않기 때문에 여성의 입장에서는 자신보다 수입이 높은 남성보다는 수입이 같거나 심지어 낮은 남성과 결혼해야 한다는 상황에 처하게 된다. 사회생물학적인 설명이 보여주듯이 남성은 상대할 여성이 적어서 집중해야 할 경우가 아니라면 여성에 충실하지 않는 경우가 많기 때문에, 이러한 상황에서 이혼율은 높을 수밖에 없다.

한국의 결혼시장

이러한 미국의 전개를 한국의 현실에 1대1로 대응할 수는 없다. 하지만 앞에서 인용한 것처럼 한국의 상층도 미국의 상층과 동일한 전술을 취하고 있음을 알 수 있고, 그렇게 보면 결혼연령이 높아지고, 결혼대상자를 자신과 비슷한 사회적 계층에서 찾으며, 적은 숫자의 아이를 가지거나 아니면 늦은 연령에서의 출산을 할 가능성이 높고, 자식들을 새로운 상류층으로 정착시키기 위하여 각별한 노력을 기울일 것이라 추정할 수 있다.

최근의 통계조사에 따르면 이러한 추세를 짐작할 수 있다.

통계청이 작년 11월 1일 기준으로, 결혼한 지 5년이 되지 않은 신혼 부부(초혼) 117만 9,006쌍을 조사한 결과, 자녀가 없는 부부가 41만 9,113쌍(35.5%)이나 되는 것으로 나타났다. …… 특히 눈길을 끄는 점은 맞벌이 부부의 경우 수입이 많을수록 자녀를 갖지 않는 경우가 많다는 것이다. 부부 연수입이 3,000만~5,000만 원인 경우 자녀가 없는 비율은 32.1%였지만 1억 원 이상 부부는 45.4%가 자녀가 없었다. 통계청은 '전문직 맞벌이 부부는 자녀를 갖기도 어렵고 맞벌이를 포기하기도 어렵기 때문'이라고 분석했다.(조선일보 2016. 12. 27. 최종석 기자)

한국 하층의 경우 가족을 우선시하는 가부장적인 문화적 특성 때문에 혼외 출산을 우선적으로 선택하지 않을 것으로 추정된다. 상대방이 결혼이나 동거의 의사가 있는 경우 대개는 결혼 내지 동거할 것으

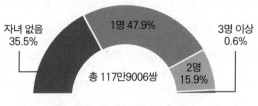

그림 8 5년 미만 초혼의 자녀수

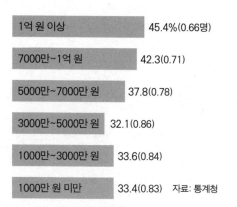

1억 원 이상	45.4%(0.66명)
7000만~1억 원	42.3(0.71)
5000만~7000만 원	37.8(0.78)
3000만~5000만 원	32.1(0.86)
1000만~3000만 원	33.6(0.84)
1000만 원 미만	33.4(0.83)　자료: 통계청

그림 9　신혼 소득별 무자녀 비율(자녀수)

로 보인다. 하지만 미국의 경우 중간층에서 보이듯이 배우자가 경제적으로 실패하는 경우 이혼 내지 별거를 선택할 것으로 또한 보인다. 미국의 경우는 여성이 남성을 부담으로 생각하고 포기하는 반면 한국의 경우는 문화적인 이유로 남성을 부담하는 쪽으로 선택하리라고 추정된다.

　카르본 교수와 칸 교수에 따르면 "1975년에서 2000년 사이에 대졸자 집단과 중간 집단 사이의 장벽은 더 공고해진 반면 중간집단과 하위집단의 경계는 희미해졌다." 하지만 한국의 중간층의 경우 미국의 경우와 달리 상층과의 벽이 아직까지는 그렇게까지 굳어지지 않았다고 본다. 물론 미국과 마찬가지로 중간층의 대부분이 하층으로 보다 더 가깝게 접근하고 있기는 하지만, 그러한 가운데서도 상층으로의 접근이, 소위 사다리가, 부분적으로 가능하기 때문에 안정된 개별적인 경우에는 자식 세대의 상층부 진입을 위한 투자를 집중하고 있다고 보인다. 오히려 문제는 이러한 과잉투자 때문에 노후자금이 확보

되지 않아서 노인빈곤을 초래할 가능성이 매우 높다는 것이다.

그래서 나는 결혼할 것인가?

이제까지의 논의를 바탕으로, 한국 결혼시장에서 내가 결혼할 것인가를 따져볼 수 있다. 우선 간단한 선택지는 결혼하지 않는 것이다. 결혼이란 "배우자를 지지하고 돌보겠다는 헌신이자 약속이다."(결혼 228) 이러한 배우자를 만날 수 없다면 결혼하지 않는 것도 한 가지 선택지이기는 하다.

그러나 자연이 암컷과 수컷을 만들었을 때, 하느님이 남자와 여자를 만들었을 때, 서로 합하여 다음 세대를 생산하도록 하였다. 결혼하고 그에 따라 출산하는 것은 인간의 생물학적이고 사회적인 피구속성이다. 이러한 피구속성까지도 인간은 초월할 수 있고, 그러한 삶을 사는 사람들도 주변에서 발견할 수 있다. 하지만 다수는 결혼한다.

결혼하지는 않지만 동거할 수도 있고, 혼외 출산을 할 수도 있다. 카르본 교수와 칸 교수에 따르면 유럽의 동거는 미국의 결혼보다 안정적이며,(결혼 357) 미국의 하류층은 결혼보다 혼외 출산을 선택한다.(결혼 36) 하지만 한국에서는 동거와 혼외 출산이 가족주의적인 문화 때문에 특별하게 선호되는 선택지가 되지 않고 있으며, 또 될 것 같아 보이지도 않는다.

물론 실험적인 남녀들이 그러한 선택을 할 수도 있고, 선택을 하기도 한다. 그러나 그러한 선택의 대가를 당사자들이 이겨낸다고 하더라도, 그들의 주변에 있는 사람들이 받는 부담을 고려하게 되면 이러한 선택은 결코 쉬운 선택이 아니다. 오히려 결혼하지 않는 독신의 삶이 주변의 사람들을 더 쉽게 만든다.

독신으로 지내는 것, 동거하는 것, 혼외 출산을 하는 것을 선택하지 않는다면, 우리는 결혼하는 삶의 방식을 선택할 것이다. 우리는 첫눈에 반해 결혼하는 낭만적인 사랑이나 물불을 가리지 않는 맹목적인 사랑을 염두에 두고 있는 것이 아니라 사회현상으로서 결혼을 염두에 두고 있기 때문에 '그래서 나는 결혼할 것인가?'라는 질문에 대한 답은 내가 어떤 사회적인 위상을 가졌느냐에 달려있다. '그리고 내가 결혼을 유지할 것인가?'는 '내가 가정을 지키기 위해 얼마나 충실한 노력을 할 것이냐'와 '나를 에워싼 경제상황이 나에게 얼마나 유리하게 전개되느냐'에 달려 있다.

내가 우리 사회의 상류층에 속한다면, 나는 대개 결혼할 것이다. 하지만 결혼한다고 해도 나는 늦은 나이에 결혼할 것이고, 나와 비슷한 사회적 위치를 가진 배우자와 결혼할 것이며, 내가 여성이라면 남성들을 충분히 고를 수 있을 것이지만, 내가 남성이라면 충분하지 않은 여성들 중에서 내가 선택을 한다기보다는 내가 선택을 받아야만 할 것이다. 결혼을 한다고 해도 당분간이나 영원히 출산을 하지 않을 가능성도 있지만, 출산을 한다면 나의 자녀들이라기보다 유일한 자녀에게 많은 자원을 지원할 것이고 다음 세대의 상류층으로 성장시켜 나갈 것이다.

내가 우리 사회의 하류층에 속한다고 해도, 미국처럼 결혼할 가능성이 거의 없지는 않을 것이다. 좋든 싫든 우리 사회가 가족주의 전통을 유지해 왔기 때문에, 그 결혼생활이 상대적으로 오래 가지 못할 수는 있겠지만 여하튼 나와 비슷한 사회적 위치를 가진 배우자와 결혼할 것이며, 내가 여성이라면 나의 경제활동으로 내가 주로 가계를 돌볼 가능성이 상당히 높고, 내가 남성이라면 나의 불안정한 경제활동 때문에 아내에게 가계의 책임을 지워야 할 가능성이 상당히 높을 것이다. 적합한 남성의 숫자가 작을 것이기 때문에 상류층과 달리 상대적으로 남성이 여성을 고를 수 있을 것이지만, 경제적 어려움이 닥칠 경우 남성은 가정에서 제외되고 홀어머니 가정의 위성처럼 살 가능성이 높다. 출산을 미루지는 않을 것이고 출산의 가능성은 상층보다 높고 중간층과 비슷하겠지만, 자녀들에게 충분히 많은 자원을 지원하기는 어려울 것이고, 다음 세대를 중간층이나 상류층으로 성장시키기는 크게 어려울 것이다.

내가 우리 사회의 중간층에 속한다면, 미국과는 달리 상류층을 어느 정도는 지향하면서 살아갈 가능성이 높다. 다시 말해, 상류층만큼 오래 기다리지는 않겠지만 그래도 어느 정도 기다려 결혼을 할 것이지만, 적합한 배우자감이 다른 계층들에 비해 풍부하기 때문에 선택에서의 주도권이 생기지는 않을 것이다. 그렇다고 하더라도 우리 사회의 가부장적인 전통 때문에 남성의 소득이 여성의 소득보다는 높을 가능성이 많고 그래도 남성은 여성의 조력을 받아서 가계를 꾸려나갈 것이며, 소득의 안정성은 여성이 더 높아서 남성의 소득이 정체되거나 감소할 경우 하류층의 특성을 가질 수도 있다. 출산을 미루지는 않을 것이고 출산의 가능성은 상층보다 높고 하층과 비슷하겠지만, 자녀들에게 충분히 많은 자원을 지원하기 위하여 자신들의 노후자금을 헐어서 사용하여 노년빈곤을 겪을 가능성이 높을 것이다.

그렇다면 우리는 이러한 운명을 조용히 받아들여야 할 것인가? 아니면 대분기시대를 벗어나 대접합시대로 되돌아갈 방도를 찾을 것인가? 사회의 정의라는 관점에서 보면 우리는 당연히 대접합시대로 되돌아갈 방도를 찾아야 한다. 이러한 방도를 어디서부터 찾을 것인가? 그곳은 바로 다음 장의 주제인 '세금'이다.

당신의 입장은?

1. 경제적으로 조금 힘들더라도 자녀를 낳아 기르는 삶과 경제적으로 조금 여유 있게 자녀 없이 사는 삶 중에서 당신은 어떤 삶을 선택하려고 하는가?
2. 당신은 결혼할 생각인가, 아니면 결혼이 아닌 새로운 가족형태를 선택할 생각인가?
3. 당신은 결혼시장에서 어떤 계층에 속한다고 생각하는가? 당신은 자신의 계층을 업그레이드하기 위하여 어떤 목표를 가지고 있는가? 그러한 업그레이드가 가능한가?

더 깊고 더 넓게 읽을거리

1. 카르본/칸, 『결혼시장』, 김하현 옮김, 서울: 시대의창, 2016.
2. 이선배, 『선택하지 않을 자유』, 서울: 허밍버드, 2011.
3. 도나스, 『엄마됨을 후회함』, 송소민 옮김, 서울: 반니, 2016.

세금의 이상과 현실

세금은 무자비한 현실이다. 예컨대 봉급생활자의 경우에 얼마를 내어야 할지 얼마를 내는 지도 모르고 세금은 이미 그녀/그에게서 징수된다. 24시 편의점이나 시장이나 백화점, 아니면 온라인에서 물건을 살 때마다 그/그녀가 의식하든 않든 간에 세금을 지불하지 않고서는 그 물건을 살 수도 없다. 세금은 내가 선택하는 것이 아니라 강제되는 것이고, 나에게 별로 해주는 일도 없어 보이는 정부가 나에게서 강탈하는 돈이다.

내가 세금에 어떻게 관여되어 있는지 의식하기도 전에 세금을 내고 있는 것처럼, 별로 해주는 일도 없어 보이는 것이 정부이기는 하지만, 우리가 집을 나서는 그 순간부터 정부의 혜택을 받고 있다. 내가 밟는 보도는 물론이고 도로의 청소에서 시작하여 숨 쉬는 공기의 질까지 그리고 오늘의 날씨 예보에서 출근길을 가능하게 하는 막강한 대중교통을 거쳐 밤길의 치안에 이르기까지, 사소한 것에서 거대한 것에 이르기까지 정부에서 하는 일은 거의 무한대에 가깝다.

세금에 대한 가장 적합한 비유는 아마도 우리 몸속의 피나 그 피 속의 적혈구와 백혈구다. 우리가 왜 세금을 내야 하는가는 이렇게 세금을 내고 돌려받는 것을 생각해 보면 사회생활을 위한 필요악이라고 이해할 수 있지만, 즉 가능하면 적게 내고 가능하면 많은 혜택을 받는 것이 좋은 그러한 종류의 것이라고 이해할 수 있지만, 세금에 대한 고전적인 논의는 이러한 현실적인 필요성을 넘어서 재산의 원천을 고려하는 측면도 있다.

예를 들자면, 보통 토지의 사유화를 인정하는 사람들은 우리가 토지를 사유화할 때, 토지는 공기와 물처럼 모든 사람이 공유해야 할 재산이기 때문에, 사유화로 인하여 내가 남의 권리를 침해하는 측면이 있으며, 이러한 측면을 보상하기 위하여 토지세를 부담할 필요가 있다고 지적한다.

이와 같은 논리를 산업사회에 확장한다면 우리가 생산하거나 소비하는 온갖 재화들에는 생산자나 소비자가 사유할 권리가 있는 요소들만 있는 것이 아니라 모든 사람이 공유해야할 요소들도 적잖게 들어 있다. 그러므로 우리가 생산하거나 소비하는 재화들과 관련해서도 소득세나 소비세를 부담해야만 한다.

세금을 사회를 유지하고 발전시키기 위한 불가피한 비용의 원천으로 보든, 사유재산의 정당성을 인정받기 위한 공적 기여로 보든, 세금에 대한 논의는 대개 두 가지, 즉 세원tax base과 세율tax rate을 중심으로 이루어진다.(용용 112) 세원이란 세금을 거두는 대상을 가리키는데, 세원에 따라 소득세, 소비세, 소유세로 나눌 수 있다. 그리고 세율이란 세금의 비율을 가리키는데, 세율에 따라 비례세, 누진세, 역진세로 나눌 수 있다.

소득세income tax는 소득을 올리는 사람이 누구든 간에, 즉 개인이든 법인이든 간에, 소득자에게 물리는 세금이다. 일반적으로 사람들이 세금과 처음 마주치는 곳이 소득세이다. 자신의 소득이 생겼을 때 비로소 자기가 세금을 낸다고 느낀다.

하지만 우리는 늘 세금을 내고 있다. 치약을 사거나 버스를 타거나 생수를 사서 마시거나 간에 모든 소비재의 가격 속에는 소비세consumption tax가 들어 있기 때문이다. 이러한 소비세는 소득과 상관없이 우리가 사회에서 재화를 소비할 때 물게 되는 세금이다.

소득이 전혀 없는 학생이나 은퇴자는 소득세를 내지 않지만 사회 속에서 살아가는 한 소비세를 내지 않을 수는 없다. 그러므로 소득이 있으면 소득세가 있듯이 소비가 있는 곳에는 소비세가 있다. 그렇다고 소유가 있다고 모든 곳에 소유세(일반적인 명칭은 보유세possession tax다.)가 부과되는 것은 아니다. 소유세는 일반적으로 부동산에 부과되며, 자동차와 같은 동산에도 부과될 수 있다. 부동산에 부과되는 소유세를 재산세property tax라고 하며, 자동차에 부과되는 소유세는 자동차세automobile tax라고 한다.

물론 이러한 구분은 세원에 따르는 일반적인 구분이며, 현실적으로는 다양한 명분의 다양한 세금들이 존재한다. 예를 들어, 휘발유를 사게 되면 당연히 소비세를 물게 되는데, 소비세에 해당하는 부가가치세 외에도 교통세, 교육세, 주행세 등의 특별세가 붙는다.

좀 더 구체적으로 휘발유의 가격구성내역을 보면 "휘발유 1리터의 소비자가격을 1,800원으로 잡으면 교통세 529원, 교육세 79.35원, 주행세 137.54원, 부가세 163.64원 등 모두 909.53원이 붙는다. 사실 기름값에는 원유 수입 단계에서 수입 부과금과 3%에 해당하는 관세가 붙고, 세금은 아니지만 수수료도 붙는다."(세금 348)

일반적으로 소득세는 누진세progressive tax이다. 누진세란 과세의 앞 단위보다 추가되는 단위에 대해 더 높은 세율로 과세하는 세금을 말한다. 예를 들자면, 프랑스의 사회비판가인 토마 피케티 교수와 공저자들은 프랑스의 소득세에 대하여 아래와 같은 세율을 적용하자고 제안하고 있는데, 이러한 모습이 전형적인 누진세다.(혁명 80)

이에 반해 소비세는 비례세proportional tax다. 비례세란 과세의 각 단위에 대하여 동일한 비율로 과세하는 세금을 말한다. 예를 들자면, 휘발유를 100리터 소비하나 1,000리터를 소비하나 1만 리터를 소비하나

개인 월명목소득	실효세율	월간세금
110유로	2%	22유로
2200유로	10%	220유로
5000유로	13%	650유로
1만 유로	25%	2500유로
4만 유로	50%	2만 유로
10만 유로	60%	6만 유로

그림 10 프랑스의 세제 개혁안

세율을 동일하다. 소비세는 보통 비례세인데, 전기요금이나 수도요금과 같이 사회가 공유하는 서비스나 재화의 사용료에는 누진세 개념을 적용하기도 한다.

비례세나 누진세와 달리, 역진세regressive tax는 일반적으로 예를 들기 어렵다. 개념적으로는 누진세와 반대로 과세의 앞 단위보다 추가되는 단위에 대한 더 낮은 세율로 과세하는 세금이다. 역진적이라는 표현은 따라서 비례세가 궁극적으로 가져오는 효과를 가리킬 때 오히려 더 자주 사용된다.

즉 소득이 높은 사람이나 낮은 사람이나 똑같이 휘발유 100리터를 소비한다면, 부담하는 세금은 똑같지만, 소득 대비 세금액, 즉 조세부담률을 따져보면 저소득자일수록 비율은 더 높아지게 된다. 이러할 때 우리는 비례세는 역진적인 성격을 갖기 때문에 소득불평등을 세금을 통하여 해소하려고 한다면 소비세를 올려서는 아니 되고 소득세를 올려야 한다고 지적하게 된다.

세금을 통한 정의

우리는 앞에서 우리 사회가 양극화되거나 이중화되었으며 삼분법적으로 불평등하다고 지적했다. 이러한 불평등을 조정하는 여러 가지 방법이 있겠지만, 그중에서 가장 직접적인 방법은 세금을 통한 조정이다. 어떤 세금을 어떤 비율로 징수하느냐에 따라서 사람들이 자기 마음대로 사용할 수 있는 실제적인 돈은 늘어날 수도 있고 줄어들 수도 있다. 우리가 부가가치세라고 부르는 소비세를 내리고 소득세의 세율을 높인다면 조세부담률이 누진적이 되기 때문에 고소득자의 소득이 줄어들고 저소득자의 소득이 늘어나게 된다.

그러므로 유념해야 할 것은 "세원의 선택이란 사실상 공정성과 정의에 대해 서로 상충하는 견해들 중의 하나를 선택하는 것이라는 점과 다른 세원을 선택하는 것은 현재 우리 사회에 존재하는 평등의 정도와 공적주의에 대해서 전혀 다른 의미를 갖게 된다는 점이다. 따라서 세원의 선택은 순수한 경제적 의사 결정이 아니며 부의 분배에 대한 적절한 도덕 이론"(응용 113) 내지 도덕적 의사결정이라고 할 수 있다.

생산성이 높은 사람에게 더 높은 소득을 주는 것이 불평등하다고 우리는 말하지 않는다. 그 사람의 사회기여도에 따라서 대우하는 것이 당연하기 때문이다. 이러한 입장을 우리는 공적주의라고 말한다. 이에 반해 교육을 받을 기회나 군에 복무할 기회가 어디 출신이냐에 따라, 어떤 계층이냐에 따라, 다르다고 한다면 우리는 그것을 불평등하다고 말한다. 우리는 어떠한 경우에는 결과적 평등을, 어떠한 경우에는 결과적 불평등을, 평등이라고 말하기 때문에 이를 유의해야 한다.

신문기자로서, 서울시 공무원으로서, 그리고 지금은 김광수연구소의 연구원으로 조세정의 문제를 다루고 있는 선대인 연구원은 자신의 책 『세금혁명』에서 조세정의와 재정 구조개혁에 관심을 기울임으로써 우리 사회를 보다 정의롭게 만들자고 다음과 같이 호소하고 있다.

세상을 바꾸기 위해서는 현실을 올바로 인식하고, 잘못된 현실을 바꾸려는 지속적인 노력을 경주해야 합니다. 그 같은 노력 가운데 가장 중요한 것 하나가 저는 진정한 세금혁명이라고 믿습니다. 이 나라 납세자들의 공동 자금인 세금을 어떻게 쓰느냐에 따라 우리의 미래는 크게 달라질 것입니다. 지금처럼 반칙의 제왕들인 특권층 프리 라이더들이 자신들의 배를 불리는 데 세금을 쓰도록 놔둘 것이냐, 아니면 우리와 우리 아이들의 희망찬 미래를 만드는 데 쓸 것이냐 결정할 기로에 서 있습니다. 저는 물론 세금이 '새로운 세상을 만드는 최선의 돈'이 될 수 있기를 기원합니다. 그리고 이 책이 진정한 세금혁명으로 가는 조그만 주춧돌이 될 수 있기를 간절히 염원합니다.(세금 9)

　하지만 선 연구원의 논의를 살펴보기에 앞서서, 다음 절에서는 『21세기의 자본』이라는 책으로 21세기의 마르크스라고 불리는 토마 피케티Thomas Piketty와 그의 동료 연구자들인 에마뉘엘 사에즈Emmanuel Saez와 카미유 랑데Caille Landais 교수가 주장하는 프랑스의 세금혁명 논의를 먼저 살펴보고자 한다. 왜냐하면 현재 우리가 처해 있는 세금의 현실은 사실은 우리나라만의 문제가 아니라 후기 산업사회를 살아가고 있는 대개의 국가들이 공통적으로 겪고 있는 문제이기 때문에, 앞 장에서 미국의 결혼시장에 대한 분석에서 우리의 결혼시장에 대한 시사를 찾았던 것처럼, 프랑스의 세금혁명의 제안으로부터 우리의 세금혁명에 대한 시사를 찾기를 기대하기 때문이다.

세제의 개혁

피케티 등의 교수들은(인용의 편의를 위하여 앞으로는 피케티 교수를 대표저자로 지칭하겠다.) 오늘날의 프랑스 세제에 대하여 첫째로 세제의 복잡성을 비판하고 그 개혁을 주장하고 있다.

> 모두 지각하고 있다. 프랑스 세제는 복잡함에 마비되어 있고, 실질적으로 미약한 누진세율로 정체되어 있으며 그로 인해 세금에 대한 시민의 믿음이 깨질 위험에 처해 있다는 사실을. 누구나 나보다는 내 이웃이, 당연한 생각이지만 그 누구보다도 고소득층이 현재의 세금제도를 잘 이용하고 있다고 의심하며, 이 때문에 모두 함께 해야 하는 개혁과 노력을 받아들이는 일이 매우 어려워진다. 오늘날 문제는 세금을 줄이는 것도, 늘리는 것도 아니다. 그보다는 오히려 세제를 재검토하고 세금을 제대로 분배하여, 세제를 더욱 단순하고 공정하며 쉽게 만드는 것이다.(혁명 04)

피케티 교수가 지적하고 있는 오늘날 세제의 한 가지 문제점은 우선 세금제도가 너무 복잡하여 일반인은 자신의 세금의 내용조차도 알기 어렵게 되어 있으며, 이것이 세금에 대한 일반인의 이해나 평가나 개정의 작업을 가로막고 있다는 것이다.

실제로 우리도 세무사의 도움을 받지 않고서는 매년 한 차례씩 하게 되어 있는 종합소득세 신고조차도 쉽지 않으며, 평생에 몇 번도 하지 않는 부동산의 매매와 관련해서는 아예 세무사의 도움 없이는 신고도 불가능한 상황이다.

이러한 세정이 세금을 블랙박스로 만들고 오직 전문가들에게만 각종 절세의 첩경을 만들고 있기에 우리는 아예 세금을 나는 관계할 수 없는 그들만의 리그로 간주하게 된다. 이렇게 그들만의 리그인 세금제도는 어떤 의미에서 세금 관련자들이 이러한 장애를 장벽삼아 자신들의 영업상의 이권을 방어하고 있는 것이 아닌지 의심될 정도다.

이런 의미에서 피케티가 지적하는 것처럼 세금제도를 단순하게 만드는 것은 세금에 대한 국민의 민주주의적인 참여, 국민에 의한, 국민을 위한, 국민의 세금의 회복을 위해서도 반드시 필요한 작업이다.

피케티 교수는 이러한 세제의 복잡성과 관련하여 두 가지 지적을 하고 있다. 첫째로 다양한 조세 감면 정책이나 복지 수혜 정책은 나름대로의 타당성이 없는 것은 아니지만 그러한 방식으로의 땜질식의 처방 때문에 그렇지 않아도 복잡한 세제가 더욱 복잡해지기 때문에, 그러한 타당성은 조세감면이나 복지수혜와 같은 그러한 형태가 아닌 다른 방식에 의해 해결되어야 한다고 주장한다.(혁명 10) 그리고 이러한 복잡성을 증대시키는 둘째 요인으로 지적하고 있는 것은 한계세율이다. 한계세율은 예컨대 소득세와 같은 경우 소득이 늘어나게 되면 세율이 달라지는데, 이러한 다른 세율을 소득 전체에 적용되는 것이 아니라 세율의 기준을 초과하는 소득에 한정해서만 적용하는 것을 말한다.(혁명 61)

한계세율의 계산방법은 다음과 같다. 연 3,000만 원, 5,000만 원, 7,000만 원을 기준으로 각각 1%, 5%, 10%, 15%의 세율이 적용된다면, 7,500만 원을 번 사람이 부담할 세금은 3,000만 원에 대한 1%와 5,000

만 원과 3,000만 원의 차액인 2,000만 원에 대한 5%와 7,000만 원과 5,000만 원의 차액인 2,000만 원에 대한 10%와 7,500만 원과 7,000만 원의 차액인 500만 원에 대한 15%의 세금을 내게 되는 것이다. 이럴 경우 총액은 계산해 보면 405만 원이 된다.

이런 까닭에 그들은 세제를 간단히 만들기 위하여 한계세율이 아니라 실효세율을 적용할 것을 주장한다. 즉 세율을 예컨대 1%, 3%, 5%, 7%로 조정하여 7,500만 원의 경우 그 전체 금액에 7%를 적용함으로써 단순명쾌하게 만들 것을 주장하고 있다. 이러할 경우 525만 원이 된다.

세제의 복잡성과 함께 피케티 교수가 비판하고 개혁하고자 하는 둘째 문제점은 각 소득계층의 조세부담률이다. 프랑스나 미국이나 한국이나 간에 최고소득층의 조세부담률은 다른 계층의 조세부담률과 비교할 때 상대적으로 낮다. 물론 절대적인 액수에서는 소득의 차이가 너무도 크기에 낮은 조세부담률에도 불구하고 상대가 되지 않지만 그렇다.

이러한 상황에 대하여 월트 디즈니의 손녀 아비게일 디즈니와 록펠러 가문의 5대손 스티븐 록펠러를 포함한 미국 뉴욕의 부자들은 스스로 자신들의 조세부담률을 올려달라고 청원하기도 했다.(오마이뉴스 2016. 3. 23) 그들이 제안하는 백만장자세는 다음과 같다.

그렇다면 어떻게 이러한 투자비용을 댈 것이냐는 질문이 남습니다. 희생 분담 정신으로 아래 서명한 우리는 균형 잡힌 해법을 촉구합니다. 더 많은 세금을 낼 수 있는 우리 같은 고소득 뉴욕시민을 위한 최고 한계 소득세율을 영구적으로 만들어 유지하고 확장하는 것을 포함합니다. 특히 우리는 주지사와 주의회에 '뉴욕의 공정과세를 위한

1% 계획' 시행을 요구합니다. 이는 우리 주 상위 1% 고소득층에 해당하는 66만 5,000달러에서 시작해 100만 달러, 200만 달러, 1,000만 달러, 1억 달러 구간에 대한 새로운 한계율로 각각 7.65%, 8.82%, 9.35%, 9.65%, 9.99%를 요구합니다.

피케티 교수는 프랑스의 현실과 이상을 아래와 같은 소득별 과세율 그래프(혁명 91)로 보여주고 있는데, 이는 우리의 상황과 이상과 크게 다르지 않을 것이라고 보인다. 그래프에서 보면 전체적으로 소득이 증대됨에 따라 조세부담률도 올라가고 있다. 그러나 부유층과 최고 부유층에서 조세부담률은 급격히 하락하고 있다. 프랑스의 현재의 세법으로는 이러한 역진적 현상을 바로 잡을 수 없다는 것이 피케티 교수가 지적하는 불평등이고, 미국의 백만장자들이 백만장자세를 요구

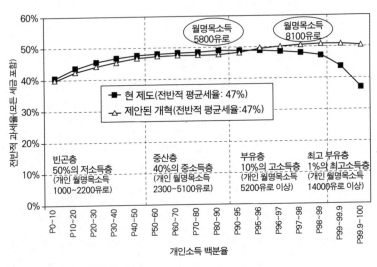

그림 11 프랑스의 소득별 과세율

하는 이유이다.

피케티 교수가 이러한 상황을 일으키고 있는 이유로 지적하고 있는 것은 노동에 의한 소득의 성장속도와 세습재산에 의한 소득의 성장속도의 차이다.

여기서 주목할 점은 생산과 노동소득이 상대적으로 느린 속도로 성장하고 있는 반면, 세습재산(그리고 거기서 나온 소득)은 굉장히 호조를 띠고 있으며, 지난 몇 십 년간 무서운 속도로 증가해왔다는 사실이다. …… 어쨌든 이러한 사실은 자본소득보다 노동소득에 더 많이 과세하는 조세제도가 우리 시대에 맞지 않으며, 오로지 노동으로 살아가는 사람들에게는 당연히 불공정하다는 의혹을 강하게 불러일으킬 수 있다는 것을 보여준다.(혁명 24-25)

이런 까닭에 피케티 교수는 소득세율을 낮추고 소유세율을 높임으로써 이를 교정할 것을 제안하고 있다.

선 연구원은 우리나라에서의 이러한 문제점을 지적하고 있다. "자산경제의 규모가 생산경제에 비해 7배나 큰데도 여기에서 걷는 세금은 생산경제의 4분의 1도 되지 않는다. 자산경제에서 발생하는 소득은 대부분 불로소득에 가깝다. 열심히 일하는 당신은 매월 근로소득세와 주민세를 내고 있다. …… 근로소득에 대해서는 칼 같은 정부가 막대한 불로소득에 대해서는 느슨하기가 한이 없다. 이것이 최소한의 형평성이라도 갖춘 세제라 할 수 있을까. …… 집값이 올라 수억 원의 차익이 생겨도 1가구 1주택일 경우 시가가 9억 원을 넘지 않는 한 한

푼의 세금도 낼 필요가 없는 나라에 우리는 살고 있다. 주식으로 큰돈을 벌어도 역시 단 한 푼의 세금도 낼 필요가 없다. 부동산 보유세 부담액이 전체 부동산 자산가치의 0.09%에 지나지 않는데도, 그것도 많다며 '세금 폭탄' 운운하는 언론 보도가 넘치는 나라이다. 실질 보유세율이 1%를 넘는 미국 같은 나라는 '세금 핵폭탄'이 떨어지는 나라란 말인가?"(선대인, 『프리라이더』, 고양: 더팩트, 2010, 26-27)

재정구조의 건전화

선 연구원은 세금을 거두는 일에서의 이러한 문제점과 더불어 세금을 사용하는 일에서의 문제점 또한 지적하고 있다. 그는 국민에게서 받은 세금을 중앙정부나 지방정부가 재정으로 지출할 때 그것이 얼마나 비효율적으로 사용되는가에 대하여 특히 집중적으로 성토하고 있다. 여기서는 그러한 성토들 중에서 두 가지를 주목해 보고자 한다.

토건사업에 집중된 재정

선 연구원이 한국사회의 고질적인 재정적 병폐 중 최고로 꼽는 것은 토건형 개발 사업과 시설 사업이다. 그는 한국의 중앙정부와 지방정부가 하나같이 천문학적 자금이 투자되는 사회간접자본Social Overhand Capital SOC 건설에 집중하고 있기 때문에, 지역민이나 국민의 복지, 교육, 문화 부문에 대한 예산을 제대로 투여하지 못하고 있다고 지적하고 있다.

그러면 어느 정도나 재정이 토건사업에 집중되어 있을까? 선 연구원의 분석에 따르면, "겉보기에는 수송교통과 국토·지역개발 예산 등 하드웨어 예산이 큰 비중을 차지하고 있지만 사회복지 예산과 교육, 문화관광, 보건 등 소프트웨어 관련 예산과 대체로 균형을 이루고 있는 것처럼 보인다."(세금 58)

하지만 그 속을 들여다보면, 지자체가 어쩔 수 없이 사용해야 하는 예산을 경직성 예산이라 하고, 지자체가 정책목표를 가지고 마음대로 사용할 수 있는 예산을 비경직성 예산이라고 할 때, 비경직성 예산에 가장 큰 비중을 가지는 자본지출 예산, 즉 투자사업이나 자산취득 등의 하드웨어 예산이 39.7%이고, 민간이나 공공기관, 단체 등에 지출하는 경상이전 예산, 즉 사회복지를 포함하는 소프트웨어 예산은 27.2%다. 선 연구원에 따르면 "예비비의 절반 가량이 하드웨어 예산에 들어간다고 할 경우 전체 비경직성 예산의 53.1%, 전체 지자체 예산의 39%가량이 사실상 건설토목 등 하드웨어 예산에 쓰인다고 볼 수 있다."(세금 60)

문제가 더 심각해지는 것은 "더구나 경상이전 예산 가운데도 속을 들여다보면 하드웨어형 예산이 적지 않아 실제 지자체의 직접 사업 예산 가운데 건설토목사업 예산의 비중은 이보다 더 높다고 할 수 있다."는 것이다.(세금 60)

그는 이러한 경향에 문화적이고 병리적인 원인이 있다고 진단하고 있다. 우선 문화적인 원인을 살펴보면, 지금 재정정책을 결정하고 있는 사람들은 과거 산업화시대를 거치면서 살아온 사람들이다. 사람이란 누구나 자기경험에 근거하여 상황을 판단하고 정책을 결정한다. 그들이 살아왔던 산업화시대에는 우리 사회에 사회간접자본이 매우 부족한 상황이었다. 그러하기에 산업화를 수행하기 위해서는 그러한 투자가 최우선적으로 필요했고, 또 그것이 다른 투자로 이어지는 선순환적인 효과를 낳기도 했다. "이 때문에 지금도 개발 연대의 급속한 경제 성장을 경험한 세대에게는 '개발 사업=경제 발전=삶의 질 향상'이라는 등식이 뿌리 깊이 자리 잡고 있다."(세금 70)

하지만 지금 우리 사회에 SOC가 부족한가? 완전하다고 할 수는 없을 것이다. 왜냐하면 신규수요가 생겨날 수도 있고 과거의 SOC를 유지하거나 교체할 필요도 있을 것이기 때문이다. 하지만 과거와 비교한다면 상대적으로 충분하게 갖추었다고 판단하지 않을 수 없다. 이와 아울러 우리가 함께 고려해야 할 것은 오늘날의 산업적인 특징이다. 과거의 산업화가 중화학공업을 중심으로 성장해 왔다면 후기산업화는 첨단기술과 지식 위주 산업으로 진행되고 있다. 오늘날은 과거와 달리 거대한 SOC에 대한 필요가 상대적으로 축소되었다.

이렇게 보면 오늘날에도 여전히 SOC에 집중적으로 투자하고 있는 것은 시대착오적인 판단이라고 아니할 수 없다. 하지만 선 연구원은 이러한 문화적인 요소와 더불어 병리적인 요소가 이러한 집중적인 투자에 개입되어 있다고 비판하고 있다.

산업화시기에 한정된 자원을 한정된 목표달성을 위하여 사용하는 과정에서 정부 관료들과 산하 공기업과 재벌 기업의 연합체가 형성되었는데, 이러한 연합체가 후기산업화 시기에도 여전히 유지되고 있어, 병리적인 정경유착이 더욱 강화되는 결과가 되었다고 지적하고 있다. 더구나 이런 유착은 "각 지자체 관료들의 전문성과 도덕성이 턱없이 부족하기 때문이기도 하다."(세금 72)

선 연구원에 따르면 이러한 점은 특히 지방정부에서 두드러지게 나타난다. 지자체장이 자신의 업적을 보여주기 위하여 또는 건축토목업계를 중심으로 한 지역 토호들의 로비가 작용되어, 이러한 일들이 더욱 두드러지게 나타난다는 것이다. "각 지자체가 앞 다투어 호화 청사를 짓거나 비슷비슷한 온갖 첨단사업 명칭을 내건 산업단지 조성계획을 내걸고 각종 스포츠 대회 및 경주 대회를 개최한다면서 대형 운동장이나 컨벤션 센터 등을 만들지만 대부분의 경우 정작 시민들의 삶과는 무관한 것도 이런 이유에서다."(세금 75)

증가일로의 공공부채

선 연구원이 지적하는 재정의 토건사업 집중과 더불어 우리 재정의 건전성을 위협하는 다른 요인은 공공부채의 문제이다. 부채는 일반적으로 부담이기는 하지만 필요한 재원이 일시적으로 부족한 경우 더 큰 성과를 내기 위하여 그러한 부담에도 불구하고 선택할 수 있는 선택지이기도 하다. 개인의 경우 이러한 부채는 개인의 죽음과 더불어 상속인들이 상속을 포기할 경우 증발한다.

하지만 사회의 부채는 상속을 포기할 방법이 없기 때문에 불가피하게 다음 세대에게 부담을 넘겨줄 수밖에 없는 그러한 특별한 성격을 가진다. 간단히 말해, 공공부채는 다음 세대에게 빚을 남겨주는 행위이기 때문에 지금 세대로서는 신중에 신중을 기해야 하는 문제다. 그런데도 우리 사회는 산업화 이후에 발생한 경제위기에 대응해 가는 과정에서 이러한 공공부채를 급격히 늘려왔다. 선 연구원은 이러한 공공부채의 추이를 아래와 같은 그래프(세금 178)로 보여주고 있다.

그에 따르면 이렇게 공공 부문 부채가 단기간에 폭증한 것은

> 시기적으로 2008년 말 경제위기 이후 폭증한 것을 보면 공공 부문의 부채를 대규모로 동원해 가라앉는 경기를 억지로 떠받쳤다고 추정할 수 있다. 특히 그중에서도 LH공사와 수자원공사, 한국전력, 철도공사, 도로공사 등 대규모 개발형 공기업들의 부채가 폭증했다는 점에서 늘어난 공공 부채의 상당 부분이 각종 토건 및 부동산 부양책에 동원된 것으로 추정된다. …… 공공부문이 막대한 부채를 동원해 부동산 거품 붕괴를 필사적으로 막고 있는 모양새다.(세금 179)

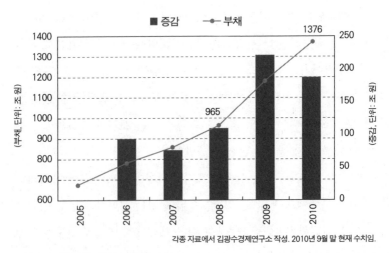

각종 자료에서 김광수경제연구소 작성. 2010년 9월 말 현재 수치임.

그림 12 정부 및 공기업 부채추이

특히 그는 이러한 모습이 산업화를 우리보다 먼저 달성하여 우리보다 앞서 구조적인 모순을 경험했던 일본 경제를 따라가고 있음을 보여주면서, 이러한 일본 경제를 비판했던 일본의 경제학자 사이토 세이치로의 평가를 인용하고 있다. 그가 인용하고 있는 사이토 세이치로의 평가는 다음과 같다. 첫째, 1990년대 일본의 경기 부양책은 건설업의 보호와 지원에 도움이 되었을 뿐, 경기의 자율적인 힘을 회복시키는 존 메이너드 케인스 이론과는 거리가 멀었다. 둘째, 이러한 정책이 일시적인 효과를 거두기는 했지만, 결과적으로 적자 재정 체질화와 국채 잔액 누적을 가져왔다. 셋째, 그리고 이러한 정책이 일본 경제 문제의 진정한 원인 치료의 연기나 방해를 초래했다. 넷째, 이러한 것들이 종합적으로 일본의 장기침체를 가져오는 주요 원인으로 작용했다.(세금 187-88)

그리고 선 연구원은 이러한 부채의 증가에도 아랑곳하지 않고 정부가 부채를 표면상으로 호도함으로써 이러한 부채에 대한 대책이 제대로 수립되지 못하는 상황을 또한 걱정하고 있다. 그가 지적하는 표면상으로 부채를 줄이기 위하여 정부가 취하는 방책은 크게 세 가지다. "먼저 정부의 재정사업으로 해야 할 것을 수자원공사나 주택공사 등 공기업에 떠넘겨 진행하거나, 민자사업으로 돌려 사실상 할부구매를 하는 편법을 사용하는 것이다. 또 …… 우량 공기업 등을 매각해 세외수입을 늘리는 식으로 겉으로 드러나는 재정적자 폭을 줄이기도 한다."(세금 192) 하지만 사실상 이 모든 부담은 국민이 부담해야 하는 몫의 증가거나 국민이 누려야 할 몫의 삭감이다.

선 연구원이 들고 있는 방법들의 구체적인 예를 보면, 첫째, 정부 재정사업을 공기업에 떠넘겨 진행한 사례로는 수자원공사의 경우를 들 수 있다.

정부는 2012년까지 공식적으로 모두 22조 원이 투입되는 4대 강 정비사업을 추진하면서 이 가운데 8조 원을 수자원공사가 부담토록 했다. 정부재정으로 추진해야 할 사업이지만 수자원공사를 이 사업에 참여시킴으로써 형식상 정부의 재정지출을 그만큼 줄이는 편법을 쓴 것이다. 수자원공사는 2009년 초 착공한 경인운하사업에도 참여했는데, 이 과정에서 2조 1000억 원을 부담했다.(세금 193)

선 연구원은 이러한 사업이 다른 SOC사업과 마찬가지로 민간사업자의 천문학적 이익을 보장해주는 형태로 또한 진행되고 있기 때문에 더욱 문제가 된다고 지적하고 있다. "4대 강 턴키 1차 사업의 발주 규모는 4조 원에 이르는데, 이 가운데 30%인 1조 2,000억 원 가량이 재벌 건설업체들의 배를 불리는 데 낭비된 것이다."(세금 196-97)

둘째, 정부 재정사업을 민자사업으로 돌려 사실상 할부구매를 하는 편법을 사용한 사례로는 BTOBuild-Transfer-Operate 사업이나 BTLBuild-Transfer-Lease 사업을 들 수 있다. BTO 사업은 원래 민간에서 SOC 시설을 짓고 정부에 이양하지만 이양하기 전까지 일정 기간 동안 이용료 등으로 이익을 성취하는 사업을 말한다. 이러할 때 정부가 사업촉진을 위하여 운영수입을 보증하게 되면, 사업체는 적정 이윤이 나지 않을 때에 정부에서 보조금을 받게 되는데, 우리나라의 경우에는 이것이 남발되어 엄청난 보조금을 지급하는 문제가 생겨났다.

예를 들어 국토해양부는 2001~2008년 민자고속도로 운영수입 보전비용으로 인천공항고속도로 6973억 원, 천안~논산 간 고속도로 2446억 원 등 다수의 민자도로 운영회사에 1조 661억 원을 지원했다. 지금도 전국 각지에서 비슷한 방식으로 민자고속도로 사업이 계속 추진되고 있어 이들의 운영 수입을 보전하기 위한 재정지출은 계속 늘어날 수밖에 없다.(세금 203)

BTL 사업은 BTO 사업과 비슷하지만, 민간 사업자가 직접 운영을 하지 않고 정부가 운영을 하는 대신 민간 사업자에게 임대료를 지불하는 형태를 취한다. 도로, 철도, 항만과 같은 경우에는 BTO 방식을 취하지만, 학교, 하수관거, 군 숙소, 수련원, 복지시설과 같이 운영 이익이 없는 사업에는 일반적으로 BTL 방식을 취한다. 이러한 방식은 개인의 경우에 할부로 자산을 구입하는 것과 마찬가지다. 지금 당장은 지출이 나누어지지만 오랜 기간 동안 그러한 지출을 계속 강제당하는 구조다. 선 연구원은 이러한 경우에도 일반적으로 민간사업자 측에서 부풀려진 건설단가를 제시하기 때문에 조세부담을 더욱 악화시킨다고 또한 지적하고 있다. 예를 들어, 인천공항철도를 민자 사업으로 시작해서 철도청에 인수시키는 과정에서 "참여 건설업체들은 민자사업의 경우 공사비를 훨씬 더 부풀려 시공비를 책정해 전체 사업비의 40% 이상을 수익으로 가져가는 것이 보통이다. 따라서 건설업체들은 전체 사업비의 40%에 이르는 1조 2,000억 원의 수익을 시공 과정에서 올렸고, 정부보조금과 철도공사 매각대금 1조 4,750억여 원까지 포함하면 무려 2조 6,750억여 원의 이득을 본 셈이다."(세금 204)

셋째, 정부가 이처럼 공공부채를 실질적으로 증가시키고 있는데도 이를 숨기는 방법으로 채택하고 있는 또 다른 편법은 정부의 우량 공기업을 매각하여 정부 수입으로 잡음으로써 공공부채의 증가를 숨기는 것이다. 공기업 매각은 좋은 표현으로 공공기관의 민영화이지만, 사실 사회의 공공이익을 담당하는 공공기관의 민영화 그 자체도 문제다. 그러나 이러한 민영화가 이처럼 공공부채의 증가를 숨기기 위하여 사용되면 이는 문제에 문제를 더하게 된다. 선 연구원이 지적하는 대표적인 사례는 인천공항의 민영화다.

> 인천공항이 최상급 국가 기간시설물로, 안보 측면뿐만 아니라 신종 플루 등 각종 국제 전염병을 차단하기 위한 검역 시스템 측면에서도 공공성이 매우 강한 시설이라는 것은 이론의 여지가 없다. 이런 공공성을 따지지 않더라도 비교적 양호한 재무 구조와 경영 실적을 올리고 있는 인천공항공사를 외국계 컨설팅 회사에 컨설팅을 의뢰해 서둘러 49%에 이르는 지분을 매각하려 하는 것은 아무리 생각해도 납득하기 어렵다.(세금 217)

젊은이들이여, 정치적 목소리를 높여라

앞에서 본 것처럼 낡은 경제 패러다임과 불공정한 게임 규칙 때문에 상대적으로 더욱 고통 받는 세대는 젊은 세대다. 수많은 젊은이들이 대학을 졸업해도 일자리를 구하기 어려워 '88만 원 세대', '6무 세대'로 전락하고 있다. 더구나 이들 젊은 세대는 향후 급속한 고령화에 따라 노후 세대를 부양할 부담은 갈수록 커지는 세대다.(세금 316) 이처럼 낡은 기득권 세력에 의해 가장 많은 피해를 보는 젊은 세대가 왜 판판이 당하고 있어야 하는가. 자신들에게 돌아오는 것은 없이 막대한 희생만 강요하는 정책 결정을 왜 소수 기성세대가 하도록 뻔히 보고 있어야 하는가.(세금 317)

선 연구원도 인정하듯이, 사실 낡은 경제 패러다임과 불공정한 게임 규칙 때문에 부정의를 당하고 있는 사람들은 젊은 세대에 그치지 않는다. 다만 젊은이들이 상대적으로 더욱 고통 받고 있을 뿐이다. 그러므로 사실은 젊은 세대뿐만 아니라 한국의 민주주의를 완성하기 위해서는 한국사회의 모든 구성원들이 국회의원이나 고급관료와 같은 소수의 정책결정자들에게 정책결정을 맡겨놓아서는 안 된다.

그들이 결정하는 것이 아니라 우리가 결정하지만, 그들에게 위임해 놓은 것이니 우리가 무엇을 원하는지 그들이 제대로 살펴야 한다는 것을 확인시켜 주어야 한다. 이를 위해서 사회구성원은 정치적 투자를 과감하게 하여야 한다. 자신의 정치적 소신을 활발하게 밝히고 정치과정에 참여해야 하는 것이다. 민주주의는 공짜 점심이 아니다.

따라서 청년세대도 공짜 점심을 기대해서는 안 된다. 아니 오히려 상대적으로 불리함을 더 당하는 만큼 더 적극적으로 자신들의 의사를 표현해야 한다. 의사가 우선 표현되어야 그 다음에 의사의 소통이 이루어질 수 있다. 그래서 선 연구원은 청년세대들에게 다음 세 가지를 제안하고 있다.

첫째, 현실적으로는 각종 선거에서 청년세대의 이익을 잘 대변할 정치세력을 선택해야 한다. 최선의 대안이 없다면 '차선의 선택', 경우에 따라서는 '차악의 선택'이라도 할 수밖에 없다.(세금 317)

둘째, 자신들의 이해와 요구에 대한 목소리를 높여 기존 정치권이 이를 반영토록 하는 한편 자신들의 이해를 대변하는 정치 세력을 만들어 가야 한다. 예를 들어 국공립대학 전면 의무교육과 국민연금 개혁 등을 강력히 요구해야 한다.(세금 317)

셋째, 청년층이 적극적으로 정치에 참여할 수 있는 구조를 만들어 가야 한다. 선거 연령을 현재의 19세 이상에서 18세 이상으로 낮추고 각 정당의 비례대표 상위권에 20대 의석배분을 요구하거나 각 정당 청년조직의 정책제안이 중앙당의 정책결정에 상당 부분 반영되도록 해야 한다.(세금 318)

세금을 내는 사람은 자신의 정치적 의견을 드러낼 자격이 있다. 젊은 세대가 혹시 소득세를 내고 있지 못하다고 해도 소비세는 당연히 납부하고 있다. 물론 의견을 드러내는 것이 곧 관철시킨다는 의미는 아니다. 왜냐하면 내가 아닌 다른 사람들도 자신의 의견을 드러내기 때문이다. 결정은 상호간의 의사소통을 통해서 하더라도, 그러한 의사소통이 가능하기 위해서는 의사가 서로 표출되어야 한다.

그래서 청년세대의 정치 세력화가 필요한 것이다. 이런 의미로 필자는 선 연구원의 다음과 같은 표현에 동의한다. "최악과 차악이 난무하는 정치판에서 어이없는 선택을 강요당하는 것보다 청년 세대가 스스로 자신들의 삶과 운명을 개척하는 최선의 선택을 할 수 있는 정치세

력을 만들어 갈 필요가 있다."(세금 320)

물론 이와 아울러 세금에 대한 온 국민의 관심과 의사소통이 필요하다. 특히 현재 시점에서 볼 때 세금의 대부분을 부담하고 있는 사람들은 청년세대라기보다 그 윗세대들이다. 과거에는 '민이 결코 관을 이기지 못한다'는 금언이 있었다. 봉건시대에는 확실히 맞는 말이고 봉건시대의 유산을 간직하고 있던 근세 초기에도 또한 맞는 말이었다. 그러나 후기 산업사회를 살아가고 있는 우리에게 이러한 표현은 박물관의 유물일 뿐이다. 시민권이나 시민사회라는 표현은 행동하지 않는 시민에게 주어지는 것이 아니다.

어떤 의미에서 아직도 우리를 지배하고 있는 의식은 '시민'으로서의 의식이 아니라 '신민'으로서의 의식인지도 모른다. 윤평중 교수의 다음과 같은 지적은 귀 기울일 만하다.

가장 큰 이유는 한국 시민들이 국가의 존재근거인 공공성을 내면화하지 못한 채 '각개약진의 나라'를 생활화한 데 있다. 공동체를 위해 희생하는 사람도 있지만 대부분의 시민들은 그래 봐야 자기만 손해라고 느낀다. 지도층이나 부자에 대해 '모두가 도둑놈'이라는 식의 냉소가 퍼진 사회에서 자유와 법치의 상관관계에 대한 공감대는 희박할 수밖에 없다. 이것이 바로 한국의 미래를 낙관하기 어렵게 하는 큰 공백이다. 한마디로 공공의식과 공공선에 대한 한국인의 존중심은 매우 취약해서 공화국의 이념이 생소한 가치로 남아 있는 것이다. …… 결국 진정한 공화정은 '시민 모두의 나라'이기 때문에 아무도 그 책임에서 면제될 수 없다. '모두가 모든 것에 책임이 있다'는 윤리적 정언명제는 공화정의 정치적 실천원칙으로 옮겨져야 마땅하다.(굿소사이어티 기고칼럼 2011. 12. 28)

당신의 입장은?

1. 우리 사회에서 부자증세에 대한 요구가 꾸준히 있어 왔다. 당신은 부자에게 지금보다 더 높은 세율의 세금을 매기는 데 동의하는가, 아니면 반대하는가?
2. 선거에 참여하지 않는 동료가 있다고 할 때, 당신은 동료가 선거에 참여하도록 강력하게 권고할 생각이 있는가, 아니면 침묵할 것인가?
3. 당신이 살고 있는 지역사회의 의회의 방청권이 당신에게 주어졌다고 가정하자. 당신은 지역의회를 방청할 것인가, 아니면 당신의 개인적인 시간을 선택할 것인가?

더 깊고 더 넓게 읽을거리

1. 피케티/사에즈/랑데, 『세금혁명』, 박나리 옮김, 파주: 글항아리, 2016.
2. 선대인, 『세금혁명』, 고양: 더팩트, 2011; 『프라라이더』, 고양: 더팩트, 2010.
3. 브로디, 『응용윤리학』, 황경식 옮김, 서울: 종로출판사, 1988.

8장
남까지 도우라고?
: 해외원조의 당위와 현실

절대빈곤과 상대빈곤

앞의 다섯 장에서 우리는 우리 사회에 경제적 불평등이 심각하고 우리 일상이 경제적으로 쉽지 않은 상황에 처해 있다고 서술하였다. 하지만 이것은 우물 안 개구리井底之蛙와 같은 사유일 수 있다. 적어도 우리는 세계의 경제발전에 기여하고 개발도상국을 지원하고자 하는 OECD 30개국 중에 하나이고 세계 11위 수준의 국내총생산Gross Domestic Product GDP을 가지고 있고, 올림픽 경기와 월드컵 경기를 개최한 대한민국이라는 사회 속에서 보호받고 있기 때문이다.

이러한 우물 바깥으로 나와 지구촌이라는 마당에서 세상을 보면 우리의 자아비판은 사치스러운 것이, 여유 있는 가운데 여유의 과다를 따지고 있는 것이, 된다. 2016년의 GDP 1등 국가로부터 15등 국가까

순위	국가명	GDP($)
1	미국	18조 5,619억
2	중국	11조 3,916억
3	일본	4조 7,303억
4	독일	3조 4,949억
5	영국	2조 6,499억
6	프랑스	2조 4,883억
7	인도	2조 2,510억
8	이탈리아	1조 8,525억
9	브라질	1조 7,696억
10	캐나다	1조 5,323억
11	대한민국	1조 4,044억
12	러시아	1조 2,678억
13	호주	1조 2,566억
14	스페인	1조 2,522억
15	멕시코	1조 636억

표1 국가별 GDP 순위

지 나열해 보면 옆의 표와 같다. 이것은 국가별로 부유함을 보여주지만, 개인별로 부유함을 보여주는 1인당 GDP로 보더라도 한국은 2만 7,633달러로서 세계 29위를 기록하고 있다. 국가별 GDP 순위로 개인별 GDP를 비교해 보면, 미국은 8위로 5만 7,924달러, 중국은 75위 8,261달러, 일본은 25위 3만 7,304달러, 독일은 18위로 4만 2,326달러, 영국은 21위로 4만 412달러, 프랑스는 22위로 3만 8,537달러를 기록하고 있다.(Naver 세계 국가순위)

그러므로 우리가 겪고 있는 가난이라는 것은 그것이 가난이라고 하더라도 상대빈곤relative poverty, 즉 우리 사회의 다른 사람들과 비교했을 때의 빈곤이다. 이러한 우물 바깥의 상황을 적시하기 위하여 세계은행총재였던 로버트 맥나마라Robert McNamara는 절대빈곤absolute poverty이라는 용어를 제시했다. 그에 따르면 이는 인간의 삶이라고 이야기할 수 없는, 인간의 품위를 유지할 수 없는, 수준의 빈곤이다. 세계은행은 20세기 말에 절대빈곤이라는 표현 대신에 극단적인 빈곤extreme poverty이라는 표현을 도입했는데, 이러한 빈곤을 다음과 같이 정의했다.

▶ 1년 내내 혹은 1년 중 한때 식량이 부족하고, 자주 하루에 한 끼밖에 먹지 못하며, 때때로 아이들의 배고픔과 자신의 배고픔 중에서 어떤 것을 해결할지 선택해야만 하며, 때로는 어느 것도 해결하지 못한다.

▶ 돈을 모을 수 없다. 가족 중 누가 아파서 의사에게 갈 돈이 필요하면, 아니면 농사가 안 되어 먹을 것이 하나도 없으면, 지역의 대금업자에게 돈을 꾸어야만 한다. 대금업자는 높은 이자를 받을 것이기 때문에, 빚은 계속 늘어날 것이며, 결코 빚에서 헤어나지 못한다.

▶ 아이들을 학교에 보낼 여유가 없다. 아니면 아이들이 학교에 다니기 시작해도, 농사가 신통치 않으면 아이들을 다시 학교에 보낼 수 없다.

▶ 흙과 짚으로 만들어진 흔들거리는 집에 살고 있어 이삼 년마다, 혹은 혹독한 날씨를 겪고 나면, 집을 다시 지어야 한다.

▶ 안전한 마실 물의 원천이 가까이에 없다. 물을 멀리서 가져와야 하며, 그럴 경우에도 그것을 끓이지 않으면 질병에 걸릴 수 있다.(실천 337-38)

이러한 빈곤을 화폐가치로 지적하면 어느 정도의 수준일까? 그것은 하루에 사용할 수 있는 돈이 1.25달러, 약 1,500원에 불과한 삶이다. "세계은행이 정의한 대로, 극단적인 빈곤이란 적당한 음식, 물, 주거, 의복, 위생, 건강관리, 혹은 교육과 같은 인간의 가장 기초적인 필요에 대응할 충분한 수입을 가지지 못하는 상황을 의미한다. 2008년 세계은행의 계산에 따르면, 이를 위해 미국에서 하루 약 1.25달러에 해당하는 구매력에 상응하는 하루 수입이 있어야 한다. …… 세계은행은 14억의

사람들이 이보다 적은 수입을 올린다고 평가한다."(실천 338-39)

하루에 1.25달러는 연간 456달러, 즉 55만 원 정도이다. 이 정도의 수입이 없는 삶이 절대빈곤이라고 한다면 이들에게 우리의 빈곤이란 사치스러운 빈곤이라고 아니할 수 없다. 그런데 우리가 이렇게 절대빈곤에 시달리는 사람들을 도와야 하는가? 아무리 상대빈곤이라고 하더라도 우리 사회에도 많은 사람들이 빈곤에 시달리고 있는데 그들을 먼저 도와야 하는 것이 아닌가? 아니면 빈곤의 문제는 자신이나 가족이나 친척이 책임질 문제이지, 아무런 친인척 관계가 아닌 사람이 책임질 문제가 아니지 않은가? 아니면 사회복지제도가 해결해야 할 문제지 개인적으로 해결에 나설 일이 아니지 않은가?

호주의 윤리학자 피터 싱어Peter Singer는 다양한 윤리적인 문제들에 대한 탁월한 견해로 명성을 얻었는데 그의 저서 『실천윤리학』은 이러한 그의 논의들을 포괄적으로 담고 있다. 이 장에서는 특히 이 책의 8장 "빈부의 문제"에 대한 그의 논의를 중심으로 해외원조의 문제를 살펴보고자 한다.

우선 위와 같은 질문들에 대하여 싱어 교수는 다음과 같이 답한다.

절대적 빈곤은 사람을 죽인다. 유엔아동기금United Nations Children's Fund UNICEF에 따르면, 2008년 880만 명의 다섯 살 이하의 아이들이 피할 수 있는 빈곤과 관련된 원인으로 죽었다. 이는 매일 2만 4,000명에 이르는 아이들이 — 풋볼 경기장에 가득 찬 아이들을 생각해 보라 — 불필요하게 죽고 있다는 의미이다. …… 수백만의 어른들도 절대적인 빈곤 때문에 죽는다. 부유한 나라에서 예상 수명은 이제 78세지

만, 개발도상국에서 그것은 50세 근처이다.(실천 339)

그는 이 문제가 다른 어떤 문제보다도 생사의 문제이며 사람의 목숨을 놓고서 이런저런 이야기를 하는 것은 합당하지 않다고 지적한다. 하지만 그의 지적은 여기에 그치지 않는다. 우리가 다른 죽음을 대하는 태도와 이들의 죽음을 대하는 태도를 또한 비교하고 있다.

2001년 9월 11일에 방지 가능한 빈곤과 관련된 질병으로 죽은 사람은, 그 암흑의 날 세계무역센터와 펜타곤에 대한 테러리스트들의 공격에 의해 죽은 사람의 적어도 열 배는 된다. 테러리스트의 공격은, '테러리즘과의 전쟁'과 그 이후 모든 항공 여행객들을 불편하게 만들었던 안전조치에 수조 달러를 소비하게 했다. 빈곤에 의해 야기된 죽음들은 무시되었다. 그래서 2001년 9월 11일 이후 테러리즘에 의해 죽은 사람들은 별로 없지만, 2001년 9월 12일에 빈곤과 관련된 원인들로 대략 3만 명이 죽었다. 그때부터 지금까지 매일 그래 왔고 내일도 죽을 것이다. 대략 23만 명을 죽인 2004년 아시아의 쓰나미나 20만 명에 이르는 사람을 죽인 2010년 아이티의 지진과 같은 보다 큰 사건들을 고려하여도, 우리가 이야기하고 있는 것은 빈곤과 관련된 방지할 수 있는 죽음의 단지 1주일치 희생자에 해당하는 숫자일 뿐이다. 그리고 이러한 일은 1년 52주 내내 일어난다.(실천 339-40)

가까운 사람과 먼 사람

싱어 교수가 지적하고 있는 것처럼 우리는 매일 일어나는 죽음에 대해서는 눈도 꿈적하지 않으면서도 매체가 보여주는 혹은 주변의 죽음에 대해서는 크게 놀라거나, 심지어는 돕기 위하여 특별한 일들을 한다. 우리는 왜 이러한 두 종류의 죽음에 대하여 각각 다른 태도를 보이는 것일까? 이러한 태도의 차이를 설명할 만한 흥미로운 실험이 있다.

옥시토신이라는 물질은 대표적인 여성 호르몬으로서 출산은 물론이고 신뢰, 동정심, 관대함과 같은 여타의 친사회적 행동을 매개시켜 준다. 오늘날에는 코를 통해 흡수 가능하도록 스프레이로도 개발되어 있는데, 위약 스프레이와 옥시토신 스프레이를 이용하여 실험한 결과 옥시토신을 흡입한 사람들은 차이 나게 상당한 신뢰를 보여주었다. 하지만 많은 사람들을 살리기 위해 개인이 희생을 해야만 하는 도덕적 딜레마 시나리오에 따라 실험을 하자, 옥시토신을 흡입한 참가자들은 자기와 같은 인종의 개인이 희생되는 것보다 자기와 다른 인종의 사람들이 희생되어야 한다는 점을 선호하는 경향을 나타냈다. 하지만 위약을 투여 받은 사람은 인종의 구별에 의한 영향을 크게 받지 않았다. 그러므로 이 연구는 옥시토신의 친사회적 행동 효과가 내집단 성원에게만 한정되고 외집단을 배제한다는 것을 보여주고 있다.(페르손/살부레스쿠, 『미래 사회를 위한 준비: 도덕적 생명 향상』, 추병완 옮김, 서울: 하우, 2015, 172-5)

이러한 실험은 지금의 맥락에서 보면 왜 우리가 가까운 사람과 먼 사람을 구별하는가에 대한 하나의 시사점을 보여준다. 진화인류학자들에 따르면 인류는 길게는 600만 년에 걸쳐서 진화해 왔는데, 인류가 큰 공동체를 이룬 것은 5천 년 전에 불과하다. 이러한 긴 시간 동안 인류는 작은 공동체만을 이루고 살았기 때문에 인간의 진화는 이러한 작은 공동체에 적합하도록 진행되었을 것이라 짐작할 수 있다. 옥시토신이라는 화학물질에 대한 인간의 반응이 친사회적이면서도 그러한 친사회성이 동류집단에 한정되는 까닭은 바로 이러한 진화상의 이유와 연관이 있을 것이다.

> 그래서 생물학자 개럿 하딘Garrett Hardin은 [부자나라에 살고 있는 우리는, 물에 빠진 사람이 득실거리는 바다에 떠 있는 만원인 구명보트에 타고 있는 사람과 같다. 만약 우리가 물에 빠진 사람들을 구하기 위해 우리 보트에 그들을 태운다면, 우리 보트는 인원이 초과되어 우리 모두 익사할 것이다. 전부 다 죽는 것보다는 몇이라도 살아남는 것이 훨씬 좋을 것이므로, 우리는 다른 사람들이 익사하도록 내버려두어야 한다] 그의 '구명정 윤리lifeboat ethics'를 지지하여 "이타주의는 작은 크기로, 단기간 동안, 그리고 작고 친밀한 그룹에서만 존재할 수 있다."고 주장하였다. 리처드 도킨스Richard Dawkins는 그의 자극적인 책 『이기적 유전자』에서 이렇게 말하고 있다. "우리는 그렇지 않을 것이라고 강하게 믿고 싶어 하지만, 보편적 사랑과 전체로서의 종의 복지는 유전적으로 전혀 의미가 없는 개념이다."(실천 372)

이러한 편협한 이타주의가 해외원조에 대해 이의를 제기하게 한다. 하딘의 주장은 빈곤하고 이미 인구과잉인 나라로서 종교적이거나 민족주의적 이유로 피임도구의 사용을 제한하거나 인구성장률을 늦추기를 거부하는 나라에 대한 원조를 결정하려 할 때 더욱 설득력을 가진다. 산아제한이라는 조건을 붙이면 내정간섭이 되고 만다. 하지만 이러한 상황은 극단적인 빈곤을 감소시킬 수 없을 뿐만 아니라 심지어는 증가시킬 수도 있다. 이는 작은 비극을 피하고자 큰 비극을 만들어내는 일이 된다.

하딘이 제시한 견해의 설득력이 얼마나 크냐와 상관없이, 우리의 이타주의는 본능적으로 가까운 사람을 지향하고 있으며 때로는 이것이 먼 사람에 대해 공격적이게까지 만든다. 싱어 교수도 이러한 주장이 우리의 본능에 맞는 주장이라는 것을 인정한다. "의심할 여지없이 본능적으로 우리는 우리에게 가까운 사람들을 먼저 돕는다. 물에 빠져 죽는 어린이를 곁에 서서 바라보기만 하는 사람은 거의 없지만, 많은 사람들은 아프리카나 인도의 피할 수 있는 어린이들의 죽음을 무시할 수 있다."(실천 358)

하지만 그가 지적하는 것은 우리가 도덕적 존재이기를 원한다면, 사실fact이 문제가 아니라 당위ought가 문제라는 것이다. 즉 우리가 보통 어떻게 하느냐가 문제가 아니라 우리가 당위적으로 무엇을 해야만 하느냐가 문제라는 것이다. "그러나 문제는 우리가 보통 무엇을 하고 있느냐가 아니라 우리가 무엇을 마땅히 해야 하는가다. 얼마나 떨어져 있느냐와 어떤 공동체에 속하는 사람이냐가 우리의 책무에 결정적인 차이점을 만들어낸다는 견해를 도덕적으로 정당화해 줄 타당한 근거를 발견하기는 어렵다."(실천 358)

사람이 목적적 존재라는 것이, 다시 말해서, 모든 사람이 자신이 목적으로 대우받기를 원한다는 것이, 우리가 모든 인간을 목적적 존재로 고려해야 하는 이유이듯이, 사람이 궁핍하게 살기를 원하지 않는다는 것이 우리가 모든 궁핍한 사람을 도와야 할 이유이지, 그 사람이 나에게 가깝거나 멀다는 것이 도와야 할 이유와 돕지 않아도 되는 이유일 수는 없다. 만약 그것이 이유가 될 수 있다면, 나는 도덕을 보편적인 것이 아니라 특수한 것으로, 칸트 식으로 말하자면 보편법칙이 아니라 개인격률로 간주하고 있기 때문이다.

그는 이러한 상황에 공리주의적인 계산을 하나 덧붙인다. 즉 한계효용체감의 법칙에 따라서 우리가 같은 재화를 가지고 가장 큰 효용을 내기 위해서는 상황이 상대적으로 좋은 곳보다는 상대적으로 좋지 못한 곳에 사용해야 한다는 것이다. "모든 사람의 자원이 한정되어 있기 때문에, 가장 혜택을 크게 낼 수 있는 곳에서 그것을 사용하는 것이 타당하다. 이러한 상황 하에서 운 좋게 우리 사회의 시민이 된 사람들만이 우리의 풍요로움을 나누어 갖도록 결정하는 것은 잘못일 것이다." (실천 359)

물론 그렇다고 해서 가까운 사람을 우선적으로 돌보는 행위가 도덕적으로 비난 받을 일은 아니다. 그것이 더 도덕적인 행위는 아닐지라도 그것은 본능에 적합하고 더 효율적이다. "그래서 지금부터 우리 모두가 세계의 모든 이의 복지에 똑같은 책임을 가진다고 제안하는 것은 어리석은 일이 될 것이다. …… 이는 어떤 사람이 절대빈곤에 처해 있고 다른 사람이 그것에 상당하는 도덕적 의미를 가진 것을 희생함이 없이 도울 수 있을 때에만 적용된다. 자신의 친척이 절대빈곤에 빠지도록 버려두는 것은 동일한 중요성을 가지는 것을 희생하는 것이 될 것이다. 이렇게 되기 훨씬 전에, 가족과 공동체의 책임체계를 유지하기 위해 가족이나 공동체를 적당히 우선시키는 것을 허용할 수 있

을 것이다."(실천 360)

싱어 교수는 절대빈곤과 상대빈곤을 고려하여 도덕적 의미를 헤아리게 되면 상대빈곤에 처해 있는 가까운 사람을 절대빈곤에 처해 있는 먼 사람보다 앞세우기가 쉽지 않을 것이라 지적하면서, 성공적으로 이러한 도덕적 책무를 다한 한 가족의 놀라운 예를 인용하고 있다.

한 가족이 무엇을 할 수 있는가에 대한 놀랄 만한 예화는 2006년 미국 조지아 주의 애틀랜타에서 케빈 샐웬Kevin Salwen이 열네 살짜리 딸 한나Hannah와 자동차를 타고 가다가 멈춤 신호에 멈추었을 때 시작되었다. 한쪽에서 한나는 번뜩이는 벤츠 쿠페를 보았고 다른 한쪽에서는 한 노숙자를 보았다. 그녀가 손으로 가리키며, 이렇게 말했다. "있잖아, 아빠, 저 사람이 덜 좋은 차를 타면, 저기 있는 사람이 밥을 먹을 수 있을 거야." 이렇게 시작된 대화는 집에서도 계속되었다. 한나의 어머니는 그러한 생각을 비웃는 대신 그녀에게 이렇게 도전하였다. "네가 하기를 원하는 것이 뭐야? 집을 팔아 크기가 반인 작은 집으로 이사하고 너의 방을 포기하는 거야?" 일련의 가족 대화 끝에, 네 명으로 구성된 유복한 샐웬 가족은 바로 그것을 하기로, 즉 집을 팔고, 받는 돈의 반을 빈곤한 사람들에게 주고, 나머지 반으로는 더 작은 집을 사기로 하였다. 친구들은 그들이 미쳤다고 생각했으나, 그들은 자신들이 옳은 일을 하고 있다는 자신이 있었다. 결과적으로 그들은 80만 달러 이상을 가나에 있는 시골 마을에 주어서 빈곤으로부터 벗어나게 하였다. 많은 사람들은 보다 작은 집으로 이사하는 것을 희생이라고 간주하였지만, 케빈은 심지어 자기이익이라는 관점에서도 그것은 의미가 있다고 말하고 있다. "우리가 너무 많이 가진 것(우리 집)의 반을 기부한 것이 우리가 전에는 결코 가지지 못했던 함께함, 신뢰, 그리고 기쁨을 주었다."(실천 373-74)

원조의 책무에 찬성하는 싱어의 논증

싱어 교수는 해외원조가 단순한 자선행위가 아니라 인류의 책무라고 주장하고 있다. 책무라는 것은 마땅히 해야 할 일이라는 뜻이다. "돕는 것은, 관습적으로 생각하듯이, 하면 칭찬할 만한 가치가 있지만 그렇게 하지 않는다고 해서 나쁜 것은 아닌 그러한 자선적인 행위가 아니다. 그것은 모든 사람이 마땅히 해야 하는 그러한 것이다."(실천 354) 그는 이러한 자신의 통찰을 형식적으로 다음과 같이 표현하고 있다.

첫 번째 전제 만약 우리가 마찬가지로 중요한 다른 일을 희생하지 않고 나쁜 일을 막을 수 있다면, 우리는 그것을 마땅히 해야 한다.
두 번째 전제 극단적인 빈곤은 나쁘다.
세 번째 전제 도덕적으로 마찬가지로 중요한 다른 일을 희생하지 않고 우리가 막을 수 있는 다소의 극단적인 빈곤이 있다.
결론 우리는 다소의 극단적인 빈곤을 마땅히 막아야만 한다.(실천 354)

첫째 전제는 매우 주의 깊게 구성되어 있다. 단순히 '나쁜 일을 막을 수 있다면, 우리는 그것을 마땅히 해야 한다'고 서술하지 않았다. 왜냐하면 세상에는 나쁜 일이 많이 있기 때문에 나쁜 일의 경중을 따져봐야 하기 때문이다. 그래서 "만약 마찬가지로 중요한 다른 일을 희생하지 않고"라는 조건문을 붙여둔 것이다.

좋고 나쁨, 옳고 그름을 따지는 학문인 윤리학에는 다양한 입장들이 있지만, 그것들 중에 대표적인 입장에는 의무론deontology과 결과론consequentialism이 있다. 보통 의무론적 입장을 취하는 사람들은 좋고 옳은 행위란 어떤 의무에 따르고자 하는 동기에서 시작되어야 하며 이것이 없다면 결과가 좋고 옳다고 하더라도 결코 좋고 옳은 일이라 보지 않는다. 결과론적 입장을 취하는 사람들은 그러한 동기와 무관하게 결과가 좋고 옳아야 그러한 행동이 좋고 옳은 것이라고 주장한다. 결과론은 "한 행위의 옳고 그름이 그 행위를 수행함으로써 생겨나는 결과에만 전적으로 의존한다는 것으로서 올바른 행위란 최선의 결과를 가져오는 행위"(응용 17)라고 요약할 수 있다.

첫째 전제는 결과론적 입장에서는 동의하지 않을 이유가 없다. 중요한 다른 일을 희생하지 않았고 나쁜 일을 막으면 그만큼 좋음이 생긴 것이라고 볼 수 있기 때문이다. 주의 깊게 구성된 조건문은 사실 의무론적 입장을 고려한 것이다. 의무론적 입장에 따르면, 예를 들어, 개인의 권리를 존중하는 의무와 같은 것이 있기 때문에, 좋은 일이 생긴다고 해서 개인의 권리를 침해하면서까지 어떤 행위를 하는 것은 합당하지 못하다고 보기 때문이다. 그래서 '중요한 다른 일'이라는 조건문이 있는 것이다. 만약 개인의 권리를 침해하는 일이 바로 그 '중요한 다른 일'을 희생하는 것이라면 결론의 '극단적인 빈곤을 마땅히 막아야만 한다'는 성립하지 않는다.

싱어 교수가 염두에 두고 있는 인물은 로버트 노직Robert Nozick이다. "어떤 권리 이론들에 따르면, 강제나 사기와 같이 정당하지 못한 수단을 사용하여 자신의 재산을 얻은 것이 아니라면, 다른 사람이 굶주리고 있을 경우에라도, 커다란 부와 생각할 수 있는 온갖 사치를 누릴 권한이 있을지도 모른다."(실천 360) "재산권에 관한 이론은, 부자가 빈곤한 자를 돕는 일을 마땅히 해야 하는가 그렇게 하지 않아도 괜찮은가를 단언하지 않고서도, 부를 소유할 권리를 주장할 수 있다. 예를 들자면, 노직은 수입을 재분배하기 위해 세금제도와 같은 강제적인 수단을 사용하는 것을 반대한다. 그러나 자발적인 수단을 통하여 우리가 도덕적으로 바람직하다고 생각하는 목표를 달성할 수 있다고 제시한다. 그래서 노직은, 부자가 빈곤한 사람을 도울 '책무obligation'가 있다는 주장이 빈곤한 사람이 부자의 도움을 받을 권리right가 있다는 의미를 가지는 한에서, 이를 부정할 것이다."(실천 361)

개인의 권리 이외에도 이러한 의무로 보통 제시되는 것에는 앞에서 우리가 이미 다룬 특수 관계도 있다. 사실 "결과주의가 가족이나 친구, 우리가 약속한 사람, 과거에 우리를 도와준 일이 있어 우리가 은혜를 갚아야 할 사람 등과 같이 특정한 사람들에 대해서 우리가 특수한 의무special obligations를 갖게 된다는 사실을 해명해주지 못하고 있다."(응용 30) 그리고 그밖에도 의무로 제시되는 것에는 정의가 있다. "보수는 성취한 정도에 비례해서 성취한 자에게 돌아가야 하고 처벌은 처벌받아 마땅한 정도에 비례해서 마땅한 사람에게 돌아가야 한다. 이러한 견해는 정의justice에 대한 우리의 가장 근본적인 직관의 일부를 나타내주는 것으로서 그러한 규칙들이 지켜지지 않을 경우 무언가 부당한

일이 일어나고 있다는 느낌을 갖게 된다."(응용 31)

그것이 권리든, 특수 관계든, 정의든 간에 그것이 '중요한 다른 일'이라고 하면 싱어 교수의 논증은 이를 수용한다. 그러므로 첫째 전제는 결과론이든 의무론이든 모두 동의할 수 있다. 둘째 전제는 복잡한 이론적 논의 없이도 아마도 오직 상상으로만 존재할 아주 특수한 경우를 제외하고는 누구나 인정할 것이다. 셋째 전제는 극단적인 빈곤 전부는 아니라고 해도 다소의 극단적인 빈곤을 막을 수 있다는 내용으로서 이러한 책무가 전반적인 해결책은 아님을 인정하면서도 책무의 수행이 무의미하지는 않다는 것을 담고 있다. 그래서 결론은 '다소의 극단적인 빈곤을 마땅히 막아야만 한다'는 것이다.

해외원조와 정부

해외원조와 같은 거창한 문제는 개인적으로 접근할 문제가 아니라 국가적으로 접근할 문제라는 시각도 있다. 사실 해외원조라는 문제는 아무리 교통과 통신이 발달했다고 하지만 개인이 아니라 단체를 통해 접근할 문제이기는 하다. 국내에서 해외원조를 실질적으로 담당하는 두 세력은 비정부단체Non-Govermental Organization NGO들과 정부산하기관이다. 개인들은 보통 NGO를 통하여 해외원조에 참여한다.

우선 다음과 같은 질문을 해보자. 개인들이 해외원조에 적극 참여하면 정부는 그 대신 해외원조를 그만큼 소홀히 할까, 아니면 정부도 개인과 같이 해외원조에 적극적으로 참여할까? 싱어 교수는 적어도 민주주의 사회에서는 개인들이 해외원조를 소홀히 한다면 정부도 해외원조를 소홀히 할 것이라 지적한다. 해외원조를 개인보다는 정부에 맡기자는 생각은

자발적인 기관을 통하여 원조하는 개인이 많으면 많을수록, 정부가 자신의 역할을 그만큼 덜할 것이라고 가정하는 것으로 보인다. 이것이 그럴듯한가? 그 반대되는 견해, 즉 만약 시민들 누구도 자발적으로 원조를 제공하지 않는다면, 정부는 국민들이 해외원조를 찬성하지 않는다고 생각할 것이고, 따라서 원조계획을 취소할 것이라는 견해가 더욱 합리적이다.(실천 370)

사실 해외원조의 현실은 그렇게 낙관적이지 않다. "1970년에 유엔 총회는 부유한 나라들이 주어야 할 외국 원조량의 적당한 목표치를 국민총수입의 0.7% 혹은 국가가 버는 100달러당 70센트로 정하였다. 40년 후에, 이 수준에 도달한 나라들은 단지 덴마크, 룩셈부르크, 네덜란드, 노르웨이, 그리고 스웨덴뿐이다. 2008년 풍요한 국가들 중에서 가장 큰 경제를 가지고 있었던 미국과 일본은 0.19%, 즉 그들이 번 100달러당 19센트를 주었을 뿐이다. 오스트레일리아와 캐나다는 아주 조금 나아서 0.32%를 주었고, 반면에, 프랑스, 독일, 그리고 영국은 풍요한 국가들의 평균 근처인 0.38%에서 0.43%를 주었다."(실천 341)

이러한 원조량도 원조량이지만 사실 이러한 원조에는, 특히 정부기관을 통한 원조에는, 원조 이상의 것이, 즉 영리, 개발, 안정 혹은 외교 또한 포함되어 있다. 그러니까 해외원조에는 순수한 박애주의만 있는

것이 아니라 엉큼한 잇속도 들어 있다. 그러나 그것보다도 더 놀라운 것은 오늘날 흔히 볼 수 있고 당연시 되는 해외원조가 사실은 20세기 중반까지는 정치계나 일반인 모두 듣도 보도 못한 일이었다는 것이다.

사실 제2차 세계대전 이후에 해외원조의 모델을 제시했다고 할 수 있는 미국은 전통적으로 이러한 해외원조에 대하여 부정적인 입장을 취하였다. 해외원조Foreign Aid의 진면목을 탐구하여 『왜 세계는 가난한 나라를 돕는가』라는 저술을 발표했던 캐럴 랭커스터Carol Lancaster 교수에 따르면, 1794년 미국이 우방이었던 프랑스 난민을 돕고자 했을 때, 그리고 1847년 아일랜드에 기근이 몰아쳤을 때, "도덕적 의무를 근거로 공적 구호활동을 주장하는 '인도주의자'와 가난한 자들(특히 외국인)을 돕는답시고 공적 재원을 남용하는 것은 적절치 못한 데다 [헌법에 규정되지 않은 목적에 자금을 조달하는] 불법이라고 역설하는 자유주의자(혹은 고전자유주의자) 사이에서 격론이 벌어"(해외 127)졌다. 아일랜드의 경우 미국 대통령은 공식 원조를 거부했고 민간차원에서 배 두 척분의 구호물자를 아일랜드에 보냈다고 한다.

우리는 오늘날 지구촌의 발달에 힘입어 그리고 우리가 어려울 때 받았던 여러 원조를 기억하기에 쉽게 세계시민주의적인 입장을 취하지만, 미국의 역사에서 보면 자국이기주의가 정부차원에서는 우선이었음을 알 수 있다. 사실 서구의 정신적 두 기둥 중의 하나인 기독교적인 입장에서 보면 세계시민주의는 인간의 의무이다. "기독교 교리에 따르면 재화는 인간의 필요를 충족시키기 위해 존재하며, 그래서 토마스 아퀴나스Thomas Aquinas가 말했던 것처럼 '사람이 잉여로 가지고 있는 것은 무엇이나, 자연권에 의해, 빈곤한 사람들이 생계를 유지하도록 돌려져야 한다.'"(실천 361) 그런데도 20세기 중반까지 해외원조는 인류에게 전혀 낯선 것이었다.

20세기 초에 와서야 실질적으로 국제원조의 시작이라고 할 구호활동이 시작되었는데, 그것은 아이러니컬하게도 미국이 주도하여 "1921년 내전과 가뭄으로 번진 기아사태를 막기 위해 소련에 구호재원을 공급하기로 합의"(해외 44)한 일이었다. 보는 시각에 따라서는 1920년대 중반 "식민지의 살림살이가 점차 궁핍해지자 프랑스와 영국 정부는 식민지가 알아서 자금을 조달해야 한다는 기존의 견해를 버리고 식민 통치정부의 민간·공공 투자를 조성하여 개발 재원을 충당했다."(해외 45)는 것도 포함할 수 있겠지만, 피식민지는 결국 식민국가의 관할 아래 있기 때문에 이를 해외원조라고 보는 것은 합당하지 않을 것이다.

여하튼 본격적인 국제원조는 박애주의에 의해서 시작된 것이 아니라 정치논리에 의해서 시작되었다. 제2차 세계대전 이후 유럽은 전후 복구의 어려움을 겪고 있었고, 러시아에서 처음으로 정권을 창출한 공산당은 동유럽 각국은 물론이고 서유럽에서도 정권을 장악할 가능성을 높이고 있었다. 소련의 위협 아래 있었던 그리스와 터키 정부를 1947년 영국이 더 이상 지원할 수 없게 되자, 미국은 확실해져 가는 냉전에서 소련을 견제하기 위하여 이들 국가를 지원하기 시작하였고, 이후 4년간 유럽의 안정과 회복을 위해 130억 달러를 투입하는 '마셜 플랜'이 실시되었다.(해외 47)

중국의 국공내전과 한국전쟁이 벌어지자 아시아 국가에 대한 대외원조도 시작되었는데, 1950년대 말쯤에 미국은 어느 정도의 복구가 진행되고 있었던 유럽과 일본에 대해서도 해외원조에 동참하라는 압박을 가하였고, 이에 서구의 해외원조가 자리를 잡기 시작하였으며, 공산권 국가들도 이에 대항하여 해외원조를 시작하였다.

한편 유엔은 전후에 구호기관을 설립하여 구호활동을 하였으며 1949년 확대기술원조계획Expanded Program of Technical Assistance을 수립하였고 북유럽 국가들이 이를 지원하여 한국전쟁 당시 한국에 병원을 개설하기도 하였는데, 이는 향후 일시적인 구호활동을 넘어서는 해외원조를 위하여 수립되는 많은 국제기구들을 예상하게 하는 것이었다. 아울러 서구의 몇몇 교회와 민간재단들도 해외원조를 시작하였는데, 이는 오늘날 해외원조의 중요한 한 축으로 활동하며 박애주의적인 해외원조의 대표로 등장한 NGO 해외원조의 시초가 되었다.

이렇게 보면 해외원조는 세 가지 축으로 이루어진다고 볼 수 있다. 하나는 공여국과 수여국 사이에서 이루어지는 정부 간 원조이고, 다른 하나는 여러 정부들의 위임에 의하여 설립된 국제기구와 수여국 사이에 이루어지는 국제기구 원조이며, 또 다른 하나는 NGO에 의한 민간원조이다. 박애주의라는 기준에서 보면, NGO〉국제기구〉정부 간이 될 것이고, 잇속이라는 입장에서 보면 NGO〈국제기구〈정부 간의 순서가 될 것이다. 하지만 시기적으로 보면 애초에는 자국이기주의가 지배적이었지만 시간의 경과와 더불어 NGO의 참여가 늘어나면서 박애주의 쪽으로 전환되고 있다. 예컨대 빌려주는 돈인 차관의 형태보다는 무상공여의 비중이 늘고 있으며, 특정한 조건부 원조인 구속성원조보다는 수여국의 입장이 반영되는 비구속성 원조의 비중이 늘고 있다.

물론 그렇다고 하더라도 국제관계학의 선구자 한스 모겐소Hans

Morgenthau가 국제원조란 "현대 외교 정책에 본격적으로 도입된 혁신" (해외 13 재인용)이라고 정의했던 것처럼 잇속은 공개적으로나 비공개적으로 존재한다. 예를 들자면, 9/11 이후의 서구의 해외원조의 증대는, 1950년대의 원조가 공산권에 대한 견제였듯이, 테러집단에 대한 견제이기도 하고, 덴마크의 예에서 볼 수 있듯이, 자국으로 이주한 난민들을 고국으로 돌려보내기 위해 이주민들의 원래 소속국에 해외원조를 집중하기도 한다. 또한 일본이나 중국의 예에서 특히 볼 수 있듯이 자국의 기업에 힘을 실어주는 형태의 구속성 원조도 여전히 커다란 비중을 차지하고 있기도 하다.

랭커스터 교수는 해외원조의 미래에 대하여 다음과 같은 견해를 밝히고 있다.

> 이는 해외원조(그리고 해외원조에 대한 생각과 지지 세력)가 빠르게 변화하는 21세기 국가 간의 관계에서 일반적이고도 흔한 요소로 남아 있을 것이라는 점을 시사한다. 해외원조의 목적은 앞으로도 혼재되어 있을 것이다. 기초 생활 개선이 그 중심에 있긴 하겠지만 외교 목적 또한 여전히 중요할 것이다. (특히 미국 등 세계의 지도자 역할을 노리는 정부들에게) 과학기술(특히 정보기술)의 발달과 다수 대 다수 세계로 진입함에 따라 지금은 예측 불가능한 목적도 등장할 것으로 보이나, 그럼에도 정치세력(물론 정치세력은 나라밖에서의 동향에 큰 영향을 받을 것이다.) 또한 해외원조의 주요 변수가 될 것이다.(해외 301)

우리나라는 2009년 원조 선진국 클럽이라는 OECD 개발원조위원회Development Assistance Committee DAC 회원국이 되었다. 이로써 우리나라는 "최빈국에서 공여국으로 성장한 특별한 사례"(해외 302)가 되었다. 2013년 "우리나라의 해외원조 규모는 17억 4400만 달러(약 1조 7,800억 원)였다. …… 2013년 말 환율 기준으로 국민 한 사람당 약 3만 8,000원씩을 다른 나라를 돕는 데 쓴 셈이다. …… 100억 달러(약 10조 원) 이상 대규모 원조국은 미국(315억 4,500만 달러), 영국(178억 8,100만 달러), 독일(140억 5,900만 달러), 일본(117억 8,600만 달러), 프랑스(113억 7,600만 달러) 등 5개국이었다. …… 우리나라는 원조 금액에서 2013년 공여 실적이 있는 28개국 중 16위였다. 그러나 국민총소득Gross National Income GNI 대비 공여 비율은 24위로 최하위권이었다. 소득 수준으로 따져 본 원조액 비중이 아직 유엔 권고치인 0.7%는커녕 공여국 평균치인 0.3%에도 한 참 못 미친다."(한겨레신문 2014. 9. 1. 조일준 기자) 우리나라의 정부개발원조Official Development Assistance ODA의 변천사는 아래 도표와 같다.(http://www.oecd.org/

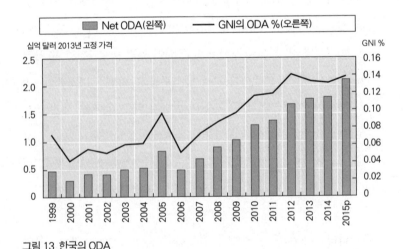

그림 13 한국의 ODA

dac/korea.htm) 2017년의 ODA 사업 총 규모는 2조 7,286억 원이다.

이러한 작은 규모를 크게 늘리는 것도 중요한 일이겠지만, 규모를 늘리기 이전이라도 그 질을 향상시킨다면 적은 자원으로도 큰 효과를 거둘 수 있을 것이다. 미국 코넬대학교 정책학과의 김현철 교수의 충고가 이런 점에서 주목할 만하다.(조선일보 2016. 7. 16) "한국만의 강점을 살리면서도 자금을 효율적으로 운영할 수 있는 원조로는 교육과 의료 사업이 있다. 교육과 의료 사업은 도로나 항만 건설 같은 인프라 투자와 비교하면 상대적으로 자본은 적게 들지만, 개발원조 수여국 국민의 일상에 미치는 영향은 큰 사업이다."

더구나 앞에서 본 것처럼 해외원조는 박애주의와 자국이기주의의 결합체이다. 그러기에 교육의료사업은 "수여국 국민에게 직접 도움이 되기에 숭고한 마음을 가지고 저개발 국가를 돕고자 하는 사람이나, 자원의 확보 혹은 국제사회에서 표를 얻기 위한 전략적 계산을 하는 사람 모두 병원과 대학에 투자하는 것에는 큰 이견이 없다." 특히 우리나라는 높은 수준의 의료기술을 가지고 있을 뿐만 아니라 의료인들 중에도 여건이 된다면 저개발 국가 대학과 병원에서 숭고한 마음으로 일하고 싶어 하는 전문인력도 적지 않다. 이러한 상황에서 김 교수의 다음과 같은 정책제안은 정부나 NGO 모두 귀 기울여 볼 만하다.

우리나라가 원조 규모가 큰 나라들과 같은 방식으로 일할 필요는 없다. 우리의 고급 인적 자원이 공적개발 현장에 적극적으로 참여할 수 있도록 정부는 이들이 활동할 수 있는 장을 열어주는 역할을 보다 적극적으로 맡아야 한다. 정부는 자금을, 민간은 인적자원을 지원하는 민관협력은 우리나라만의 장점을 잘 살리는 한국형 원조 모델 중 하나가 될 수 있다. 원조 규모의 증가도 필요하지만, 그 돈을 어떻게 효율적으로 써야 할지에 대한 전략 수립이 필요하다.

당신의 입장은?

1. 가까운 사람과 먼 사람을 똑같이 도와야 할 도덕적 의무가 있다는 싱어 교수의 의견에 당신은 찬성하는가, 반대하는가?
2. 우리나라의 해외 원조를 늘리기 위하여 현재 10%인 부가가치세를 11%로 조정한다고 하면 당신은 찬성할 것인가, 반대할 것인가?
3. 우리나라가 받았던 해외원조에는 박애와 잇속이 서로 뒤섞여 있었다. 우리는 과거의 원조국들에 대하여 도덕적인 부채를 지고 있는가, 아니면 그런 것은 없는가?

더 깊고 더 넓게 읽을거리

1. 랭커스터, 『왜 세계는 가난한 나라를 돕는가』, 유지훈 옮김, 서울: 시공사, 2010.
2. 싱어, 『실천윤리학』, 황경식/김성동 옮김, 고양: 연암서가, 2013.
3. 홍성걸, 『ODA 리포트』, 서울: 오래, 2010.
4. 페르손/살부레스쿠, 『미래 사회를 위한 준비: 도덕적 생명 향상』, 추병완 옮김, 서울: 하우, 2015.

9장
기후변화가 내 책임?
: 개인적 무관심과 집단적 책임

우리는 지구적인 사건에 왜 둔감한가?

해외원조를 논의하면서 보았던 것처럼, 일반적으로 우리는 내 주변의 사건들에는 민감하지만 전체 지구적인 사건들에는 둔감하다. 진화론적으로 보면 우리가 늘 내 주변의 사람들과 환경들에 반응하면서 살아왔기 때문이다. 싱어 교수는 이러한 점을 적절하게 지적하고 있다.

우리의 조상들은 몇 백 명 이하의 집단에서 살고 있었고, 강이나 산의 다른 쪽에 사는 사람들은 분리된 세계에서 살아가는 것이나 마찬가지였다. 우리가 윤리적 원칙들을 발전시킨 것은 우리 공동체 내에서 문제를 다루는 우리를 돕기 위해서였지, 공동체 바깥의 사람들을 돕기 위해서가 아니었다. 일으키게 되면 그릇된 일이라고 간주된 해악은 일반적으로 명확하고 잘 정의되어 있었다. 우리는 그러한 행위들에 대한 금지사항들과 정서적인 반응들을 개발했고, 이러한 본능과 정서적 반응들은 여전히 우리의 도덕적 사고에서 상당한 기초를 이루고 있다.(실천 380)

물론 5천 년 전에 고대문명을 건설하면서부터 우리 인간도 내 주변을 늘려가기는 했다. 하지만 600만 년에 비하면 5천 년은 너무도 짧은 시간이고 그 짧은 시간에 늘어난 주변도 오늘날의 우리 주변과 비교하면 너무 협소했다.

그래서 우리는 지진이나 쓰나미와 같은 자연재해나 인종청소와 같은 인간재해도 그것들을 매스컴이 우리들의 눈앞에 들이댈 때에만 비로소 사후적으로 분노하고 동정하고 도우려고 나서지만 곧 그러한 관심도 사태들이 눈에서 멀어지면 마음에서 멀어지고 일회성 운동으로 끝나고 만다. 그래서 싱어 교수가 지적한 것처럼 매스컴에 중계된 재앙에는 흥분하면서도 축구장 하나만큼의 어린아이들이 죽어가고 있는 일상에는 주목하지 않으며, 흥분을 일으키는 사건도 얼마 지나지 않아 망각된다. 우리의 시야는 인간이 살아온 아주 긴 시간의 여건들 때문에 매우 한정되어 있다.

하지만 우리의 한계는 이러한 공간적인 제약 내에만 있는 것도 아니다. 우리는 시간적인 제약 내에도 또한 있다. 시험기간이 다가오면 우리는 절실히 학기 중에 왜 열심히 공부하지 않았던가 하고 후회한다. 사실 우리가 이렇게 후회할 수 있는 것도 학기 중에 공부하지 않은 나와 시험을 준비하는 내가 과거와 현재 그리고 시험을 볼 미래를 통하여 같은 사람이라는 것을 알고 있기에 가능한 것이다.

물고기는 미끼를 물었다가 낚싯바늘에서 풀려난 다음에도 금방 다시 미끼를 문다. 왜냐하면 기억이 충분하지 않기 때문이다. 우리도 시험 직전에는 학기 중에 학습을 게을리 한 것을 절실히 후회하지만 시험이 끝나고 나면 후회한 것이 무색하게 다시 학습을 게을리 한다. 우리는 가까운 미래에 대해서는 민감하게 고려한다. 그러나 먼 미래에 대해서는 둔감하게 대응한다. 오늘날 세계적인 질병인 당뇨병은 말기에 이르기까지 나타나는 증상이 별로 없다. 그러므로 사람들은 즉각적인 통증을 동반하는 다른 병과 달리 즉각적인 통증을 동반하지 않는 이 병에 대해서는 적극적으로 대응하지 않는다.

그러나 우리 인류는 단순히 진화의 결과로서 우리에게 주어진 것에만 머무르지 않는다. 스위스의 발달심리학자인 장 피아제Jean Piaget의 분석에 따르면 우리 인간의 인지적 능력은 네 단계를 거쳐서 발달하는데, 그것들은 감각운동기, 전조작기, 구체적 조작기, 형식적 조작기이다. 이 마지막 발달단계에서 우리는 추상적이고 체계적인 사고에 이르게 된다. 다시 말해서 우리는 구체적인 상황을 직접적으로 경험하지 않고서도 추상적인 상황에 대한 사유를 할 수 있다.

예컨대 우리는 내가 교통신호를 지키지 않을 때 편리함을 누린다는 것을 경험한다. 그래서 우리는 교통신호를 지키지 않을 것이다. 하지만 우리는 나와 다른 사람들이 모두 교통신호를 지키지 않으면 내가 불편함을 누릴 수밖에 없다는 것을 추상적으로 체계적으로 사고할 수 있다. 그렇다면 이제 어떻게 할 것인가? 다른 사람은 지키고 나만 지키지 않으면 가장 좋겠지만, 다른 사람들도 다 그렇게 생각할 것이라는 딜레마에 빠지게 된다.

이러한 상황은 '각자'의 합리성과 자유가 '모두'의 합리성과 자유를 확보하지 못한다는 것을 보여준다. 이러한 상황은 인간들 사이의 협력, 갈등, 대립 등을 수학적으로 표현하는 게임 이론game theory의 대표적인 한 사례이다. '죄수의 딜레마prinsoner's dilemma'는 범죄를 저지른 두 죄수가 둘 다 자백하지 않으면 둘 다 6개월, 둘 다 자백하면 5년, 한 사람만 자백하면 자백한 사람은 석방, 자백하지 않는 사람은 10년을 감옥서 보내야 하는 상황이다. 모두의 합리성은 둘 다 자백하지 않는 것이다. 그러나 각자는 상대방의 자백을 걱정하여 둘 다 자백하게 된다. 그래서 둘 다 5년씩을 감옥서 보내게 된다.

이러한 죄수의 딜레마에서도 알 수 있는 것처럼, 우리는 자신에 관한 일, 자신의 이익에서는 민감하면서도 모두에 관한 일, 모두의 이익에서는 둔감하다. 그래서 자신에게 효율적인 것은 쉽게 선택하지만 모두에게 효율적인 것은 쉽게 선택하지 못한다. 그리고 지금 당장의 일, 지금 당장의 이익에 대해서는 민감하고 쉽게 선택하면서도, 나중의 일, 나중의 이익에 대해서는 둔감하고 쉽게 선택하지 못한다. 구명정 윤리 논의로 무자비하다는 비난을 받았던 하딘이 "공유지의 비극tragedy of the commons"이라고 말한 것도 바로 이것을 일컫고 있다.

이 표현은 원래 1833년에 영국의 경제학자 윌리엄 로이드William Lloyd가 공동자산 과도사용의 문제를 지적하기 위하여 영국의 관습이었던 공동목초지에서의 방목을 가설화한 것이었다. 모두가 사용할 수 있는 목초지에서 개인들이 자유롭게 소를 방목하게 하면 개인들은 모두 자신의 소를 늘려서 결국에는 목초지에 풀이 없게 되리라는 것이다. 영국의 철학자 존 로크John Locke에 따르면 자연자원으로부터 우리가 재산을 취득할 수 있는 핵심 조건은 그러한 자원을 충분히 그리고 양질의 공유물로서 다른 사람들에게 남겨놓을 때에 한에서인데(실천 384), 이러한 조건이 지켜지지 않을 때 어떤 일이 벌어질지를 지적한 것이었다.

하딘은 자연과학적인 기술의 변화가 아니라 인간의 가치관이나 도덕성에서의 변화 없이는 인류의 공유재산이, 그가 예를 든 것은 아니지만 생각하여 예를 들어보면, 대기, 바다, 강, 바다 속의 어류와 같은 지구 생태계가, 그리고 스팸메일이나 사무실 냉장고의 음료수와 같이 공공으로 소유된 자원들이, 남아나지 못할 것이라고 영국의 통계학자인 토머스 맬서스Thomas Robert Malthus적인 비관론을 전개하였다.

하지만 미국의 정치학자인 엘리너 오스트롬Elinor Ostrom은 맬서스의 인구론과 마찬가지로 하딘의 공유지의 비극도 완벽한 예측이 아니라고 지적하였다. 보통 소유권의 확립이나 정부의 통제에 의해서만 공유지의 비극이 방지될 수 있다고 주장되지만, 공유자산을 타산적으로 관리하는 사용자들이 공동자산을 효율적으로 관리하기 위하여 고안해내는 복합적인 사회적 틀들에 의해서도 이러한 비극이 관리될 수 있다고 주장하였다.(Wikipedia)

우리가 이 장에서 다루려고 하는 기후변화는 전체 지구적인 사건으로서 모두의 합리성의 문제이자 온 인류가 공유하고 있는 공유재와 관련된 문제다. 홍수나 가뭄은 국지적일 수 있지만, 기후란 어떤 특정지역에 한정되는 것이 아니라 전 인류가 공유하고 있는 대기와 조수를 통하여 전체 지구가 상호 관련되어 있는 일이기 때문이다. 이러한 기후변화의 핵심에는 지구온난화라는 문제가 놓여 있다. 영국의 저명한 기후전문가들인 가브리엘 워커Gabrielle Walker와 데이비드 킹David King은 『핫토픽-기후변화, 생존과 대응전략』에서 이러한 지구온난화의 문제를 다루고 있다. 이들의 논의를 따라서 기후변화의 문제를 살펴본다.

지구온난화의 메커니즘: 온실효과

영국 정부의 수석 과학고문을 지냈던 킹은 "기후변화는 인류가 오늘날 겪고 있는 가장 심각한 문제이며, 심지어 테러리즘보다도 더 심각하다."(기후 6)고 주장하였다. 그의 이러한 주장의 의미는 도대체 무엇일까? 점점 더하여 가는 뜨거운 여름이나 따뜻하거나 더 추운 겨울, 왔다하면 기록을 갱신하는 강력한 강수나 폭풍 등이 그렇게 심각한 것일까? 이러한 지구온난화의 심각성을 살펴보기 전에 우선 지구온난화의 메커니즘을 먼저 이해해 보자.

1827년에 프랑스의 과학자 조제프 푸리에Joseph Fourier는 지구의 에너지 흡수와 방출을 연구하였다. 지구는 태양에서 열에너지를 흡수하여 데워지는데, 이렇게 데워진 지구는 모든 따뜻한 물체가 그러하듯이 적외선을 방출한다. 공항에서 열이 나는 사람들을 점검하는 카메라는 바로 이러한 적외선을 감지하는 장치이다. 푸리에의 연구에 의하면 지구의 평균기온은 $-15\,°C$여야 했는데, 실제로는 $+15\,°C$였다. 그는 이러한 차이가 지구를 감싸고 있는 따뜻한 담요인 대기에 의하여 일어난다는

것을 알아채기는 했지만 그 원리를 해명하지는 못했다.(기후 26)

이 문제를 해명한 사람은 영국의 과학자 존 틴들John Tyndall이었다. 그는 대기의 99%를 이루는 질소와 산소를 가지고 인공하늘을 만들어 실험했으나 적외선이 지구를 떠나는 것은 마찬가지였다. 그러나 그가 메탄, 수증기, 이산화탄소라는 불순물을 인공하늘에 주입하자 적외선의 방출이 방해를 받기 시작하였다. 이렇게 하여 그는 온실효과 greenhouse effect를 발견하였다. 이러한 온실효과가 없다면 지구는 상당히 차가운 별이 되었을 것이다.(기후 27)

온실효과를 만들어 내는 온실가스greenhouse gases들 중에서 가장 분량이 많은 것이 수증기이기는 하지만, 대기 중에 수증기는 1% 미만에서 몇 %까지 다양하게 포함되어 있기 때문에 새롭게 수증기가 더해진다고 해서 그 영향이 별로 그렇게 크지는 않다. "이는 마치 망망한 바다에 물 한 동이를 추가하는 것과 같다."(기후 29)

이에 반해 이산화탄소가 대기 중에 차지하는 비중은 0.04% 미만이고 메탄의 비중은 이보다도 적다. 그러나 이처럼 비중이 작기 때문에 새롭게 이산화탄소나 메탄이 대기 중에 더하여지면 그 비중이 크게 바뀌게 된다. "이는 마치 욕조에 물 한 동이를 더 추가하는 것과 같다."(기후 29)

수증기보다 이산화탄소나 메탄이 온도상승에 더 영향을 끼치는 다른 이유도 있는데, 그것은 이들이 온도를 높임으로써 따뜻해진 공기가 보다 많은 수증기를 품을 수 있게 되어 수증기의 양을 증대시킨다는 것이다. 그래서 이산화탄소는 스스로 온실효과를 만들 뿐만 아니라 같은 온실효과를 만드는 수증기를 증대시켜 온실효과를 배가시킨

다. "과학자들은 이러한 과정을 양성되먹임positive feedback이라고 부른다."(기후 29)

산업혁명이 일어나기 이전까지 인류는 대부분의 에너지를 나무에서 구하였다. 나무는 광합성을 통하여 동물이 내뿜은 이산화탄소를 흡수하여 자신을 구성하고 이것이 불에 탈 때 이산화탄소는 다시 대기로 돌아가 다른 나무의 광합성의 재료가 되었다. 그래서 이것은 제로섬 게임zero sum game에 가깝다.

나무 속에 들어 있는 탄소는 비교적 최근의 것이며, 고작해야 수십년 전에 나무에 흡수되어 줄기와 가지로 전환된 것이다. 당신이 나무를 태울 때 당신은 최근에 대기 중에 존재했던 이산화탄소를 다시 대기 중으로 돌려보내는 것이며, 장기적으로 볼 때 변화하는 것은 아무것도 없다.(기후 32)

산업혁명 이후에 인류는 석탄, 석유, 천연가스를 사용하게 되었는데, 이것들은 과거의 생물체들의 잔해가 화석이 되어 생겨난 것이기 때문에 화석연료fossil fuel라고 부른다. 나무를 불태우면 그 나무가 생성될 때 사용되었던 이산화탄소가 바로 대기로 돌아가지만, 화석연료를 불태우면 사실 3억만 년 전에 대기에서 포집되었던 이산화탄소가 우리가 살고 있는 오늘날의 대기로 되돌아간다. 우리 시대의 지구온난화global warming는 바로 이러한 메커니즘, 즉 3억만 년 전의 이산화탄소를 지금의 대기에 덧붙임으로써 생겨났다.

그러나 당신이 수억 년 동안 매장되어 있었던 화석연료를 연소시킨다면 상황은 달라진다. 우리는 화석연료를 태움으로써 장구한 세월 동안 지하에 고립되어 있었던 탄소를 공기 중으로 방출함으로써 대기의 균형 상태를 극적으로 변화시키게 되는 것이다.(기후 32)

과학자들의 연구에 따르면 "지난 65만 년 동안 이산화탄소의 농도가 오늘날만큼 높았던 적은 없었다고 한다."(기후 33) 이러한 이산화탄소 농도의 증가세를 웅변적으로 보여준 과학자는 주요 산업시설에서 멀리 떨어진 하와이에서 이산화탄소의 농도를 계속적으로 측정했던 찰스 데이비드 킬링Charles David Keeling인데, 1958년부터 그의 사후에도 계속되고 있는 그의 연구결과는 킬링 곡선Keeling Curve으로 알려져 있다.(Wikipedia)

과학자들의 연구에 따르면 "빙하기 동안에 이산화탄소의 농도는 180~190ppm [즉 0.0180~0.0190%]에 머물러 있다가, 간빙기에는(현재도 간빙기에 포함됨) 이산화탄소의 농도가 290ppm까지 상승하였다. 마지막 빙하기의 가장 추웠던 시점(지금으로부터 2만 년 전)부터 1900년까지 이산화탄소의 농도는 260~290ppm의 범위를 유지해 왔다."(기후 34) 그러나 킬링 곡선에 따르면 2015년에는 400ppm에 이르렀는데, 이는 산업화 이전에 비해 40% 정도 높은 수준으로 매년 2내지 3ppm씩 상승하고 있음을 알 수 있다.

이러한 기후변화와 관련한 유엔협약United Nations Framework on Climate Change UNFCC에 따르면 온실가스의 종류는 이산화탄소, 메탄, 아산화질소, 수소화플루오르화탄소, 과플루오르화탄소, 육플루오르화황인데,

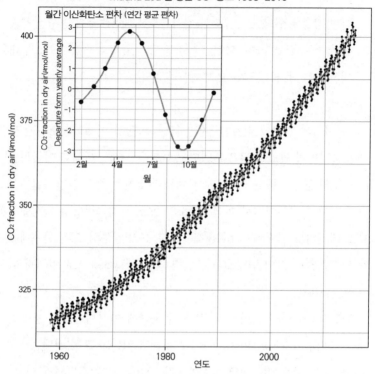

Mauna Loa 월 평균 CO₂ 농도 1958-2015

그림 14 킬링 곡선

이들 각각의 온난화지수, 즉 온난화를 일으키는 정도가 모두 다르기 때문에 이를 가장 많은 배출량을 보이는 이산화탄소로 환산하여 보통 온실가스의 영향력을 이야기한다. 이를 이산화탄소 환산농도carbon dioxide equivalent CO₂eq라고 부른다. 킬링 곡선에 따르면 2007년의 이산화탄소의 농도는 383ppm이었지만, 이러한 환산농도로는 430ppm이었다.(기후35)

지구온난화의 심각성

그렇다면 이렇게 이산화탄소 비율이 높아져 온도는 몇 도가 올라갔을까? "이제까지 우리가 경험한 지구온난화의 규모는 0.75℃로, 매우 작은 양이다. 그러나 이 정도의 변화만으로도 대자연의 운행을 훼방하기에는 충분하다."(기후 55) 동물들은 이동, 겨울잠에서 깨어나기, 짝짓기 등의 시기에서 이러한 온도에 대단히 민감하다. 그들이 시점을 잘못 선택하게 되면 그들의 삶은 실패로 끝나고 만다.

지구의 기후문제를 다루고 있는 국제적인 기구인 정부간기후변화위원회Intergovernmental Panel on Climate Change IPCC의 보고서는 "금세기 말까지 지구상에 서식하는 모든 종의 1/5~1/3이 멸종의 위기에 처할 것이라고 예측하고 있다. 더욱이 다른 연구자들은 그 비율이 50%를 상회할 것이라고 주장하기도 한다. 이는 공룡의 대멸종mass extinction에 비견되는 상황이다."(기후 59)

이산화탄소의 비율과 기온의 상승은 개별종에게만 영향을 끼치는 것이 아니라 생태계 자체에도 영향을 끼친다. 대표적인 사례가 빙산의 용융이다. 북극 바다와 남극 대륙과 그린란드에는 엄청난 양의 얼음이 쌓여 있다. 그러나 인공위성에서 촬영한 사진들을 통해서 보면 이러한 얼음들이 급속하게 줄어들고 있다.

지난 30년 동안에 걸쳐 기온이 급상승하면서, 여름철 북극해의 해빙 sea ice 면적이 10년마다 8%의 속도로 감소하고 있다. …… 기후 모델의 예측에 의하면, 온실가스 배출이 현재의 추세를 유지할 경우 금세

기 말에 이르러 여름철 북극해에서 얼음을 찾아볼 수 없게 될 것으로 보인다.(기후 60)

이러한 빙하의 용융은 소위 알베도 효과albedo effect에 따라서, 즉 빙하는 흰색이어서 태양빛을 반사하지만, 빙하가 녹게 되면 희지 않은 바닷물이 태양빛을 더 많이 흡수하게 되어, 지구온난화를 더욱 가속시킬 수도 있다.(기후 129) 실제로 북극 빙하의 용융과 관련해서는 다음과 같은 사실이 그 심각성을 말해주고 있다. "400년 전에 탐험가들은 유럽과 러시아의 북쪽에서 중국으로 항해 할 수 있게 해줄 전설적인 '북동수로Northeast Passage'를 탐색하였다. 그들은 북극의 얼음을 뚫고 나갈 수 없음을 알아차리고 그들의 탐색을 포기했다. 2009년에 상업선박이 성공적으로 북동수로를 항해했다."(실천 385)

이러한 생물종이나 생태계만이 지구온난화의 영향을 받고 있는 것은 아니다. 우리 인간들도 바로 이러한 생물종이거나 생태계에 몸담고 있기 때문에 마찬가지로 영향을 받는다. 워커 교수와 킹 경(앞으로는 워커 교수로 통칭한다.)은 인간에 대한 이러한 영향으로 세 가지를 지적하고 있다.

그 하나는 다르푸르Darfur에서와 같은 기후전쟁(기후 66)이다. 물론 기후만이 유일한 원인은 아니었겠지만 기후의 변화가 이 전쟁의 주요한 한 원인이 된 것은 사실이다. 다른 하나는 카트리나Katrina(기후 68)와 같은 거대 폭풍우이다. 해수온도와 해수면의 상승이 상승효과를 일으켜 빚어내는 거대 폭풍우는 미국이라는 후기산업사회를 개발도상국가와 같은 상황으로 만들어버렸다. 셋째로 지적하는 것은 2003년 유럽을 휩쓸었던 열파heat wave이다. 열파는 농작물의 고사와 산불을 일으킬 뿐만 아니라, 건강이 취약한 사람들을 죽음으로 몰고 간다. 당시에 "천수天壽를 다하지 못하고 사망한 사람(즉, 기상이변이 없었다면 살아남았을 사람)은 3만 5,000명~5만 2,000명으로 추산된다."(기후 71)

그렇지만 여기에 덧붙여야 할 한 가지 사실이 있다. 그것은 "우리가 아무리 노력하더라도 지구는 향후 수십 년 동안에 걸쳐 매우 위험한 기후변화를 경험할 것"(기후 75)이라는 사실이다. 왜냐하면 이산화탄소를 배출하고 기온이 오르고 바닷물이 데워지고 하는 과정은 즉각적으로 일어나는 일이 아니라 순차적으로 상당한 시간을 두고 진행되기 때문이다.

우리가 지금 아무리 이산화탄소의 배출량을 줄이더라도 그 효과가 나타나려면 수십 년의 세월이 필요하다. 실제로 정교한 기후 모델을 이용하여 모의실험을 해본 결과, 현재 우리가 화석연료의 사용량을 늘이든 줄이든 간에 앞으로 20~30년 동안의 기후에 미치는 영향은 별 차이가 없는 것으로 밝혀졌다.(기후 76)

그러므로 우리가 당하는 환경적 재앙은 어떤 의미에서는 우리 선조들이 저지른 죗값이며 우리가 저지르는 지구온난화의 결과는 우리 후손들이 받게 될 예정이다.

그렇다면 우리와 우리 후손들은 어떤 영향을 받게 될까? 우리 후손들은커녕 지금 우리와 함께 살고 있는 인류가 당장 비극적인 처지에 놓여 있다.

400만 명의 인도인들이 살고 있는 갠지스 델타의 섬들인 선더반 Sunderbans은 사라지고 있는 중이다. 두 섬은 완전히 사라졌다. 전체적으로, 80㎢에 해당되는 지역이 지난 30년 사이에 사라졌다. 수백 가구가 피난민 캠프로 이주를 해야만 했다. 낮은 고도의 산호섬으로 구성되어 있는 몰디브Maldives, 키리바시Kiribati, 투발루Tuvalu와 같은 조그만 태평양 나라들도 비슷한 위험에 처해 있다. 몇 십 년 내에 이들 나라들은 파도 아래로 잠수할지도 모른다.(실천 381-82)

워커 교수는 예상되는 물 부족, 식량생산, 질병, 홍수, 열파와 화재, 산호와 얼음 등에서의 재난을 지역별로 나누어서 자세히 제시하고 있다.(기후 83-84) 워커 교수는 이러한 전망을 제시하면서, 이러한 전망에 대처할 우리의 접근법도 또한 제안하고 있다. 그 첫째는 주로 홍수를 막을 토목공사를 실시해야 한다. 예컨대 "템스강의 어귀에는 런던을 해수면의 상승으로부터 보호하기 위하여 템스강 수문Thames Barrier이 설치되어 있는데, 수문이 처음 가동되기 시작했던 1980년대 초에는 평균 3년마다 한 번씩 사용되었으나, 오늘날에는 1년에 6번까지 사용되기도 한다."(기후 80-81) 그 둘째는 비상시에 경보가 울려야 하고 그러한 상황에서의 행동수칙을 정확히 숙지해야 한다. 열파나 한파가 몰려왔을 때 즉각적으로 상황이 전달되어야 하고, 어떻게 생활방식을 변경하며, 어떤 조처를 취할 것인지 또한 미리 알고 있어야 한다. 그리고 우리의 현재의 주거 또한 이러한 비상시에 대응할 수 있도록 보강할 필요가 있다.

이러한 상황에서 아이러니컬한 것은 이러한 대비에는 상당한 돈이

들어가는데, 개발도상국들은 사실 이러한 지구온난화에 크게 기여한 바도 없으면서도 이러한 돈의 부족 때문에 크게 기여한 선진국들보다 피해를 입을 가능성이 더 크다는 것이다.

현재 진행되고 있는 기후변화는 이에 대처할 능력이 부족한 국가들에게 가장 큰 피해를 입힐 것으로 예상된다. 그러나 이 국가들은 현재 문제가 되고 있는 온실가스 배출에 대한 책임이 거의 없다. 따라서 선진국들은 개발도상국들이 기후변화에 대응할 수 있도록 도와줄 도의적 책임이 있다.(기후 95)

하지만 선진국들이 개발도상국들을 도와야 한다는 점에서 보면, 이러한 이유가 아니더라도 선진국들은 개발도상국들을 도와야 한다. 왜냐하면 "지구온난화로 인한 피해가 지구상의 어느 지역에서 발생하더라도, 그것은 식량위기나 대량난민 등의 문제를 일으켜 전지구인들에게 신속한 파급효과를 미치기 때문이다."(기후 95)

하지만 지구온난화의 심각성은 여기에 그치지 않는다. 우리가 재난 시나리오에 몰두하는 대중매체의 기후 포르노climate porno에 심취하지 않는다고 하더라도, 아직까지 구체적인 모습을 드러내지는 않았지만 위협적인 요인으로 작용할 가능성이 아주 높은 몇 가지 사태들이 잠재해 있기 때문이다.

한 가지 가능성은 해양순환이 중단되는 것이다.(기후 102) 과거의 흔적을 보면 갑자기 해양순환이 중단됨으로써 갑작스레 빙하기가 시작된 경우가 있었다. 둘째는 빙하들이 녹아서 해수면이 급속히 상승하는 것이다. 그린란드의 빙하가 모두 녹는다면 7m(기후 109), 남극의 서쪽 빙하 일부가 녹는다면 1.5m(기후 106) 수면이 상승할 것이다. 하지만 이러한 두 가지 가능성은 워커 교수에 따르면 상당한 시간이 경과한 다음에나 가능한 시나리오이며, 오히려 더 다급한 시나리오는 북극의 영구동토대permafrost(기후 112)가 녹는 사건이다. 지금과 같은 속도라면 금세기 말까지 영구동토대의 상당 부분이 녹을 가능성이 있는데, 이는 영구동토대가 포집하고 있는 메탄과 이산화탄소를 배출하여 탄소배출량을 순식간에 두 배로 증가시킬 수 있다고 그는 경고하고 있다.

지구온난화 해결의 기술적 차원

인류가 파국에 이르지 않기 위해서 저지해야 할 지구온난화의 온도는 몇 도인가? 워커 교수는 기온 상승의 마지노선이 2℃라고 지적하고 있다. 일단 많은 과학자들도 마지노선으로 이를 지적하고 있다. "IPCC의 보고서가 발표되기 이전부터 연구자들은 인간이 감내할 수 있는 온난화의 최대허용치maximum temperature limit를 계산하고자 노력해 왔다. 그들은 다양한 추론방법을 사용하였는데, 놀랍게도 그중의 상당수가 이구동성으로 2℃를 온난화의 한계치로 제시하였다."(기후 126)

이렇게 2℃를 마지노선으로 보더라도 1900년대에 비해 이미 0.75℃ 상승해 있고, 이제까지의 배출로 앞으로 0.6℃ 상승할 것이기에 우리에게 남은 것은 0.65℃밖에 없다. 하지만 이만큼의 상승만 허락한다고 해도, 1,000만에서 3,000만의 사람들이 기아에 허덕이게 될 것이고, 4억에서 17억의 사람들이 물부족에 시달릴 것이며, 이러한 상황들 때문에 많은 환경관련 이주민들이 증가할 것이고, 가뭄과 열파와 화재 그리고 폭풍과 홍수와 수해가 증가할 것으로 예상되고 있다. 하지만 만약 2℃를 넘어선다면 상당한 시간 후에 예상되는 더욱 파국적인 사태들이 조기에 나타나리라 충분히 예상되기 때문에, 그는 다른 과학자들과 마찬가지로 2℃를 마지노선으로 잡고 있다.(기후 123)

그렇다면 이렇게 기온을 2℃까지만 올리도록 하기 위한 이산화탄소 배출의 마지노선은 어디일까? 그들의 예측은 비극적이다.

▶ 450ppm의 이산화탄소 환산량CO_2eq에 대하여, 기온은 2~3.5℃ 상승하며, 가장 가능성이 높은 수치는 2.5℃이다.
▶ 550ppm의 CO_2eq에 대하여, 기온은 3~5℃ 상승하며, 가장 가능성이 높은 수치는 3.5℃이다.
▶ 650ppm의 CO_2eq에 대하여, 기온은 3.5~6℃ 상승하며, 가장 가능성이 높은 수치는 4℃이다.(기후 130)

오늘날의 대기 중의 온실가스 농도가 430ppm인데, 낙관적으로라도 2℃를 유지하기 위해서는 450ppm에 맞추어야 하지만, 그렇게 되면 남은 이산화탄소 배출량은 20ppm밖에 없는 상황이다. 과거의 추산에 따르면 550ppm에서도 2℃를 유지할 수 있다고 보았지만, 오늘날 첨단과학기술을 활용한 새로운 예측에서 이것은 불가능한 일임이 밝혀졌다. 그래서 그들은 이렇게 결론짓는다. "우리의 유일한 선택은 온실가스를 가능한 한 최소의 수준, 즉 450ppm CO2eq로 억제하는 것이다. 이것은 모든 기후관련협정과 정치성명에서 언급되는 수치이다."(기후 132)

그렇다면 이러한 수치를 어떻게 방어할 것인가? 워커 교수는 프린스턴 대학교의 스티브 파칼라Steve Pacala와 로버트 소콜로Robert Socolow가 발표한 그래프를 인용한다.(기후 135) 파칼라와 소콜로의 아이디어는 우리가 탄소배출량을 줄일 수 있는 방안을 여럿 마련하게 되면 각각의 방안이 점차 더 많은 탄소 배출량을 줄이게 되어 목표치에 도달하게 될 것이라는 것이다. 그래서 각각의 방안은 삼각형으로 표시된다. 이러한 삼각형에 해당되는 방안으로 다음과 같은 것들이 제시되고 있다.(기후 136-7)

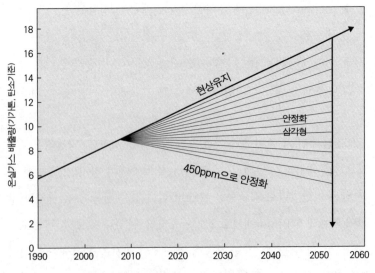

그림 15 파칼라와 소콜로의 탄소배출량 조절표

▶ 20억 대의 차량에 대하여 연비를 두 배로 개선한다.

▶ 20억 대의 차량에 대하여 연간 주행거리를 절반으로 줄인다.

▶ 건물과 기계장비의 탄소배출량을 1/4 저감한다.

▶ 석탄으로 가동되는 800GW의 발전소로부터 이산화탄소를 포획하여 저장한다.

▶ 천연가스로 가동되는 1600GW의 발전소로부터 이산화탄소를 포획하여 저장한다.

▶ 200만 개의 1MW급 풍력터빈(오늘날의 풍력터빈의 약 50배 규모)을 건설한다.

▶ 열대지방에서 벌목을 전면 중단하고, 3억ha의 숲을 새로 조성한다.

▶ 원자력발전의 용량을 현재의 두 배로 늘린다.

▶ 온실가스 배출량이 적은 천연가스로 가동되는 화력발전소의 수를 4배로 늘린다.

▶ 자동차의 바이오연료 사용량을 현재의 50배 수준으로 늘린다.

▶ 모든 농경지에서 저경농법(low-tillage farming)을 실시한다.

▶ 지구의 태양집광판 지역(global area of solar panel)의 면적을 700배로 늘린다.

현재 부문별 온실가스 배출량을 보면 에너지 공급 25.9%, 산업 19.4%, 삼림 17.4%, 농업 13.5%, 운송업 13.1%, 건물 7.9%, 쓰레기와 폐수 2.8%의 비율을 가지고 있다.(기후 149) 이러한 비율에 대처하여 위의 방안들이 제시되었음을 쉽게 확인할 수 있다. 이러한 방안들은 모두 지금 사용가능한 기술들로서 우리가 시설을 개량하거나 확장하고 생활습관을 개선하는 경우 목표를 달성할 수 있는 방안들이다.

이러한 기술들 중에서 논쟁의 여지가 있는 기술로는 탄소 포집 및 저장Carbon Capture and Storage CCS 기술과 원자력 발전 기술이다. 탄소의 배출을 저감하기 위하여 탄소가 대규모로 배출되는 발전, 철강, 시멘트 산업에서의 탄소 포집 및 재사용Carbon Capture and Utilization CCU 기술은 이미 개발되어 있기는 하지만, 비용상의 문제가 있다. 탄소 1톤당 8~9만 원의 비용이 들기 때문에 탄소 1톤당 배출권 가격이 1~2만 원인 현재로서는 채택하기 어렵다.(에너지경제 2016. 7. 4. 안희민 기자) 하지만 폭발적으로 증가할 수요에 대응하여 신기술이 계속 개발되고 있기 때문에 조만간 비용상의 문제도 해결가능하리라 예상된다.

원자력 발전 기술은 다양한 문제들, 즉 폐기물 관리의 문제, 폭발의 위험, 원자력 발전의 재료를 가공하는 일에 들어가는 에너지 등의 문제를 가지고 있기는 하지만,

> 많은 연구자들은 원자력발전이 우수한 저탄소 에너지원low-carbon energy source으로서, 새로운 에너지시대를 선도할 자격을 갖추고 있다는 점에 대하여 이견을 달지 않고 있다. 특히 원자력은 지금 당장 사용할 수 있는 극소수의 저탄소 에너지원 중의 하나이다.(기후 187)

CCS 기술처럼 원자력 발전 기술도 최근에 상당한 기술적 발전이 있었다. 이제 폐기물은 과거의 10%에 불과하며, 유사시 자동중단walk-away safety 방식에 의해서 안전도도 크게 향상되었으며, 특히 페블베드 원자로Pebble Bed Nuclear Reactor와 같은 경우에는 발전재료를 탄소자갈로

에워싸고 있어 아예 노심reactor core이 없어 노심 용융을 미연에 방지한다.(기후 188-189) 워커 교수는 다음과 같이 호소하고 있다.

만일 당신이 체질적으로 원자력발전에 반감을 갖고 있다면, 이제까지 우리가 설명한 사항들을 주의 깊게 읽어보기 바란다. 기후변화의 문제는 우리에게 어려운 선택을 요구하고 있으며, 지금보다 더욱 안전하고 효율적인 차세대 원전이 개발되기 위해서는 개인과 지역사회의 지원이 필요하다. 전술한 바와 같이, 원자력발전은 우리가 지금 당장 사용할 수 있는 극소수의 저탄소기술 중의 하나다. 비록 원자력발전이 이상적인 에너지 생산방법이 아닐지라도, 기후변화로 인한 위험은 원자력발전의 위험보다 훨씬 더 크다.(기후 191)

원자력 발전의 반대자들이 가장 먼저 지적하는 것은 원자력 발전의 안전성이다. 자동차와 비행기를 비교하면 비행기가 훨씬 속도도 빠르고 사고위험은 적지만 일단 사고가 나면 치명적이다. 마찬가지로 화석연료를 사용하는 발전과 원자력을 이용하는 발전을 비교하면 원자력발전도 훨씬 탄소배출이 적고 사고위험은 적지만 일단 사고가 나면 치명적이다.

지난 1979년 3월 28일 미국 스리마일 섬의 5등급의 원전사고와 1986년 구소련에서 발생한 우크라이나의 체르노빌 핵발전소의 폭발사고가 그리고 2011년 일본의 후쿠시마 핵발전소의 사고는 7등급 이상에 해당하는 최악의 사고였다."(에코 224-25)

이러한 원자력 발전에 대하여 두 가지 대립적인 태도가 있는데, 그 것은 프랑스의 태도와 독일의 태도다. 독일은 신재생에너지를 적극적으로 개발하면서 원자력의 비중을 줄여왔을 뿐만 아니라 후쿠시마사태 이후에 원자력 발전 포기를 결정했다.(에코 235) "독일은 청정에너지원을 많이 사용하고 있는데도, 전력생산의 절반 이상을 아직도 석탄에 의존하고 있다."(기후 299)

이에 반해 프랑스는 세계2위의 원자력발전 국가로서 58기의 원자로로 63.1GW의 전기를 생산하고 있다.(에코 241) "프랑스는 2004년에 마지막 탄광을 폐쇄하고, 지금은 전기의 80%를 원자력발전을 통하여 생산한다. 원자력발전은 많은 환경단체들에게는 혐오의 대상이지만, 원자력발전 덕분에 프랑스는 선진산업국 중에서 1인당 온실가스 배출량이 가장 적은 나라가 될 수 있었다."(기후 296)

영국은 기후변화에 선제적으로 대응해 온 국가로서 독일처럼 원자력 발전에 회의적인 태도를 가지고 있다. 문제는 영국의 원자력 발전소들이 노후하여 계속 원자력 발전량이 감소하고 있다는 점이다. "15년 전만 해도 영국의 전력생산량 중 30%는 원자력발전으로 인한 것이었다. 오늘날 이 비율은 19%로 떨어졌으며, 새 발전소가 건립되지 않는다면 이 비율은 2020년까지 7~8%로 감소할 전망이다. 원자력발전소 하나가 화력발전소로 대체될 때마다 영국의 온실가스 배출량은 엄청나게 증가한다. 이 추세라면 영국이 내세워온 2010년의 1차 목표를 달성하는 것조차 매우 어려워 보인다."(기후 302)

우리나라는 24기의 원자로를 가지고 20.7GW를 발전하여 전체 발전량의 30%를 원자력에 의존하고 있으며, 국토면적 대비 설비용량에서는 세계 1위 국가이기도 하다. 이에 반해 재생에너지 비중은 1.1%로 OECD 국가 중에서 최하위를 기록하고 있다.(에코 241-42) "2014년 1월 14일 박근혜 정부는 2035년까지 원자력발전소를 현재 23기에서 최소한 39기 이상으로 늘리는 것을 뼈대로 제2차 에너지 정책을 공식화했다."(한겨레 2014. 1. 15. 에코 241 재인용)

워커 교수는 이러한 상황들에 대하여 예상할 수 있는 대로 친원자력적인 입장을 표명하고 있다. "원자력발전을 반대하는 사람들은 다른 저탄소 에너지원을 사용하더라도 원자력 발전설비의 노후화로 인한 공백을 메우고 온실가스 배출량을 더욱 더 감소시킬 수 있다고 주장한다. 그러나 우리는 기후변화를 방지하기 위하여 모든 수단을 총동원하여야 하며, 그러한 면에서 볼 때 원자력발전만큼 효능이 입증된 수단은 많지 않다."(기후 303)

하지만 "기후변화와 탈핵의 정치"에 대하여 연구했던 양혜림 교수는 이러한 상황에 대하여 다음과 같은 원자력 신중론의 입장을 표명하고 있다. "한국사회의 정치집단과 시민사회단체는 서로 얼굴을 맞대어 핵에너지의 내·외적인 기준을 찾아내서 소통의 문화적 맥락에서 미래의 불확실성을 책임질 수 있는 여건을 마련해야 한다. …… 우리 한국사회에서 원자력발전소의 증설은 사후적 책임을 넘어서 사전적 책임까지 고려하는 '사전예방원칙precautionary principle'의 필요성을 확산시켜 나갈 필요가 있다."(에코 245)

지구온난화 해결의 실천적 차원

얼마나 돈이 들까?

과학자들과 경제학자들은 보통 기후변화에 대하여 약간 다른 입장을 가지고 있다. 과학자들은 기후변화에 대한 즉각적인 대응을 요구하는 데에 반하여 경제학자들은 기후변화에 대하여 다소간 지연된 대응을 고려한다. 왜냐하면 그들은 "우리가 탄소배출 습관을 바꾸더라도 기후변화에 미치는 긍정적 영향은 미미한 반면, 세계경제에 미치는 파장은 엄청나다."(기후 207)고 생각하기 때문이다.

워커 교수가 들고 있는 한 예는 2007년 영국의 경제학자이자 전 세계은행 부총재인 니콜라스 스턴Nicholas Stern 경의 의견이다. 그의 의견은 "우리가 지금 당장 손을 써서 대기 중의 온실가스 농도를 500~550ppm 이내로 유지한다면 연간소비액의 1%만을 지출하면 되지만, 이 문제를 방치하여 기후변화가 지속된다면 우리는 장차 연간 소비액의 20%에 상당하는 비용을 지출해야 한다."는 것이었다. 다른 경제학자들은 이러한 판단이 과장되었다고 비판하였다.(기후 208)

이러한 문제는 미래의 가치를 현재의 가치로 환산하는 할인율 discount rate과 관련이 있다. 이율을 3%로 했을 때 30년 후의 1,450만 원이, 4%로 했을 때 2,300만 원이, 5%로 했을 때 3,500만 원이 오늘의 1,000만 원에 해당한다. 할인율을 어떻게 하느냐에 따라 비용의 차이는 상당히 나게 된다.

스턴 경은 자기의 예상치를 "지구온난화는 수세기에 걸쳐 일어나므로, 미래의 비용에 큰 할인율을 적용하는 것은 '지금 내가 손에 쥐고 있는 빵 한 조각이 아직 태어나지 않은 내 손자의 빵보다 더 값어치가 있다'고 말하는 것과 같다."고 옹호하였다. 결국 이 문제는 후손에게 부담을 덜어 줄 것인가 더하여 줄 것인가라는 윤리적 선택의 문제다.

다른 사람들은 보다 비관적이거나 낙관적인 견해들을 제시했는데, 예를 들면, IPCC의 보고서는 2050년까지 온실가스 농도를 550ppm 으로 유지하는 데에 GDP의 1~5% 정도를 예측하고 있고, 미국 의 컨설팅 전문업체 매킨지McKinsey는 2030년까지 온실가스 농도를 450ppm으로 유지하는 데 GDP의 0.6~1.4% 정도로 예측하고 있다. 만약 기후변화에 책임이 있는 선진국에서 이를 부담한다면 그들의 GDP의 1.8%에 해당하는데, 이는 전세계 해외 원조 예산의 7배 수준 이다.(기후 214-217)

이러한 비용을 어떻게 생각할 것인가는 정치적인 문제다. 국방비 가 외적의 침입으로부터 나라를 보호하기 위한 비용이듯이, 지구온난 화에 투입되는 비용은 미래의 환경의 침공으로부터 나라를 포함하여 세계를 보호하기 위한 비용이다. 국방비나 환경비나 모두 일종의 보 험료라고 볼 수 있는데, 매킨지 보고서에 따르면 2005년의 전세계 보 험산업의 매출액은, 생명보험을 제외하더라도, GDP의 3.3%라고 한 다.(기후 218) 이렇게 보면 투자가 불가능한 금액은 결코 아니다.

이러한 자금을 확보하는 간단한 방법은 탄소를 배출하는 모든 상품 에 대하여 탄소세carbon tax를 적용하는 것이다. 이렇게 되면 시장원리 에 따라 탄소세를 적게 내기 위하여 배출하는 탄소의 양은 자동으로 줄어들 것이며 배출되는 탄소를 수거할 비용을 확보할 수 있게 될 것이다. 그러나 이러한 방법은 한 국가 내에서는 효율적이라고 하겠지만, 국제적으로 적용하는 데는 애로가 있다고 드러났다. "1990년대 초 노르웨이에 이어 스웨덴, 핀란드, 덴마크 역시 1990년대에 탄소세를 도입하였지만, 노르웨이와의 세금구조 통합작업이나 이들 국가 상호 간의 세금구조 조정작업은 실패로 돌아갔다."(기후 219)

이러한 세금보다 효과적인 것으로 보이는 것은 배출 상한설정 및 배출권 거래제cap and trade scheme이다.

> 이 제도는 모든 참가자들에게 연간배출량 상한선cap을 통보하고, 참
> 가자들은 상한선의 범위 내에서 탄소를 배출할 권리permits를 부여 받
> 는다. 그리고 배출상한선을 초과하는 참가자들은 배출상한선에 미
> 달한 참가자들로부터 배출권을 구입하는 것이다 시간이 경과하면서
> 배출상한선은 점점 낮아지고, 이에 따라 탄소배출량은 급속도로 감
> 소하게 된다.(기후 219-20)

원래 이 방식은 미국에서 산성비를 감소시키기 위하여 이산화황의 배출량을 조절하기 위해 적용했는데 아주 성공적이었다고 한다. 오늘날 이 제도를 성공적으로 정착시킨 국가연합은 EU이다. 처음에는 상한선을 너무 높게 잡아 약간의 착오가 있었지만 지금은 탄소배출권의 가격을 1톤당 15~20유로로 유지하고 있다. 아울러 세계 각지에서도 이와 비슷한 제도들이 생겨나 운영되고 있다.(기후 222)

상한설정 및 배출권 거래제를 시행해도 여전히 직접적인 통제가 제대로 이루어지지 않는 영역이 둘 있다. 하나는 국제 항공운송 및 선박

운송은 산업의 성격상 개별국가의 탄소배출량 통계에도 잘 잡히지 않고 있으며, 다른 하나는 사적 운송이나 개인주택과 같은 개인적인 탄소배출처이다. 결국 각국 정부가 이러한 탄소배출처들에 대해서도 저감에 참여하도록 촉구하여야 한다.(기후 223)

교토의정서와 파리기후협정

지구온난화에 대한 국제적인 대응은 1992년의 리우정상회담 이후 1994년에 발효된 유엔기후변화협약으로 구체화되었다. 대기 중의 온실가스 농도를 안정시키기 위해 마련된 이 국제협정에, 당시 190여 나라가 가입하였으며, 이들은 1995년부터 매년 당사국총회COP를 열어서 기후변화와 관련한 국제적인 의사결정을 하고 있다. 역사적으로 중요한 당사국총회는 1997년의 교토회의와 2015년 파리회의다. 여기서 각각 교토의정서Kyoto Protocol와 파리기후협정Paris Agreement이 채택되었기 때문이다.

교토의정서는 1992년 채택된 유엔기후변화협약의 수정안으로서 1997년 채택되어 2005년에 발효되었다. 이 의정서를 인준한 국가는 이산화탄소를 포함한 여섯 종류의 온실가스의 배출량을 감축하며 배출량을 줄이지 않는 국가에 대해서는 관세 장벽을 적용하도록 되어 있다. 1차 의무감축은 38개 선진국을 대상으로 2008년부터 2012년까지, 2차 의무감축은 개도국을 대상으로 2013년부터 2020년까지 시행하기로 했다. 1차 대상국의 배출 감소량은 5.2%지만 국가별로 차등하여 적용하고 있으며, 한국은 당시 개도국으로 분류되어 1차 의무

대상국에서는 제외되었다. 교토의정서에는 배출권 거래제도Emission Trading ET와 더불어 공동이행제도Joint Implementation JI와 청정개발체제Clean Development Mechanism CDM가 포함되어 있는데 이를 교토 메커니즘이라고 부르기도 한다. 공동이행제도는 하나의 선진국이 다른 준선진국의 탄소배출감축 프로그램에 참여하면 탄소저감실적을 인정해 주고, 그만큼의 탄소배출권을 부여하는 제도이다. 청정개발체제는 공동이행제도와 유사하지만 선진국과 개발도상국 간에 적용되는 제도다. 이 두 제도는 배출권 거래제도와 연계되어 작동한다.

교토 메커니즘은 지구온난화의 역사적 책임에 근거하고 있다. 다시 말해서 1990년 이전까지 탄소를 배출해 온 선진국들에 책임을 묻고, 그 차원에서 피해를 받은 개도국이 일정한 개발기간을 갖도록 허용하며, 과거 선진국처럼 고탄소 저효율의 개발 대신에 저탄소 고효율의 개발을 할 수 있도록 선진국들이 경제적으로 지원하도록 되어 있다.

그러나 상황이 역전되고 있다. 개도국의 급격한 개발에 따라 세계 최대의 탄소배출국은 미국이 아니라 중국이 되었다. 물론 1인당 배출량에서 중국은 미국의 상대가 되지 못한다. 여전히 개도국이 선진국을 비난하고 있는 이유가 바로 이것이다. 하지만 선진국의 입장에서는 산업혁명의 결과를 오늘날 전체 인류가 누리고 있으며 과거에는 이러한 배출이 피해를 가져올 것이라고 알지 못했다고 또한 반론한다.

책임의 문제는 기준년도에 따라 비중이 달라진다. 책임의 기준을 1890년이 아니라 1990년으로 했을 때, "미국의 기여는 20%에서 16%로 내려갔고, 유럽의 OECD 국가들도 14%에서 11%로 떨어졌다. 중국의 기여는 대략 13%로 증대되었다. 그러나 인도는 거의 5%에 머

물렀고, 아프리카의 기여는 어떤 시기를 사용하든지 간에 극히 적었다.(실천 391)

하지만 지구온난화의 위기에 직면해 있는 개도국의 입장에서는 지금 이러한 선진국의 책임만을 따지고 있을 여유가 없다. 그들은 책임은 별로 없지만 피해를 당할 위험은 아주 크다. 그래서 그들이 제안하는 것은 지금부터라고 '평등한 몫equal share'을 갖자는 것이다. 즉 과거를 전혀 고려하지 않고 모든 사람에게 지금부터 대기에 대하여 평등한 몫을 주자는 것이다.

이산화탄소를 450ppm으로 유지한다는 가정 하에서 평등한 몫을 계산해 보면 대략 1인당 이산화탄소 2톤이다. 이를 각국의 배출량과 비교해 보면 "2010년 미국, 캐나다, 그리고 오스트레일리아는 모두 매년 1인당 대략 20톤의 이산화탄소를 생산하였다. 반면에 독일은 11톤, 중국은 대략 4톤, 인도는 1톤보다 그리 많지 않았으며, 스리랑카는 대략 0.67톤뿐이었다."(실천 393-94) 이러한 입장을 견지한다고만 해도 개도국들은 국제탄소거래체계에서 저탄소 고효율의 지속가능한 개발을 수행할 수 있는 상당한 자금을 확보할 수 있다. 하지만 헨리 슈Henry Shue의 '생계형 배출subsistence emission'과 '사치형 배출luxury emission'이라는 구분(실천 400)을 도입하게 되면 개도국의 입장은 더욱 강화된다.

역사적 책임을 물을 것인지 평등한 몫을 따질 것인지 다양한 논의들이 그간 진행되어 왔지만, 이러저런 이유로 교토의정서가 충분한 성과를 거두었다고 평가받지 못하고 있는 가운데, 유엔기후변화협약 당사국들은 2011년 교토의정서 체제 이후의 기후변화 대응체제 구축을 위한 더반플랫폼Durban Platform을 채택하고 2015년 채택될 신기후체제Post 2020에 대하여 논의하기 시작하였다.

2015년 파리당사국총회는 신기후체제 최종 합의문을 채택하였으며 2016년 발효되었다. 파리기후협정과 교토의정서와 차이점을 살펴본다면, 첫째, 적용 범위가 온실가스 감축에 초점을 맞춘 교토의정서와 달리 감축, 적응, 재정지원, 기술이전, 역량강화, 투명성 등 보다 더 포괄적이고, 둘째, 배출 감소에 선진 37개국과 유럽연합만이 참여했던 교토의정서와는 달리 선진국과 개도국 포괄하여 195개국이 참여하며, 셋째, 감축 목표를 2018년부터 5년 단위로 UN에 제출하여 그 이행 여부를 검증하는 상향식으로 운영되고, 넷째, 지구 평균 온도를 산업화 이전 대비 섭씨 2도보다 훨씬 낮게 제한하며, 나아가 섭씨 1.5도로 제한하는 노력도 추구하고 있다는 점이다. 한국은 2030년 배출전망치 대비 37%를 감축하겠다고 약속하였다.

교토의정서나 파리기후협약이 국가적 차원에서의 지구온난화에 대한 대응이기는 하지만, 이러한 노력이 성공하기 위해서는 국가의 구성원인 개인들의 노력이 바탕이 되지 않으면 안 된다. 결국 국가적인 노력을 기울일 사람들은 국가의 구성원들이기 때문이기도 하지만, 국민이 선거를 통해서 그러한 노력을 결집시킬 정치인들을 선출해야만 하기 때문이기도 하다. 국제원조를 늘이기 위하여 국민 개개인이 국제원조에 참여하는 것이 중요하듯이, 지구온난화의 저지를 위해서도 국민 개개인이 탄소배출의 저감화에 참여하는 것이 중요하다.

워커 교수는 "당신의 탄소발자국carbon footprint을 계산하라"(기후 317)는 구호 아래 개인적으로 실천할 수 있는 다양한 충고들 또한 제시하고 있는데, 이를 간단히 요약해 보면 다음과 같다.

건물

▶ 전기 플러그를 뽑아 두자.

▶ 단열과 보온을 철저히 하자.

▶ 전구를 교체하자.

▶ 에너지 효율이 높은 가전제품을 구입하자.

▶ 재활용과 재사용을 생활화하자.

▶ 당신의 전기사용량을 정확히 체크하라.

▶ 청정공급자를 찾아라.

▶ 자가시설을 설치하라.

여행

▶ 자동차 여행을 줄이자.

▶ 항공기 여행을 삼가고, 불가피한 경우 탄소상쇄권carbon offsetting을 구입하자.

일상

▶ 정확한 정보를 수집하고 지식을 획득하자.

▶ 푸드 마일food miles이 적은 음식을 먹자.

▶ 개방적 마인드를 가지자.

▶ 선거에 참여하자.

▶ 지방자치단체에서 탄소저감운동을 실시하자.

▶ 실망하지도 자만하지도 말자.

당신의 입장은?

1. 당신의 직장이 자동차로 15분, 자전거로 60분의 거리에 있다고 가정하자. 당신은 어떤 교통수단으로 출퇴근할 것인가?
2. 원자력 발전과 관련하여 프랑스적인 접근이 있고 독일적인 접근이 있다. 당신은 우리나라가 어떤 방식으로 원자력 발전에 접근해야 한다고 생각하는가?
3. 지구온난화를 방지하기 위하여 탄소세를 물건 값의 1%만큼 부가하는 안이 국민투표에 붙여진다면 당신은 찬성할 것인가, 반대할 것인가?

더 깊고 더 넓게 읽을거리

1. 워커/킹, 『핫토픽-기후변화, 생존과 대응전략』, 양병찬 옮김, 서울: 조윤커뮤니케이션, 2008.
2. 양혜림, 『기후변화, 에코철학으로 응답하다』, 대전: 충남대학교출판문화원, 2016.
3. 전의찬 외, 『기후변화 27인의 전문가가 답하다』, 서울: 지오북, 2016.
4. 박호정, 『탄소전쟁』, 서울: 미지북스, 2015.

10장

동물에 생태계까지 배려하라고?
: 동물보호와 환경보호

동물에 대한 배려

왜 동물을 배려해야 하는가?

인간이 동물을 배려할 이유가 있는가? 애완동물이라는 말이 반려동물이라는 표현으로 바뀐 것에서 볼 수 있듯이, 인간이 상대방으로 인정하고 기르는 동물에 대해서는 배려할 이유가 충분히 있다. 그러나 반려동물이 아닌 동물의 경우 대개 우리는 달걀이나 우유와 같은 그것의 산물이나 닭고기, 돼지고기, 쇠고기와 같이 그 고기를 먹기 위하여 기르며 그것들에 대해 배려할 의무를 가진다고 생각하지 않는다. 동물들에 대해 그러한 배려를 베푼다면 그 사람은 자비로운 사람일 것이다.

피터 싱어 교수는 이러한 상황에서 『동물해방』(김성한 옮김, 고양: 연암서가, 2012)이라는 책을 통해 동물들에 대한 우리 인간의 견해에 반대하며 혁명적인 의견을 제시했다.

사람들에 대한 문제가 동물들에 대한 문제보다 언제나 우선되어야 한다는 믿음은 동물의 이익을 진지하게 고려하는 데 반하는 대중적인 편견을 반영하고 있다. 이러한 편견은 아프리카계 노예들의 이익을 진지하게 고려하는 데 반대한 백인 노예소유주들의 편견보다 더 나은 근거를 갖지 못한다. 우리의 아버지 세대가 스스로 벗어났던 우리 할아버지 세대의 편견을 비판하는 것은 쉽다. 그러나 우리가 견지하는 신념과 가치들로부터 자신의 편견을 찾아내는 것은 훨씬 더 어렵다. 지금 우리에게 필요한 것은, 그 문제에는 관심을 둘 필요가 없다는 섣부른 가정을 버리고, 논의가 이끄는 데로 기꺼이 따라가는 것이다.(실천 100)

이 절에서는 싱어 교수가 그의 저서 『실천윤리학』에서 "동물에게도 평등을"과 "동물살생"이라는 제목 아래서 논의하고 있는 동물에 대한 인간의 윤리적 태도를 검토해 보기로 한다.

그는 앞의 인용에서 과거의 백인이 흑인에 대하여 가졌던 태도가 오늘날 우리가 동물에게 가지는 태도와 같다고 지적하면서, 아버지 세대가 할아버지 세대의 잘못에서 벗어났듯이 우리도 아버지 세대의 잘못에서 벗어나야 한다고 주장하고 있다. 그는 벤담의 논의를 인용하며 우리의 편견을 공박한다.

인간 외의 동물세계가, 폭군이 아닌 어느 누구도 그들에게서 빼앗아 갈 수 없는 자신의 권리를 허락받는 날이 아마 올 것이다. 프랑스인 들은 피부가 검다는 것이 [당시의 영국 통치권이 적용되는 지역에서처럼] 한 인간에게 멋대로 고통을 주고 보상하지 않아도 될 이유가 될 수 없음을 이미 발견했다. …… 문제가 되는 것은 그들이 이성을 가질 수 있는가, 그들이 말을 할 수 있는가가 아니라, 그들이 고통을 겪을 수 있는가이다.(실천 101-2)

그리하여 그는 우리가 노예를 부렸던 백인들을 인종주의자라고 비 난하듯이 우리에게 종족주의자라고 비난한다.

인종주의자racist는 자기네들과 다른 인종 간에 이익충돌이 있을 때, 자기 인종 사람들의 이익을 더 중요시함으로써 평등의 원칙을 위 배한다. 노예제도를 지지하는 유럽계 인종주의자들은 전형적으로, 아프리카계 사람들이 느끼는 고통을 유럽계 사람들이 느끼는 고통 과 같이 중요한 것으로 받아들이지 않았다. 마찬가지로 종족주의자 speciesist들도 자기네들과 다른 종족에 속하는 존재들 간에 이익충돌 이 있을 때, 자기 종족의 구성원들의 이익을 보다 중요시한다. 인간 종족주의자들은 돼지나 쥐의 고통을 인간의 고통과 같이 나쁜 것이 라고 받아들이지 않는다.(실천 103)

자, 이렇게 보면, 동물은 우리와 마찬가지로 고통을 받을 수 있는 능 력이 있기 때문에, 인간이라면 가하지 않았을 고통을 동물에게 가하는 것은 인간과 동물을 차별대우하는 불공정한 일이 된다. 그의 이러한 주장을 받아들인다면 적어도 우리는 불필요한 고통을 동물에게 가하지 말아야만 한다.

동물의 고통을 인정한다는 것의 의미는?

동물의 고통을 인정하는 것이 자비로운 사람의 덕목이 아니라 윤리적인 인간의 의무가 된다면 우리는 어떻게 달라질까? 싱어 교수는 우선 현대의 집중적인 형태의 농장, 즉 공장식 농장factory farm에서 산출되는 축산물들에 대하여 거부해야 한다고, 즉 구입하지 말고 먹지 말아야 한다고 주장한다.

이러한 방식으로 생산된 고기, 달걀, 그리고 우유를 산다면, 우리는 감각이 있는 동물을 평생 동안 답답하고 부적합한 환경 속에 감금하는 육류생산방식을 감내해야 한다. 동물들은 사료를 고기로 전환시키는 기계와 같이 다루어지고 있다. …… 종족주의를 피하기 위해서 우리는 이러한 관행을 중단해야만 한다. 우리가 지금의 태도를 바꾸지 않는다면 이는 공장식 농장주들을 지지하게 된다. 이러한 지지를 철회하기로 결심하는 것은 어려울지도 모른다. 그러나 그것은 남부의 백인들이 그들 사회의 전통을 거슬러 그들의 노예를 해방하는 것이 어려웠을 것보다는 덜 어렵다. 만약 우리가 우리의 식사습관을 바꾸려 하지 않는다면 어떻게 자신의 생활방식을 바꾸지 않으려고 했던 노예소유주들을 책망할 수 있겠는가?(실천 109-10)

조류독감이 창궐하면서 텔레비전 뉴스는 많은 양계장을 촬영하여 보여주고 있다. 그러한 양계장의 한결같은 모습은 너무 좁아서 날개조차도 펼칠 수 없는 철망닭장에 갇혀 있는 닭으로 가득 차 있다. 우리가 달걀을 구입할 때 우리는 그 달걀이 어떻게 나온 것인지, 즉 닭장 없이 기른 닭에서 나온 것인지 아닌지 알지 못한다.

이러한 싱어 교수의 논의와 우리의 양계장은 상당한 거리를 가지고 있어 보인다. 하지만 그의 논의를 따르고 있는 나라들과 사람들도 있다.

이 글을 작성하고 있는 지금 [적어도 2011년 이전에], 스위스는 아파트 식 닭장을 금지하였고, 유럽연합은 이러한 금지를 단계적으로 실시하는 과정에 있다. 미국의 캘리포니아 주는 2008년에 이를 금지하는 투표를 실시하였는데 2015년에 효력이 발생할 예정이다. 2009년에 미국의 미시간 주에서 통과된 법은 아파트 식 닭장을 10년에 걸쳐서 단계적으로 폐지하도록 하고 있다.(실천 110)

그는 우리가 값싸게 축산물을 소비할 수 있기 위해서 농장주들이 선택하는 동물들의 생활환경만이 동물들에게 고통을 주고 있는 것이 아니라 그 밖의 다양한 일들이 또한 동물들에게 고통을 주고 있음을 지적하고 있다. "동물들의 생명을 빼앗는 것 외에도 동물들을 값싸게 우리의 저녁식탁에 올려놓기 위해서 해야 하는 많은 일들이 있다. 거세, 어미와 새끼의 분리, 무리의 분리, 낙인, 수송, 도살장 운영, 그리고 마지막으로 도살의 시간, 이 모든 것들에서 동물들은 고통을 받기 쉽

고 동물들의 이익은 고려되지 않는다."(실천 111)

우리는 에스키모처럼 반드시 육식을 해야만 하는 것은 아니다. 불교의 수도자들이 육식을 하지 않고서도 얼마든지 건강을 유지하는 것처럼, 우리도 동물들의 고통을 배려하지 않고 생산된 축산물들을 먹지 않고서도 살아갈 수 있다. 동물들이 고통을 받지 않도록 하는 것이 우리의 윤리적 의무라고 한다면 우리는 그 의무를 수행할 수 있다. 만약 우리가 그러한 의무를 수행하지 않는다면 그것은 축산물을 생산하는 그러한 잔인한 시스템을 계속 격려하는 꼴이 될 것이다.

싱어 교수가 지적하고 있는 동물의 고통을 인정할 경우 달라져야 할 관행의 둘째는 동물실험이다. 이 경우에는 종족주의가 가장 명백히 나타나는데, 왜냐하면 동물실험은 인간과 동물이 중요한 점에서 비슷하다고 가정하고 동물에 어떤 것을 실험하여 인간에게 그 어떤 것이 어떤 효과를 나타낼 것인지를 확인하고자 하기 때문이다.(실천 112-13)

실험자들은 대개 동물실험이 중요한 의학적 목표에 기여하고 있으며, 실험이 만들어 내는 고통보다 덜어주는 고통이 더욱 크기 때문에 정당화할 수 있다고 주장한다. 그러나 싱어 교수는 그렇지 않은 많은 경우에도, 예컨대 미용적 목적을 위해서나 학문적 호기심 때문에도 동물실험이 이루어지고 있으며(실천 113-114), 이러한 경우라면 마땅히 동물실험이 금지되어야 하며, 이러한 실험 없이 생산되었다는 표식이 없다면, 닭장이 아닌 곳에서 생산되었다는 표식이 없는 달걀처럼, 구매하거나 사용하지 말아야 한다고 주장한다.

싱어 교수는 실제로 인간이 동물을 대상으로 관리하는 많은 영역에서 동물에 대한 배려가 또한 있어야 한다고 지적한다. "모피무역, 여러 종류의 사냥, 서커스, 로데오, 동물원, 애완동물 사업 등"(실천 116)이 그러한 것들이다. 그는 우리가 인간 간의 정의를 이야기하는 것처럼, 인간과 동물 간에도 정의를 이야기할 수 있어야 한다고 주장한다.

들어 올릴 것인가? 끌어 내릴 것인가?

그런데 싱어 교수는 이러한 주장을 전개해 가는 가운데, 우리가 예상하지 않았던 영역을 건드리게 된다. 그가 많은 사람들에게서 오해를 받는 장소도 바로 여기다. "제한된 숫자의 동물실험으로 수천의 사람을 구한다는 가설적 질문에 대해, 종족주의에 반대하는 사람들은 그들 나름의 가설적 질문으로 답할 수 있다. 실험을 하는 것이 수천을 구하는 유일한 방법이라 할 때, 실험자들은 심각하고 회복 불가능한 뇌손상을 입은 고아에게 그 실험을 하려고 하는가?"(실천 114-115)

그는 만약 이를 받아들이지 않는다면 즉 동물 대신에 인간을 사용하지 않는다면 "종족만을 이유로 해서 동물을 차별하고 있는 것"이라고 주장한다. "왜냐하면 짧은꼬리원숭이, 긴꼬리원숭이, 개, 고양이, 심지어는 쥐와 생쥐까지도 병실이나 다른 기관에서 겨우겨우 연명하고 있는 많은 심각한 뇌손상 환자들보다도 더욱 지성적이고, 자신에게 어떤 일이 일어나고 있는지를 더 잘 알고, 고통에 더욱 민감하다는 등의 이유 때문이다."(실천 115)

그의 이러한 언급은 사뭇 도전적이다. 우리의 상식에 따르면 이러한 경우에 아무리 그 동물이 뇌손상을 입은 인간보다 고통을 더 잘 느끼고 다른 특징들이 우월하다고 하더라도 우리는 뇌손상을 입은 인간 대신에 그 동물을 실험의 대상으로 선택하는 것이 마땅하다고 생각하기 때문이다. 그는 이러한 논의에서 자기가 목적으로 하는 것은 인간을 동물의 위치로 끌어 내리고자 하는 것이 아니라 동물을 인간의 위치로 끌어 올리고자 하는 것이며, 그래서 불필요한 동물실험을 배격하고자 하는 것이었다고 자신을 옹호하고는 있지만, 반대자들은 이러한 그를 인간성에 대한 모독자라고 비난하고 있다.

> 나의 논변의 목적이 어떤 인간들의 위상을 낮추기 위해서가 아니라 동물들의 위상을 높이기 위해서라는 것을 기억하는 것이 중요하다. …… 나는 지적으로 장애가 있는 사람들을 비슷한 수준의 자신에 대한 앎이나 비슷한 고통수용 능력을 가진 인간이 아닌 동물에게 전이될 수 있는 이러한 방식으로 다루는 것은 옳지 못하다고 확신한다. 우리가 지금 지적으로 장애가 있는 사람들에게 기울이고 있는 보다 큰 관심을 동물들에게 주기보다는 우리가 지금 동물들을 관심 없이 다루듯이 지적으로 장애가 있는 사람들도 관심 없이 다룰 수도 있다는 것을 근거로, 우리가 동물을 다루는 방식을 변화시키려 하지 않는 것은 지나치게 비관적이다.(실천 130-31)

그의 이러한 논변을 이론적으로 거부하기는 쉽지 않다. 하지만 실천적으로 그의 논의를 거부하는 한 입장은 '미끄러운 비탈길slippery slope'이라는 논변이다. 우리가 어떤 존재를 실험의 대상으로 삼지 말아야 한다는 것을 정할 때, 누가 고통이나 죽음에 대하여 더 잘 아느냐 하는 것은 검증이 많이 필요한 기준이지만, 인간이라는 종이냐 아니냐는 날카롭고 좋은 기준이다. 만약 전자와 같은 기준을 채택하게 되면, 즉 정신적 장애가 심각하다고 해서 사람이 동물보다 못할 수 있다는 입장을 허용하게 되면, 미끄러운 비탈길에 서면 중력에 의해 자동적으로 미끄러져 내려가듯이, 그 다음에는 사회적 부적응자들을, 나중에는 자신이 좋아하지 않는 누구든지 동물과 같이 분류하고 말 것이기 때문에, 애초에 사람과 동물을 확연히 구분해 두는 것이 좋다는 입장이 미끄러운 비탈길이라는 논변이다.(실천 130)

물론 그는 "많은 심리학과 범죄학 연구들은 폭력적인 범죄자들이 유아기나 사춘기 때 동물학대의 경험을 가졌을 가능성이 높다고 지적하고 있다. 아마 우리가 동물들을 더 잘 대한다면, 우리는 또한 우리 동료 인간들도 더 잘 대할 것이다."(실천 131-32)라는 것을 근거로 마찬가지로 사변적인 반대논변도 충분히 가능하기 때문에 이러한 논변을 거부한다.

미끄러운 비탈길 논변을 따를 경우에 그가 주장하는 것처럼 고통과 죽음에 대하여 어떤 특별한 처지의 인간보다 더 잘 아는 동물들이 종족주의적인 차별대우를 받는 것은 사실이지만, 그것은 더 큰 악을 방지하기 위한 최소한의 비용으로 간주될 수 있다고 필자는 생각한다. 우리가 어떤 일을 효율적으로 하기 위하여 때로는 불가피하게 그 일의 효율성에 대립되는 일을 해야 할 때도 있기 때문이다. 우리는 아무도 전쟁을 바라지 않지만 때로는 불가피하게 전쟁을 선택해야 하는 것이 인간의 역사이고 현실이기 때문이다.

싱어 교수가 이 논변보다 더 성공적인 한 논변으로 지적하고 있는 것은 "심각한 정신적인 장애를 가진 사람들은 정상적인 인간을 다른 동물로부터 구분하게 하는 능력을 소유하지는 못했지만, 그런데도 마치 그러한 능력을 가진 것처럼 다루어져야만 한다."(실천 132)는 주장이다. 물론 그의 입장에서 보면 개체를 그 개체의 특징에 의해서 평가하지 않고 그 개체가 속한 집단에 의해서 평가하는 것은, 백인의 평균 IQ가 흑인의 평균 IQ보다 높다고 해서, 남성의 평균 수학실력이 여성의 평균 수학실력보다 훌륭하다고 해서, 여성의 평균적인 돌봄의 능력이 남성의 평균적인 돌봄의 능력보다 높다고 해서, 그에 따라 백인과 흑인의 업무가, 남성과 여성의 전공이, 정해져야 한다는 주장처럼 불합리한 일이다.

그렇다면 우리는 우리의 아기가 처음 태어나 아무 것도 모르고 있을 때, 그리고 우리의 부모가 치매에 걸려 판단력을 상실했을 때, 그들을 그들의 인지능력에 따라 평가하고 그에 합당한 대우를 해야 하는가? 자식을 낳아보고 부모를 기억하는 사람이라면 아무도 그렇게 하지 않을 것이다.

자신과 특별한 관계를 가지는 상대방은, 특히 앞으로 나와 같은 사람이 되거나 이전에 나와 같은 사람이었던 존재에 대해서 그 존재를 마치 나와 같은 존재로 대우하는 것을 종족주의적이라고 부를 필요는 없을 것이다. 해외원조를 이야기하면서 언급한 '마찬가지로 중요한 일을 희생하지 않고서'라는 표현처럼 이것은 '마찬가지로 중요한 일'이다. 그의 주장은 이러한 관점에서 보면 의무론적인 특별한 관계를 제대로 다루지 못하고 있다.

이렇게 보면 우리가 동물들에 대해 배려해야 한다는 것은 도덕적 의무일 수 있지만, 그것이 그러한 동물들을 나와 특수한 관계에 있는, 나아가 종족적으로 우리 종족에 속하는, 사람들을 다른 동물들과 같은 기준으로 배려해야 한다는 주장은 지나칠 수 있다. 우리가 친척을 먼저 돌보아야 하는 것처럼, 우리는 인간을 먼저 돌보아야 하며, 그러한 가운데 동물들에게 합당한 배려를 하는 것은, 친척을 먼저 돌보면서 내게서 먼 사람들을 동시에 배려하는 것과, 결정적인 차이가 없다.

동물살생의 문제

동물을 이용하기 위하여 대개의 경우 동물을 먼저 죽이게 된다. 우리가 동물을 죽이는 일에 대해서 어떤 태도를 취하는 것이 정의로울까? 싱어 교수가 먼저 강조하고 있는 것은 동물이 인간과 마찬가지로 인격체일 수 있기 때문에 동물을 죽이는 일에 상당히 신중해야 한다는 것이다. 이러한 그의 주장은 "인간 생명의 신성함에 관한 이론 중에서 옹호될 수 있는 유일한 이론은 이른바 '인격체의 생명을 취하는 것이 특별히 중요하다는 이론'"(실천 186)이라는 그의 고유한 입장에 근거해 있다.

최근의 다양한 연구들은 우리 주변의 동물들이 우리가 생각하는 것보다 훨씬 많은 것을 알고 느끼는 존재라는 점들을 밝혀주고 있기 때문에 우리가 그들을 다룰 때 그만큼 더 주의를 기울일 필요가 있다는 그의 주장에는, 그의 의견에 전적으로 동의하지 않는다고 하더라도, 주의를 기울일 만하다.

다만 여기에서는 오늘날 우리의 상식처럼 동물들이 인간과 구별되는 존재로서 인간의 수단이라는 점을 전제하고서, 동물을 죽이는 문제를 어떻게 생각할 수 있는지를 검토하고자 한다. 물론 그라면 동물이 오직 수단이라는 이러한 입장에는 결코 동의하지 않을 것이다. 왜냐하면 그는 "우리는 우리 종족의 생명을 다른 종족의 생명보다 중요시하는 이론을 배격해야만 한다. 왜냐하면 다른 종족의 어떤 구성원은 인격체이며, 우리 종족의 구성원 중의 어떤 이는 인격체가 아니기 때문이다."(실천 187)라고 생각하기 때문이다. 그러나 필자는 이론적으로가 아니라 실천적으로 우리 종족의 생명을 다른 종족의 생명보다 중요시하자고 제안한다. 비록 그것이 일의 효율성을 고려하는 도구적인 차원에서라도 그렇다. 이러한 입장에서 동물살생의 문제를 살펴보자.

그는 살생 그 자체를 논의하기 전에 살생 그 자체와 상관없이 살생과 관련된 상당한 일들이 동물들에게 또한 고통을 주고 있음을 지적하면서 이에 대해서 관심을 가질 것은 촉구하고 있다.

동물을 죽이는 데 사용되는 많은 방식들은 동물에게 즉각적인 죽음을 주지 않는다. 그래서 죽어 가는 과정에 고통이 있게 된다. 또한 동물의 죽음이, 짝이나 그 무리의 다른 구성원에게 주는 영향도 있다. 암컷과 수컷의 정분이 일생 동안 지속되는 많은 종류의 새들이나 몇몇 포유동물들이 있다. 이러한 짝의 한쪽의 죽음은 살아남은 쪽을 비탄에 빠지게 하며, 상실감과 슬픔을 안겨준다. 포유동물에서 모자관계에 있는 어느 한쪽이 죽임을 당하거나 그들이 분리되는 것도 비탄의 근원이 될 수 있다. 어떤 종에서는 한 개체의 죽음이 보다 큰 집단

에 의해 느껴질 수도 있다. 늑대와 코끼리의 행위가 그러한 것을 시사하고 있다.(실천 193)

물론 우리는 축소시키거나 회피할 수 있다면 이러한 일들에 관심을 가져야 한다.

동물들의 죽음 자체와 관련해서 우리의 고려는 두 가지 관점에서 이루어질 수 있다. 그 하나는 오직 현재 존재하고 있거나 우리가 무엇을 하는가에 상관없이 존재할 동물들만을 고려하여 사태를 보는 '사전존재적 견해prior existence view'이고, 다른 하나는 현재 존재하고 있는 동물들뿐만 아니라 앞으로 태어날 존재 또한 고려하는 '전체적 견해 total view'다.(실천 166) 각각의 관점에 따라 동물의 죽음에 대해 두 가지 태도를 취할 수 있다.

먼저 사전 존재적 견해에 따르면, "고통보다 많은 쾌락이 있을 것 같거나 있도록 길러질 수 있을 것 같은 그러한 삶을 살 존재를 죽이는 것은 그릇되다. 이러한 견해에 따르면 음식으로 사용하기 위해 동물을 죽이는 것은 일반적으로 그릇되다. 왜냐하면 이러한 동물이 죽기 전에 즐거운 시간을 몇 달이나 몇 년을 가지도록 할 수 있는데, 그들을 먹음으로써 우리가 얻는 쾌락은 그들이 누릴 즐거움을 능가하지 못할 것이기 때문이다."(실천 194)

이에 반해 전체적 견해에 따르면, 고통보다 많은 쾌락이 있을 것 같거나 있도록 길러질 수 있을 것 같은 그러한 삶을 살 존재를 죽이는 것은, 그러한 존재를 대체할 새로운 그러한 존재를 만들어 내는 한에서 그릇되지 않다. 이러한 견해에 따르면 음식으로 사용하기 위해 동물을 죽이는 것은 일반적으로 그릇되지 않다. 왜냐하면 이러한 동물이 죽기 전에 즐거운 시간을 몇 달이나 몇 년을 가지도록 할 수 있는데, 그들을 먹음으로써 우리가 얻는 쾌락은 그들이 누릴 즐거움을 능가하지는 못할 것이지만, 그들이 누릴 즐거움은, 그냥 사라지는 것이 아니라, 그들이 죽기 때문에 생겨나는 다른 존재들의 즐거움에 의해 대체될 것이기 때문이다.

그는 이러한 주장을 보여주기 위하여 다음과 같은 레슬리 스티븐 Leslie Stephen의 글을 인용하고 있다. "채식주의를 옹호하는 모든 논증들 중에서 자비심에 관한 논증이 가장 취약하다. 돼지는 훈제한 돼지고기인 베이컨을 필요로 하는 누구보다도 [베이컨 때문에] 더 큰 이익을 갖는다. 세상에 [구약 신명기의 율법에 따라 돼지고기를 먹지 않는] 유대인들만 있다면 [돼지를 키울 사람이 아무도 없어서 식용] 돼지는 아마 존재하지 않을 것이다."(실천 194 재인용)

그는 이를 대체가능성 논변replaceability argument(실천 195)이라고 부르는데, 그는 이러한 논변의 전제조건을 비판적으로 언급하고 있다. 즉 이러한 논변이 성립하기 위해서는 그러한 동물들이 "고통보다 많은 쾌락이 있을 것 같거나 있도록 길러질 수 있을 것 같은 그러한 삶을 살 존재"여야 한다는 것이다. 그는 현대의 대체가능성 논변가들(실천 196)도 또한 바로 이점을 인정하고 있다고 지적하고 있다. 하지만, 개똥밭에 굴러도 이승이 좋다면, 다시 말해 아무리 상황이 나쁘더라도 삶에 눈곱만큼이라도 가치가 있다면, 적어도 인격체가 아닌 동물과 관련해서는 전체적 견해가 타당할 수 있다. 물론 공장식 농장에서의 동물의 삶보다는 방목식 농장에서의 동물의 삶이 훨씬 더 나을 것이다. 그러나 공장식 농장에서의 동물의 삶이 죽음보다 좋다고 쉽게 결론을 내리기는 간단하지 않아 보인다.

이렇게 보면, 우리가 동물들을 가축으로 이용하거나 실험대상으로 사용하는 것에 대해서 정당화하는 것은 가능하다. 그러나 그러한 정당화가 좀 더 강력하려고 한다면, 우리가 가축으로 사육하거나 실험대상으로 사용하는 동물들에 대해서 좀 더 충분히 배려해야 한다. 우리는 있으면 좋을 인간적 덕목으로 동물에 대한 배려를 칭송하는 것에서 한 걸음 더 나아가 윤리적 존재로서 마땅히 해야 할 배려로서 그러한 덕목을 의무로서 요구해야만 한다. 야생동물의 경우에는 그 동물이 죽기 때문에 새로운 동물이 생겨나는 것은 아니기에 이러한 대체가능성 논변이 성립하지 않으며 야생동물은 공장식 농장의 가축으로 사는 것보다는 더 즐거운 삶을 살 가능성이 높아 보인다. 그러하기에 야생동물에 대한 불가피하지 않은 살생은 정당화되기 어렵다.(실천 220)

환경보호

왜 환경을 보호해야 하는가?

환경을 보호해야 할 이유와 관련하여, 환경이 인간의 이익이라는 수단적인 가치를 가지기 때문이라는 전통적인 입장의 환경론자environmentalist들이 있는 반면, 노르웨이 철학자 아르네 네스Arne Naess를 따라 환경 자체가 본질적인 가치를 가진다는 생태론자ecologist들이 있다. 생태론자들은 자신들의 입장을 심층생태주의deep ecology라고 부르고 환경론자들의 입장을 표층생태주의shallow ecology라고 구분하기도 한다. 그래서 "왜 환경을 보호해야 하는가?"라고 묻는다면, 각자의 입장에 따라서 다른 대답이 나오게 된다.

우선 환경이 인간의 이익이라는 수단적 가치를 갖는다고 보면, 우리가 환경을 훼손함으로써 얻는 인간의 이익과 환경을 보호함으로써 얻는 인간의 이익을 비교하여, 환경을 보호할 것인지 훼손을 무릅쓰고 개발할 것인지를 정할 수 있을 것이다. 그렇지만 우리가 지구온난화를 다루면서 검토했던 것처럼 이러한 인간의 이익을 고려할 때 지금 현존하는 인간만을 고려해서는 안 되고 우리 다음 세대의 인간들도 고려해야 한다. 현존하는 여러 인간들과 미래 세대의 인간들을 모두 고려해야만 하는 이익비교는 그렇게 단순하지만은 않다.

하지만 환경이 그 자체로 본질적인 가치를 갖는다면 우리는 의무론적인 입장에서 환경의 본질적인 가치와 인간의 본질적인 가치를 비교하여, 환경을 보호할 것인지 훼손을 무릅쓰고 개발할 것인지를 또한 정할 수 있을 것이다. 그렇지만 우리 인간도 생태계의 한 부분인데, 우리 인간의 본질적 가치와 인간을 제외한 생태계의 가치를 어떻게 비교할 것인가라는 문제가 남는다. 그래서 이러한 비교는 어떤 의미에서는 불가능할 수도 있다.

한편 싱어 교수와 같은 경우에는 이 두 입장과는 다른 입장을 취하는데, 그에게는 환경이 인간에게만 수단적 가치를 가지는 것이 아니라 우리가 배려해야 할 동물, 특히 야생동물들에게도 수단적 가치를 가지기 때문에 개발보다는 보존에 더 큰 이유를 둘 수 있다. 물론 그는 식물을 배려해야 한다고 주장하지는 않는다. 왜냐하면 "식물은 우리와 같이 중앙 집중적으로 조직된 신경체계를 갖고 있지 않다." 그래서 "동물이 고통을 느낀다고 믿을 수 있게 하는 어떤 근거도 식물에는 적용되지 않는다"(실천 119)고 보기 때문이다. 하지만 식물의 감수성을 인정하는 사람들은 우리가 동물뿐만 아니라 식물도 배려해야 한다고 생각할 것이고 그렇게 된다면 개발보다 보존에 더욱 더 큰 이유를 둘 수 있다. 하지만 그는 이러한 입장을 거부하며, 그러한 연장선상에서 환경 그 자체에 의미를 두는 것도 거부한다.

상식선에서 보면, 환경론자들이나 싱어 교수의 논의는 인간중심주의나 감성중심주의적인 입장으로서 쉽게 이해가 되지만, 환경에 본질적인 가치를 부여하는 생태주의는 그렇게까지 쉽게 이해가 되지 않는다. 이 절에서는 싱어 교수가 그의 저서 『실천윤리학』에서 "환경"이라는 제목으로 논의하고 있는 환경에 대한 인간의 윤리적 태도를 또한 검토해 보고자 한다. 환경론자들과 생태론자들을 살펴보기에 앞서 서구의 환경에 대한 선 이해를 우선 검토하기 위하여 먼저 환경에 대한 서구의 입장을 확인해 보자.

환경에 대한 서구의 입장

서구인들의 두 정신적인 지주를 말한다고 하면, 그것은 헬레니즘과 기독교일 것이다. 시간적으로 보면 헬레니즘이 먼저일 것이고 기독교가 그 다음일 것이다. 그러나 이러한 시간적 순서와 상관없이 헬레니즘과 기독교는 자연이나 동식물이 인간을 위해 존재한다는 인간중심주의를 일관성 있게 주장하였다.

아리스토텔레스는 자연을 이성적 능력이 덜한 것이 더한 것을 위해 존재하는 하나의 위계체계로 간주하였다.(실천 420)

> 식물은 동물을 위해서, 짐승은 인간을 위해서 존재한다. 가축은 인간의 사용과 음식을 위해서, 그리고 야생동물은 (어쨌든 대부분의 야생동물은) 음식과 삶의 다른 액세서리들, 즉 의복이나 여러 가지 도구들을 위해서 존재한다. 자연은 목적이 없거나 헛된 일을 하지 않기 때문에, 자연이 모든 동물들을 인간을 위해서 만들었다는 것은 부정할 수 없는 참이다.(실천 420 재인용)

아리스토텔레스의 표현 그대로 오늘날의 우리도 가축을 인간의 사용과 음식 그리고 의복을 위해, 그리고 야생동물을 음식과 장식을 위해 사용하고 있다.

기독교의 우주관이 담겨져 있는 『성서』의 창세기에서는 자연과 인간의 관계를 다음과 같이 묘사하고 있다.

> 28 하느님께서 그들에게 복을 내리며 말씀하셨다. "자식을 많이 낳고 번성하여 땅을 가득 채우고 지배하여라. 그리고 바다의 물고기와 하늘의 새와 땅을 기어 다니는 온갖 생물을 다스려라."
> 29 하느님께서 말씀하시기를 "이제 내가 온 땅 위에서 씨를 맺는 모든 풀과 씨 있는 모든 과일나무를 너희[인간]에게 준다. 이것이 너희의 양식이 될 것이다.

30 땅의 모든 짐승과 하늘의 모든 새와 땅을 기어 다니는 모든 생물에게는 온갖 푸른 풀을 양식으로 준다." 하시자, 그대로 되었다.(성서 창세기 1:28-30)

식물과 동물과 인간의 관계에 대해서는 아리스토텔레스와 성서의 세계관에는 차이가 없다.

물론 싱어 교수가 지적하고 있는 것처럼, 오늘날 성서해석에서 약간의 강조점 이동이 없지 않다. 예를 들자면, 여기서 지배하라는 표현의 의미를 '인간 마음대로 하라'는 의미가 아니라 '목자가 양을 돌보듯이 돌보라'는 의미로 해석하는 것이다. 그러나 그는 "본문 그 자체에는 그러한 해석을 정당화할 것이 거의 없다."(실천 419)고 지적하며, 성서의 사건들에서나 기독교의 전개에서도 지배적인 경향은 성서의 표현 그대로였다고 또한 지적하고 있다.(실천 420-21) 그래서 그는 환경에 대한 서구의 입장을 다음과 같이 요약한다.

서구의 지배적인 전통에 따르면, 자연세계는 인간의 이익을 위해 존재한다. 하나님은 인간에게 자연세계를 다스릴 권한을 주셨으며, 우리가 그것을 어떻게 다루든 개의치 않으신다. 인간은 이 세계에서 도덕적으로 중요한 유일한 구성원이다. 자연 그 자체는 본질적인 가치가 없으며, 식물이나 동물의 파괴는 그렇게 함으로써 인간에게 해악을 끼치지 않는 한 죄가 될 수 없다.(실천 421)

이렇게 보면 환경에 대한 서구의 전통적인 입장은 매우 인간중심주의적이라는 것을 알 수 있다. 이런 의미에서 환경론은 이러한 전통적인 입장과 대단히 일치한다. 싱어 교수도 바로 이러한 점을 지적하고 있다. "이러한 전통은 가혹하기는 하지만, 자연보호에 대한 우리의 관심을, 그 관심이 인간의 복지와 관계될 수 있는 한, 배제하지는 않는다."(실천 421) 이제 환경론자의 입장에서 환경보호로 얻을 이익과 환경개발로 얻을 이익을 비교해 보기로 하자.

환경론자들의 자연보호관

처녀림을 개발한다고 가정했을 때 잃는 것과 얻는 것은 무엇일까? 흐르는 강물에 댐을 쌓는다고 가정했을 때 또한 잃는 것과 얻는 것은 무엇일까? 얻을 것은 숲이 소진될 때까지 얻을 "고용, 사업상의 이익, 수출소득, 값싼 마분지, 포장용 종이 등 단기적인 이익들"과 한 두 세대 후에는 다른 발전 방법 때문에 무용해질 "전기"일 뿐이지만, 잃을 것은 현존하는 숲에 대한 우리의 체험이다. 그런데 우리만 이 숲에 대한 체험을 잃는 것이 아니라 우리의 뒤를 이을 모든 세대가 이 숲에 대한 체험을 잃게 된다.

그래서 싱어 교수는 이렇게 이야기한다. "바로 이런 까닭으로 환경주의자들이 야생을 '세계유산world heritage'이라고 말하는 것은 옳은 일이다. 그것이 우리가 우리 선조로부터 물려받은 것이자, 우리의 후손들이 가져야만 하는 것이라면, 그것은 그들을 위해 우리가 보존해야만 하는 것이다."(실천 423)

그렇다면 이러한 유산을 우리는 왜 훼손하게 되는가? 이제까지의 삶의 방식을 유지하고자 하는 사람들이 있는가 하면 이제까지의 삶의 방식을 변경하고자 하는 사람들도 있다. 특히 정치꾼들은 자신들의 활동을 과시하여 다음 선거에서도 승리하기 위하여 삶의 방식을 변경하고자 한다. 지방자치단체장들이 가시적인 성과를 보이기 위하여 토목사업이나 행사를 주최하려고 하는 일에서도 우리는 그러한 경향을 볼 수 있다. 그들은 이러한 유산에 훼손을 가하게 된다.

이렇게 삶의 방식을 변경하려고 할 때 끼어드는 고약한 용어가 '할인율'이다. 우리는 기후 온난화를 이야기하면서 스턴 경이 너무 낮은 할인율을 적용했다고, 즉 후손들의 몫을 너무 높게 평가했다는 비난을 받았다는 이야기를 들었다. 지금 숲이 없어진다면 우리의 후손들은 얼마에 이 숲을 되살리려고 할 것인가? 200년 후에 10억 원에 되살리고 한다면 인플레이션 없이 5%의 복리로 할인을 하면 지금 돈으로 얼마의 가치가 있을까? 놀랍게도 5만 원이다. 이렇기 때문에 정치가들은 지금 숲을 개발함으로써 우리가 얻는 가치가 시간이 갈수록 더욱 커진다고 자신 있게 이야기할 수 있다.

싱어 교수는 "한 번 잃게 되면 아무리 큰돈을 들여도 결코 되찾을 수 없는 것도 있다. 그러므로 오래된 삼림을 파괴하는 것을, 수출을 통해 실질적인 소득의 증가를 가져온다는 것을 근거로, 정당화하는 것은 잘못된 것이다."라고 지적한다. 물론 우리가 개발한 지역에서 인간들을 철수시키고 많은 세월이 흐르게 되면 숲은 복원될지도 모른다. 물론 현존하는 숲과 동일한 형태는 아닐 것이고 현존하는 숲에 사는 동식물들이 다시 그 숲을 차지하지도 않을 것이다. 그래서 그는 특히 정당화할 수 없는 까닭이 "숲에 의해 대변되는 과거와의 연결을 결코 다시 사올 수는 없기 때문이다."(실천 424)라고 문제점을 지적하고 있다.

하지만 추가적인 문제점도 있다. 그것은 우리가 야생을 모두 훼손하여 우리의 후손들이 야생을 볼 수 없게 된다면 우리 후손들은 야생을 복원할 생각도 하지 않을 것이라는 예측이다. 사실 오늘날 야생은 그 희소가치 때문에 더욱더 가치가 높아지고 있다. 세계 곳곳의 국립공원들은 이러한 야생을 보호하고자 하는 우리의 시도들을 보여주고 있다. "야생은 그것이 제공하는 레크리에이션의 기회들로 인하여, 그리고 많은 사람들이 알기를 원하는 자연적인 것이 현대문명과 상대적으로 접촉이 없어서 여전히 그곳에 있기 때문에, 한없는 아름다움을 지닌 어떤 것으로, 아직 더 얻어내야 할 과학적 지식의 보고로 간주되어 왔다."(실천 425) 국립공원들이 모두 없어진다면 우리 후손들은 야생의 이런 가치를 체험할 수 없을 것이며 복원하려고 하지도 않을 것이다.

그는 우리가 야생을 잃는 것이 야생의 미학적 가치를 잃는 것임을 지적하면서 이를 과소평가하지 말아야 한다고 또한 지적하고 있다. 제2차 세계대전 중에 유럽의 각국은 전쟁의 참화로부터 예술품들을 안전하게 보관하기 위하여 국가적 노력을 기울였다. 전쟁의 승리를, 국민의 안전을, 도모하는 중에도 예술품의 보관에도 또한 국가적 노력을 기울였다. 야생의 미학적 가치가 이보다 덜하다고 이야기한다면 그것이야말로 인간적이고 문화적인 오만일 것이다. 그러기에 그는 "많은 사람들에게 야생은 미적 감흥이라는 위대한 감정의 원천이며, 이는 거의 종교적인 경지에까지 다다른다."(실천 426)고 지적하고 있다.

어떤 의미에서 우리에게는 더 이상 야생이 남아 있지 않다고까지 이야기할 수 있다. 그는 기후변화의 위험들을 경고한 최초의 대중서적인 빌 맥키벤Bill McKibben의 『자연의 종말』을 인용하면서 우리는 자연 이후의 세계에 살고 있다고 지적한다. "날씨를 변화시킴으로써 우리는 지구상의 모든 지점을 인간이 만든 인공적인 것으로 변화시켜 버렸다. 우리는 자연으로부터 그것의 독립성을 빼앗아 버렸는데, 이는 자연이라는 의미에 치명적이다. 자연의 독립성이 자연의 의미이다. 그것이 없다면 우리 외에는 아무것도 없다."(실천 427-28 재인용) 이렇게 볼 수도 있겠지만 그러한 가운데서도 아직도 남아 있는 독립성이 있다고 볼 수 있다. 그것이나마 우리가 보존해야 한다는 것이 환경론자들의 주장이다.

생태론자들의 자연보호관

환경론자들은 철저한 인간중심주의자들이지만, 생태론자들은 인간중심주의를 벗어나고자 한다. 생태론자들은 환경이 그 자체로 가치를 가지며, 이를 존중하는 것이 우리의 도덕적인 의무라고 주장한다. 우리는 이러한 입장의 한 모습을 탁월한 신학자이자, 철학자이며, 음악가이자, 물리학자이며, 인도주의자인 알버트 슈바이처Albert Schweitzer에게서 볼 수 있다. 그는 '생명에의 외경reverence for life'이라는 그의 철학을 통해 환경까지는 아니더라도 생명 일반이 그 자체로 가치를 가진다고 주장했는데, 그는 이렇게 서술했다.

삶을 유지하고 소중히 하는 것은 좋은 것이다. 삶을 파괴하고 저지하는 것은 나쁜 것이다. 자신이 원조할 수 있는 모든 생명을 돕기 위해 자신에게 가해진 구속에 복종할 때, 그리고 어떤 생물이든 해치지 않으려고 길을 돌아갈 때, 그러할 때만이 한 인간은 진실로 윤리적이다. 그는 이러저러한 생명이 어느 정도까지 그 자체로서 가치가 있는 것으로 공감을 받을 만한지, 그것이 얼마나 느낄 수 있는지를 묻지 않는다. 그에게 삶 그 자체는 신성한 것이다.(실천 434-45 재인용)

물론 벤담적인 태도를 가지는 싱어 교수로서는 '얼마나 느낄 수 있는지'를 묻기 때문에 이러한 슈바이처의 입장을 배격한다. "생명에의 외경이라는 윤리에로 우리가 기울어지도록 하려는 슈바이처의 시도는 잘못된 것이다. 식물은 …… 어떤 것도 경험하지 않는다."(실천 436)

생태론자들은 일단은 슈바이처와 같이 생명중심적인 입장을 취하지만, 그들은 이러한 생명중심적인 입장이 존재중심적인 입장을 포괄한다고 주장한다. 네스와 미국의 생태론자인 조지 세션즈George Sessions는 생태학을 다음과 같이 정의하였다.

1. 지구상의 인간과 인간이 아닌 생명의 복지와 번성은 그 자체로서의 가치(동의어: 본질적 가치, 내재적인 가치)를 가진다. 이러한 가치들은 인간이 아닌 세계의 인간적 목적을 위한 유용성으로부터 독립적이다.
2. 생명형태의 다양성과 풍부함은 이러한 가치들의 실현에 기여하며, 그 자체로서도 또한 가치들이다.
3. 인간은 극히 중대한 욕구를 만족시킬 경우를 제외하고는 이러한 다양성과 풍부함을 감소시킬 권리를 가지지 않는다.(실천 439)

하지만 그들은 같은 글에서 "'생물권'이라는 용어를 보다 포괄적인 방식으로, 즉 강들(분수계들), 풍경들, 그리고 생태계와 같은 무생물들도 또한 언급하는 방식으로 사용한다."고 말하고 있다.(실천 439)

앞에서 우리는 '환경에 대한 서구의 입장'을 살펴보았지만, 시각을 바꾸어 생각해 보면 '환경에 대한 동양의 입장'도 생각할 수 있다. 동양이라고 하더라도 인도와 중국이 약간 다른 모습을 보이고는 있지만, 중국의 철학자 왕양명의 다음과 같은 진술은 환경론자를 소인이라고, 생태론자를 대인이라고 부를 근거를 제공한다.

대인은 천지만물을 일체로 여기는 자이니, 그는 천하를 한 집안같이 보고 중국을 한 사람 같이 본다. 만약 형체 때문에 간격이 생겨 너와 나를 분리시키는 자는 소인이다. 대인이 천지만물을 일체로 여길 수 있는 것은 의도적으로 하는 것이 아니요, 그 마음의 인仁이 본래 이와 같아서 자연히 천지만물과 일체가 되는 것이다. 이런 까닭으로 어린 아이가 우물에 들어가는 것을 보면 반드시 두려워 측은히 여기는 마음 [즉 측은지심測隱之心]이 있게 되나니, 이것은 그 인仁이 어린아이와 일체가 된 것이다. 어린 아이는 (대인과) 동류이거니와 새와 짐승이 슬피 울고 두려워 떠는 것을 보면 반드시 차마 하지 못하는 마음 [즉 불인지심不忍之心]이 있게 되나니, 이것은 인仁이 조수와 일체가 된 것이다. 조수는 지각을 갖는 자이거니와 초목이 꺾여진 것을 보면 반드시 불쌍히 여기는 마음 [즉 민휼지심憫恤之心]을 갖게 되나니, 이것은 인仁이 초목과 일체가 된 것이다. 초목은 살려는 의지를 갖고 있는 존재이거니와, 기와장, 돌이 깨진 것을 보아도 반드시 돌아보아 애석하게

여기는 마음 [즉 고석지심顧惜之心]이 있게 되나니, 이것은 인仁이 기왓

장, 돌과 일체가 된 것이다.(최영진, "유학에서의 정치와 자연관", 한국불교

환경교육원 엮음,『동양사상과 환경문제』, 서울: 모색, 1996, 216)

물론 중국적 전통이라고 해서 환경론자가 없는 것도 아니다. 예컨대
순자의 다음의 구절은 동물에는 지각이 있으나 식물에는 지각이 없다
는 싱어 교수의 주장과 일맥상통한다.

물과 불은 기가 있으나 생명은 없고, 풀과 나무는 생명이 있으나 지
각이 없고, 동물은 지각이 있으나 사회정의 관념이 없다. 인간은 기
가 있고 생명이 있고 지각이 있고 사회정의 관념이 있으므로 천하에
서 가장 귀한 것이다.(최영진 214)

싱어 교수는 당연히 왕양명적인 입장이 아니라 순자적인 입장에서
슈바이처의 논의에 대해서와 마찬가지로 이러한 생태론자들의 입장
을 수용하지 않는다. 그에게는 중앙 집중적인 신경체계에서 생겨나는
감각이 날카로운 경계선이다. "왜냐하면 그러한 느낌은 존재하지 않
기 때문이다. 이러한 점에서 나무, 생태계, 그리고 종족은 감각적 존
재들과 같다기보다는 바위와 더욱 닮았다. 그러므로 감각적 존재들과
감각적이지 않은 존재들을 구분하는 것이, …… 도덕적으로 중요한
경계선의, 어느 정도까지는, 확실한 기초이다."(실천 443)

이렇게 싱어 교수는 환경윤리의 토대를 감각에 두기 때문에, 환경론
과 생태론의 중간쯤에 위치하게 된다. 그가 모든 생물이나 존재를 윤

리적 고려의 대상으로 삼지는 않는다는 점에서 생태론자는 아니지만 인간의 이익을 넘어서 동물의 이익을 고려한다는 점에서 환경론자도 아니다. 그는 인간과 동물에만 본질적 가치가 있다고 보는 입장으로서 생태론자보다는 환경론자에 가깝고 이런 의미에서 확장된 환경론자라고 평가할 수 있다. 그는 자신의 환경윤리를 다음과 같이 요약하고 있다.

가장 기본적인 수준에서, 먼 미래에까지 미치는 다음 세대들을 포함하여, 모든 감각적 존재들의 이익에 대한 고려를 강화한다. 그것은 야생지역과 훼손되지 않은 자연에 대한 미적 평가를 동반한다. 도시 거주자나 농촌 거주자들의 삶에 적용할 수 있는 보다 세부적인 수준에서, 그것은 가족 숫자가 많은 것을 장려하지 않는다. …… 환경윤리는 삶의 성공이 한 사람이 축적할 수 있는 소비재화의 양에 의해 측정되는 유물론적인 사회의 이상들을 거부한다. 그 대신에 그것은 성공을 사람의 능력의 개발, 그리고 실제적인 충족과 만족의 달성에 의거하여 판단한다. 검약과 재사용이 우리가 살고 있는 행성에 주는 영향을 최소화하는 데 필요한 것인 한 환경윤리는 검약과 재사용을 촉진시킨다. 그러므로 우리의 행성을 구하기 위해 우리가 할 수 있는 일들, 즉 우리가 사용하는 것을 재사용하고 구할 수 있는 가장 환경친화적인 생산물들을 구입하는 일 등을 다루는 다양한 '녹색 소비자 greenconsumer' 지침들과 책들은 새로운 윤리의 부분들로서 요청되고 있다.(실천 444-45)

당신의 입장은?

1. 닭장에 갇힌 닭이 낳은 달걀보다 2배의 가격으로 팔리는 놓아기른 닭이 낳은 달걀이 있다면 당신은 높은 가격에도 이를 선택할 것인가, 아니면 이보다 값이 싼 달걀을 선택할 것인가?
2. 과학실험과 관련하여 '미끄러운 경사길' 논변에 찬성하는가, 아니면 싱어 교수의 논변에 찬성하는가?
3. 인간이 환경을 본질적인 가치가 있는 존재로 인정할 수 있는가, 아니면 불가능한 일인가?

더 깊고 더 넓게 읽을거리

1. 싱어, 『동물해방』, 김성한 옮김, 고양: 연암서가, 2012.
2. 양혜림, 『기후변화, 에코철학으로 응답하다』, 대전: 충남대학교출판문화원, 2016.
3. 한면희, 『미래세대와 생태윤리』, 서울: 철학과현실사, 2007.
4. 러브록, 『가이아』, 홍욱희 옮김, 서울: 갈라파고스, 2004.

11장
이것은 무엇인가?
: 공정무역과 기본소득

　우리는 앞에서 지구적인 문제로서 '해외원조'나 지역적인 문제로서 '양극화현상'을 살펴보았다. 이러한 문제들과 관련하여 우리는 '공정무역'이나 '기본소득'과 같은 주제를 생각해 볼 수도 있다. 공정무역은 개발도상국의 가난한 이들을 원조나 자선의 방법으로 돕는 것이 아니라 경제적 자립역량을 키워 지속가능한 발전을 이루도록 돕는 일이며, 기본소득은 모든 사회구성원이 자신이 원하는 삶을 기획할 수 있는 조건을 보장하기 위하여 기초적인 생활을 영위할 수 있도록 모든 개인에게 어느 정도의 소득을 무조건적으로 사회가 제공하는 일이다. 공정무역은 점진적으로 나아가고 있고 기본소득은 이제 막 발걸음을 시작했다고 하겠지만, 미래에는 더욱 관심이 기울여지고 확대되어 나갈 것으로 예상된다. 이 장에서는 마일즈 리트비노프Miles Litvinoff와 존 메딜레이John Madeley의 책 『인간의 얼굴을 한 시장경제, 공정무역』과 다니엘 헤니Daniel Häni와 필립 코브체Philip Kovce의 책『기본소득: 자유와 정의가 만나다』를 중심으로 이 두 문제를 살펴보고자 한다.

공정무역

자유무역과 공정무역

애초에 개인이나 가족은 자신들의 의식주의 필요를 자기 스스로 해결했다. 함께 사는 사람들의 숫자가 늘어나자 약간의 분업이 생겨났다. 빵을 잘 굽는 사람을 빵을 구웠고, 옷을 잘 만드는 사람은 옷을 만들었으며, 집을 잘 짓는 사람은 집을 지었다. 그래서 사람들은 서로 잘하는 것을 다른 사람들 대신 해줌으로써 생산의 효율성을 높였다.

이러한 인적 분업은 점차로 지역적 분업으로 발전하였다. 자기 동네에 풍부한 것을 그것이 부족한 다른 동네에 가져다 팔고 그곳에 풍부하지만 자기 동네에 부족한 것을 사와서 팔자 상업이 생겨났다. 이러한 지역적 분업이 국가적 분업으로 발달하자 국제적인 상업, 즉 무역이 생겨났다. 실크로드Silk Road라고 부르는 길 이름을 들으면 어떤 무역품이 그 길을 오갔는지를 우리는 금방 이해할 수 있다.

이러한 국제무역을 설명하는 경제학 이론은 '비교우위론theory of comparative advantage'이다. 공정무역 운동가인 마일즈 리트비노프와 존 메딜레이는 이렇게 지적하고 있다.

이 이론은 만일 동등한 수준의 경제 개발 단계에 있는 나라들끼리 거래한다면 제대로 작동할 수 있을 것이다. 그러나 공산품을 파는 부유한 나라와 커피나 차 같은 1차 산업 제품을 파는 아주 가난한 나라 사이에 거래가 일어난다면 이 이론은 무너진다. 부자는 더 배부르고 가난한 자는 더 굶주린다.(공정 229)

모든 나라가 분명히 국제 무역으로 이익을 얻지는 못했다. …… 산업 국가와 농업 국가 사이의 격차는 시간이 지날수록 좁혀지기보다는 더 넓어져 갔다. 약 300년 전에는 나라들 사이에 소득 격차가 거의 없었다. 그러나 21세기가 시작되면서 그 격차는 100대 1로 늘어났다.(공정 18)

교통과 통신의 발달은 지구를 과거보다 훨씬 좁게 만들어 놓았다. 이렇게 좁아진 지구에서 국제무역은 과거와는 비교할 수 없을 정도로 쉬워졌다. 국가 간의 무역은 국제적인 무역협정에 의해서 날로 자유화되고 있다. 세계무역기구World Trade Organization WTO는 이러한 자유무역의 중심에 있다. 자유무역은 국제적인 자유 시장 경제체제를 의미한다. 시장에서는 시장의 규칙을 지키는 한 자유로운 교역이 보장된다.

이러한 자유무역의 이상은 무역참가국들이 상호 이익을 얻는 것이지만 자유시장경제가 늘 그러하듯이 현실은 그렇게 낙관적이지 않다. 왜 예상했던 것과 반대의 일이 일어나는가? 공정무역주의자들은 기업이, 특히 다국적기업이 그 원흉이라고 지적한다.

21세기에 무역을 하는 주체는 국가가 아니라 기업들이다. 무역 장벽이 없는 자유 무역 체계에서 가난한 사람들은 기업들이 관리하는 경제흐름 속에 갇혀 옴짝달싹하지 못한다.(공정 21)

　다국적 기업은 국제무역체계를 효과적으로 장악하고 있다. …… 이들은 국제무역체계를 자기들의 형상에 맞게 본뜨고 자기들의 목적에 맞게 조정했다. 이들은 자신들의 목적에 따라 어떤 때는 자유무역을 주장하고 어떤 때는 보호 무역을 주장한다. …… 이들은 자신들이 원하는 규율을 지키기 위해 세계 무역 기구에 부당한 영향력을 행사하고 이 기구가 정한 국제규제에도 전혀 구애받지 않는다.(공정 230)

공정무역은 어떻게 기능하는가?

　자유무역의 결과가 어떠한 것이 되는지, 가장 일상적인 교역품인 커피를 예를 들어서 한 번 살펴보자.

　두 운동가에 따르면 개발도상국 50개 나라에 사는 2,500만 농민들은 자신들의 생계를 기대는 가장 중요한 또는 유일한 농산물로 커피를 재배하는데 이들의 절반 정도가 소규모 가족농이다. 그리고 세계의 커피 농가 가운데 3분의 2가 절대 빈곤 속에 살고 있다. 이러한 상황은 그들이 자신들의 노동의 산물을 제대로 된 가격에 팔 수 없다는 것을 의미한다. 그들은 중개상에게 농산물을 넘겨야만 하며, 가격이 생산비에 미치지 못하면 오히려 빚을 얻어야 한다.

　이렇게 농민들은 빚에 쪼들려 생계도 유지하기 어렵지만 슈퍼마켓과 커피 전문점, 크라프트Kraft나 네슬레Nestle 같은 거대한 다국적 커피 제조 회사들은 큰 수익을 올린다.(공정 22-24) 이들이 이렇게 큰 수입을 올릴 수 있는 이유는 그들이 독점적으로 구매하고 판매함으로써 가격 협상에서 언제나 우위에 서기 때문이다.

다국적 기업은 시장을 지배하고 있다. 수백만 명의 소규모 커피재배 농민들은 세계 시장에서 겨우 네 곳의 다국적 기업에 전 세계에서 생산한 커피의 40%를 판다.(공정 43)

대부분의 선진국에서는 소매 시장도 매우 집중화되어 있다. 영국에서는 가장 큰 네 개의 슈퍼마켓 체인이 전체 식료품 판매의 70% 이상을 차지한다.(공정 43-44)

이런 상황에서 커피경작자들은 엄청난 어려움 속에서 살아갈 수밖에 없다. "사회 불안과 절도, 자살, 치솟는 가계 빚, 학업을 포기하는 어린이들, 병원비를 댈 수 없는 가구들이 점점 늘어났다. 그리고 콜롬비아와 아이티 농민들은 절망에 빠져 불법 마약 재배로 돌아섰다. 2003년 중반 니카라과에서는 커피 노동자 수천 명이 수도까지 '배고픈 자들의 행진'을 감행했다. 이 행진 도중에 14명이 죽었다고 한다." (공정 24)

자유무역은 이러한 상황에 대처하여 아무 것도 할 수 없다. 오히려 자유무역은 이러한 상황에서조차도 가격을 내리게 만들어서 상황을 더욱 악화시킨다. 하지만 공정무역은 이러한 상황을 개선할 수 있다. 어떻게 이를 하는가?

그것은 최소 가격의 보장을 통해서이다. 최근 몇 년 동안 아라비카 커피의 세계 시장 평균 가격은 1파운드당 70센트였지만, 공정 무역 가격은 1달러 21센트였다. 공정 무역은 이처럼 세계 시장 가격이 싸더라도 이러한 최소 가격을 지불한다. 그리고 세계 시장 가격이 최소 가격보다 올라가면 그때의 세계 시장 가격대로 지불한다. 이러한 최소 가격은 생산지역의 경제 조건을 기반으로 하며 생산 원가를 보전한다. 그래서 한 가족이 최소한의 생활을 할 수 있다.(공정 25-26)

그리고 이러한 최소 가격에는 '사회적 초과 이익', 즉 공정무역 프리미엄Fairtrade Premium이 포함되어 있다. "이것은 기본적으로 보장되는 제품 가격이나 대농장 노동자의 공정임금 위에 추가로 지불되는 잉여금을 말하는데, 우리가 사는 공정무역 농산물 가격에 포함되어 있으며 그 몫은 생산자 공동체에 돌아간다. 공동체 사업에 쓰이는 사회적 초과이익은 시간이 흐를수록 농촌 생산자들의 앞날에 도움을 준다."(공정 37)

이것이 어떻게 그들의 미래에 도움을 주는지 알아보면

생산자 협동조합과 대농장 노동자들은 학교와 병원, 지역 공동체 센터를 세우고 시설을 설치하는 것에서 교육비와 의료비를 지원하는 것까지, 그리고 상수도 시설과 화장실, 전기 시설을 구축하는 것에서 유기농으로 전환하는 비용을 지원하는 데까지 지역 사회의 개발 계획에 사회적 초과 이익을 투자한다. 그리고 소득원 다변화를 위한 소규모 창업 대출과 노동자 연금 기금 마련, 조림 사업과 여성권리 확대 프로그램에도 이 자금을 사용한다.(공정 38)

하지만 공정무역은 이러한 자영업자나 자영업자들의 협동조합만을 대상으로 하지는 않는다. 공정무역은 대규모 플랜테이션 농장의 산물에도 적용된다. 이러한 농장의 소유주도 좋은 가격으로 산물을 팔기를 원하기 때문이다. 그러나 이런 경우 공정무역은 고용주가 노동자와 노사협의체를 구성하는 것을 전제조건으로 하기 때문에, 그리고 그것은 다음과 같은 의무를 수용한다는 것을 의미하기 때문에, 노동자의 삶은 자영업자의 삶처럼 마찬가지로 개선된다.

농장 고용주가 노동자들에게 정당한 임금을 지급해야 하고 노동조합에 가입할 권리를 보장하며 적절한 시기에 알맞은 주택을 제공해야 한다. 또한 최소한의 건강과 안전, 환경 기준을 따라야 한다. 15세 이하의 어린이는 고용하지 않아야 하며, 강제 노동도 안 된다. 그리고 …… 사회적 초과 이익을 노동자들의 복지를 위한 사회, 경제, 환경 사업에 투자하도록 내놓아야 한다.(공정 55)

공정무역 상표

일반적으로 공정무역 상품에는 공정무역 상표Fairtrade Mark가 붙어 있다. 이것이 소비자가 자신이 상품을 구입할 때, 닭장에 갇힌 닭이 낳은 달걀인지 자유롭게 놓아기른 닭이 낳은 달걀인지 구분하는 것처럼, 윤리성을 고려하지 않고 오직 저가의 가격만을 목표로 생산된 산물인지 공정성을 확보하기 위해 충분한 노력을

그림 16 공정무역 상표

기울여 생산된 산물인지를 구분하는 표식이다.

역사적으로 보면, 커피는 1989년 네덜란드에서 공정무역으로 인증 받은 첫째 제품이었고, 그 상표 이름은 막스 하벨라르Max Havelaar였다. 이 이름은 네덜란드 식민지 상인들이 자바의 커피 농장 노동자들을 착취하는 내용을 다룬, 19세기에 가장 많이 팔린 소설의 제목에서 따왔다고 한다. 그 이후 많은 나라들이 각자의 상표를 만들어서 사용해 오고 있었다.

1997년 17개 나라의 공정무역기구들이 독일의 본에 모여 전 세계 공정무역 조직인 국제공정무역상표기구Fairtrade Labelling Organization International FLO를 창립했다. 이는 나중에 국제공정무역Fairtrade International FI으로 명칭을 변경했다. 그래서 오늘날은 FI로 약칭된다. 2002년 공정무역 상표를 하나로 통일하기 위하여 '국제공정무역인증상표 International FAIRTRADE Certification Mark'가 탄생하였다. FI는 국제공정무역 표준을 제정하여 이에 따라 제품과 생산 과정을 인증하고 무역 거래를 감독하며 해당 제품에 공정무역 상표를 붙이도록 허가하는 책임을 지고 있다. 공정무역 상표는 인증 표시이며 또한 등록상표이다. 한국사무소는 2011년에 개설되었다.(공정 30 및 www.fairtrade.net)

FI가 공정무역 상표를 붙일 자격을 갖고자 하는 무역업자들에게 요구하는 사항은 다음과 같다.

▶ 생산자가 지속 가능한 생산과 생계를 유지할 수 있는 가격을 지불 해야 한다.

▶ 생산자가 생산 기술의 개발에 투자할 수 있도록 추가 이익을 지불

해야한다.

▶ 생산자가 요청하면 거래 대금의 일부를 미리 지불해야 한다.
▶ 생산자가 지속 가능한 생산을 보장받을 수 있도록 장기 수급 계획
을 인정하는 계약을 체결해야 한다.(공정 29)

이러한 요구를 통하여 FI가 소비자들에게 보증하고 있는 내용은 다
음과 같다.

▶ 생산자 집단이 공정무역 제품의 기준을 지켰다는 것을 보증한다.
▶ 공정무역에서 발생한 이익은 사회와 경제 발전을 위해 쓰인다는
것을 보증한다.
▶ FI에 등록된 무역업자들이 생산자들에게 공정한 거래 가격을 지
불했는지 감독한다.
▶ 공정무역 상표를 공정 무역 인증 생산자들이 만든 제품에만 붙였
다는 것을 보증한다.(공정 31)

그러므로 우리가 공정무역 상표를 볼 때 다음 다섯 가지를 보장받
았다고 확신해도 된다.

▶ 공정무역 농산물을 생산하는 농민들에게 공정하고 안정된 가격을
보장한다.
▶ 농민과 고용 노동자들의 생활을 향상시킬 수 있도록 잉여 소득을
보장한다.

▶ 환경을 더욱 소중하게 생각한다.

▶ 세계 시장에서 영세 농민들의 위상을 강화한다.

▶ 소비자와 생산자가 밀접하게 연결될 수 있게 해준다.(공정 32)

공정무역상품들

바나나는 우리가 슈퍼마켓에서 가장 일상적으로 볼 수 있는 제품이며 주로 남미와 중미에서 수입된다. 영국과 스위스에서 판매되는 바나나 중 25%, 20%가 공정무역 바나나다. 공정무역 관련자들로는 1만 1,600 농가와 1만 100명의 플랜테이션 노동자가 있다. 2013-14년도에 그들은 80만 3,000톤의 바나나를 생산하여 58%인 46만 8,200톤을 공정무역 바나나로 판매하였으며, 1,900만 유로 이상의 공정무역 프리미엄이 마련되었다.

우리가 즐겨먹는 기호음식들 중의 하나인 초콜릿을 만드는 재료인 코코아는 주로 서아프리카에서 수입된다. 공정무역 관련자들로는 17만 9,000 농가가 129개의 조합을 형성하고 있다. 2013-14년도에 그들은 21만 8,000톤의 코코아를 생산하여 33%인 7만 600톤을 공정무역 코코아로 판매하였으며, 1,090만 유로 이상의 공정무역 프리미엄이 마련되었다.

앞에서 보았던 커피는 공정무역과 관련된 160만 명의 농가와 노동자들 중 거의 반이 관계하고 있는 상품으로서 주로 남미와 중미에서 수입된다. 공정무역 관련자들로는 81만 2,500 농가와 1만 100명의 플랜테이션 노동자가 관계하고 있다. 2013-14년도에 그들은 54만 9,400톤의 커피를 생산하여 28%인 15만 800톤을 공정무역 커피로 판매하였으며, 4,900만 유로 이상의 공정무역 프리미엄이 마련되었다.

인간의 의복생활에 획기적인 변화를 가져왔던 면화는 주로 아시아와 미국에서 수입된다. 공정무역 관련자들로는 5만 4,700 농가가 22개의 조합을 형성하고 있다. 2013-14년도에 그들은 4만 5,500톤의 면화를 생산하여 43%인 1만 9,300톤을 공정무역 면화로 판매하였으며, 100만 유로 이상의 공정무역 프리미엄이 마련되었다.

화초는 음식이 아니면서 공정무역 상표를 받은 최초의 산물로서 주로 동 아프리카로부터 수입된다. 공정무역 관련자들로는 4만 8,500 노동자들이 55개의 노동조합을 형성하고 있다. 2013-14년도에 그들은 6억 3,900만 개의 화초를 생산하여 22%인 1억 4,000만 개를 공정무역 화초로 판매하였으며, 500만 유로 이상의 공정무역 프리미엄이 마련되었다.

우리 삶의 도처에서 사용하고 있는 설탕은 사탕수수에서 만들어지는데, 주로 적도 부근에서 자란다. 공정무역 관련자들로는 6만 2,700 농가들이 995개의 조합을 형성하고 있다. 2013-14년도에 그들은 62만 5,500톤의 설탕을 생산하여 38%인 21만 9,700톤을 공정무역 설탕으로 판매하였으며, 천만 유로 이상의 공정무역 프리미엄이 마련되었다.

사람들이 물 다음으로 많이 마신다고 알려진 차는 중국에서 비롯되었지만 오늘날에는 아프리카와 인도에서 수입되고 있다. 100개의 공정무역 차 생산자 조합은 24만 농가와 12만 3,400명의 플랜테이션 노동자를 대변한다. 2013-14년도에 그들은 19만 4,900톤의 차를 생산하여 7%인 1만 2,200톤을 공정무역 차로 판매하였으며, 400만 유로 이상의 공정무역 프리미엄이 마련되었다.

이밖에도 주된 공정무역 상품으로는 열대과일, 금, 꿀, 주스, 쌀, 향신료, 스포츠용 공, 와인 등이 있다.(www.fairtrade.net)

공정무역에 대한 비판들

공정무역이 인간의 얼굴을 한 시장경제를 표방하고 있지만, 나름대로의 여러 가지 비판이 없는 것도 아니다. 위키피디아의 '공정무역 논쟁Fairtrade Debate'에서는 그러한 비판들을 다루고 있는데, 대체로 다음과 같은 여섯 가지 문제점을 지적하고 있다.

첫째, '소비자들이 추가로 지불한 돈이 생산자들에게 제대로 전달되었는가?'이다. FI는 소매상들이나 수출업자들이 얼마나 추가수입을 올리고 그것들 중에서 얼마만큼을 생산자에게 보내는지 조사하지 않는다. 한 조사에 따르면 1.6%에서 18% 정도만 생산자에게 보내졌다고 하는데, 자극적인 조사들은 이보다 더 낮은 수치들을 보고하고 있다. 이러한 문제는 해외원조기구들이 기부된 자금의 오직 일부만을 원조에 사용한다는 비난과 유사하다.

둘째, '공정무역에 참여함으로써 생산자들의 삶이 획기적으로 개선되는가?'이다. 물론 그러한 많은 사례들이 보고되고 있다.(공정 여기저기) 하지만 모든 경우가 다 그러하다고 보기 어려운 측면이 있다. 예컨대, 유기농 커피로 작물 생산 방식을 전환했을 경우, 생산비의 증가와 소출의 축소로 인하여 보다 적은 수입을 올리게 되는 경우도 있다. 단위당 가격은 높지만 전체 수입은 줄어드는 문제가 생긴다. 게다가 공

270

정무역 관련 생산자들이 자신들의 생산물의 일부만을 공정무역으로 판매하고 있기 때문에 실제적인 이득은 더 줄어든다. 생산물의 일부만을, 18%에서 37% 정도만을, 공정무역으로 판매해도 생산단계에서는 공정무역의 조건을 충족시키기 위하여 비용이 더 들어가기 때문이다.

셋째, '공정무역이 그 원래의 취지를 잘 살려서 운영되고 있는가?' 라는 문제다. 공정무역 농가들은 공정무역 계약에 따라 독점적인 무역업자에게 생산품을 팔아야 하는데, 이러한 무역업자가 비효율적이거나 부패하거나 심지어 파산할 수도 있다. 자유주의자들은 이러한 점을 들어 공정무역이 시장실패를 보충하려는 잘못된 시도로서 비효율성과 과잉생산을 장려한다고 지적하고 있다.

넷째, '공정무역이 아주 가난한 농가를 돕기보다 부유한 농가들을 돕는다'는 문제다. 공정무역이 부유한 나라의 수입업자들에게 이익이 될 뿐만 아니라 생산자들 중에서도 상대적으로 부유한 농가들을 돕는다는 비판이 있다. 우선 공정무역의 기준을 맞추기 위해서는 어느 정도의 조건이 필요한데, 아주 가난한 농가들은 이러한 기준을 맞출 형편이 사실상 아니라는 것이다. 그러므로 가난한 나라에서 공정무역에 참여할 수 있는 농가는 상대적으로 형편이 나은 농가이다.

다섯째, '공정무역 농가가 다른 농가에 해를 끼친다'는 문제다. 예컨대 100만의 공정무역 커피농가가 있지만 2,400만의 비공정무역 커피농가가 있는데, 공정무역 커피농가가 재배를 조금만 늘리면 비공정무역 커피농가는 단가가 크게 떨어지는 어려움을 겪게 된다. 물론 이에 대한 반론도 있다. 100만의 커피농가가 공정무역을 하기에 독점적인 구매에 따르는 2,400만의 커피농가의 피해가 줄어들고 있다는 것이다. 하지만 여하튼 이러한 과잉생산에 따르는 문제의 실제 사례가 베트남의 커피농사에서 있었다. 아울러 공정무역 농가는 공정무역에 참가함으로써 NGO, 자선단체, 정부지원, 국제기부 등의 혜택을 받게 되는데, 이처럼 도움의 손길이 공정무역에 쏠림으로써, 공정무역에 참여할 수 없는 농가는 이러한 지원조차 받을 수 없게 된다.

여섯째, '공정무역이 아무리 아름답다고 해도 결국 선진국이 후진국에 강요하는 제도로서 계몽적일 뿐'이라는 문제다. 이 문제는 다소간 형이상학적이기는 하지만, 현재의 공정무역의 이념적이고 정치적인 한계를 노출시킨다. 진보주의적인 입장에서 보면 공정무역은 보수주의자들의 기존의 무역체계에 대한 전반적인 교체가 아니라 기존의 무역체계 위에서의 부분적인 수선으로 보인다. 아울러 선진국과 개발도상국의 관계에서 보면 공정무역은 선진국의 소비자적인 정의관에 기초한 제도로서 개발도상국의 생산자들의 의사와 별로 상관이 없다. 공정무역을 좌우하는 결정을 하는 사람들은 여전히 선진국 사람들이며 개발도상국 사람들이 아니다.

인구문제와 관련하여 볼 수 있듯이, 문제점들을 바싹 가까이 보면서 접근할 수도 있고, 멀리 내다보면서 접근할 수도 있다. 인구문제를 가까이 보면 나중의 결과가 어떠하든 간에 지금 당장은 도와야 한다. 멀리서 보면 나중의 결과를 고려하여 지금의 도움에는 가족계획과 같은 인구 조절 방안이 동반되어야 한다. 공정무역도 이와 비슷할 것이다. 우선 도울 수 있다면 공정무역을 통하여 누구든 도와야 한다. 하지만 멀리 내다본다면 공정무역에 가해지는 다양한 비판들에 적절히 대처하면서 공정무역이 더욱 개선되어야 한다. 비판은 부정적인 평가에 머무는 것이 아니라 더욱 긍정적으로 만드는 동력이다.

기본소득

기본소득에 대한 요구들

기본소득basic income은 일반적으로 재산이나 소득의 많고 적음, 노동 여부나 노동 의사와 상관없이 개별적으로 모든 구성원에게 균등하게 지급되는 소득을 말한다. 기본소득에 대한 요구의 대표자로는 일반적으로 18세기의 사상가 토머스 페인Thomas Paine을 들지만, 한글 위키피디아에서는 그와 아울러 샤를 푸리에Charles Fourier와 조제프 샤를리에 Joseph Charlie를 들고 있다.

18세기의 사상가 토머스 페인은 공공 부조와 사회 보험에 한정되지 않는 급부에 대한 발상을 내놓았다. 그는 토지가 공공재이므로 그 지대 수입으로 모두에게 일정 금액을 지급하자고 주장하며, 모두가 자연 유산에 대한 권리를 갖고 있다는 근거를 댔다. 샤를 푸리에는 1836년 『잘못된 산업』에서 "기본적 자연권을 누리지 못하는 탓에 자신의 필요를 충족시킬 수 없는 사람들에게 사회는 기본 생존을 보장해줘야 한다."고 주장했다. 조제프 샤를리에는 1848년 『사회 문제의 해법 혹은 인도적 헌법』에서 진정한 기본소득에 대해 최초로 정식화했다. 그는 자산 심사와의 연계나 유급 노동과의 연계 모두를 거부하고, 토지 소유에 대한 동등한 권리를 일정 소득에 대한 조건 없는 권리의 기초로 보았다. 이후 1894년 『사회 문제의 해결』에서 그는 이를 '토지 배당'으로 명명했다.

이렇게 보면 국가가 국가 구성원의 최소한의 삶을 보장해야 한다는 인도주의적인 요구와, 국가 구성원은 공유재인 토지에 대한 권한을 특정 개인에게 이전하는 대신 그 대가로 위임된 공유재에 해당하는 기본소득을 받아야 한다는 권리론적인 요구가, 기본소득에 대한 요구의 두 가지 근원이라는 것을 알 수 있다.

하지만 오늘날 기본소득이 논의되고 있는 현실은 이것들을 넘어선다. 우선 사회적 조건인데 인구의 노령화로 인하여 자신의 직업 활동이 아니라 사회 부조에 의존하는 노령인구가 급격히 증가하고 있다. 이는 과거에는 존재하지 않았던 새로운 계층으로서 과거 같으면 이미 존재하지 않을 사람들이 남아 사회부조에 대한 요구를 증대시킨다.

둘째는 기술의 발달인데 기술의 발달로 인하여 단순한 작업을 하는 직업은 사회에서 자취를 감추고 있다. 게다가 그러한 단순한 작업은 또한 이른바 그림자 노동shadow work, 즉 다른 사람으로부터 받을 서비스를 자신이 직접 서비스 하는 방식으로 대체된다. 그래서 직업 활동의 기회 자체가 감소한다. 이러한 '노동의 종말'은 노령인구와 더불어 사회부조에 대한 추가적인 요구를 만들어낸다.

셋째는 인구의 노령화와 실업율의 증가로 인한 사회의 소비능력의 감소이다. 물론 오늘날 선진국가가 개발도상국가들처럼 높은 성장률을 보일 수는 없다. 그러나 선진국과 개발도상국을 불문하고 경제적 능력이 부족한 사회구성원이 증가하자 심각한 불경기에 직면하고 있다. 이러한 불경기가 일시적이라면 일시적으로 대처하면 된다. 그러나 이러한 불경기가 만성적이라면 여기에 대처할 방법이 있어야 한다.

넷째는 사회복지제도의 복잡화이다. 대부분의 근대국가는 국민의 복지를 위한 여러 가지 제도를 운영하고 있지만 이를 운영하기 위한 관료제가 복지에 사용될 재원을 잠식할 정도도 복잡하고 비효율적이다. 충분하지 못한 재원을 어떻게 하면 효율적으로 사용할 수 있겠는가? 이러한 상황에서 우리 사회는 당면문제들의 한 해결책으로 기본소득을 논의하고 있다.

왜 오늘날 기본소득이 관심을 받는가?

2017년과 더불어 기본소득에 대한 중요한 실험이 시작되었다.

올해 1월1일부터 북구의 나라 핀란드에서 거대한 실험이 진행되고 있다. 실직한 국민 일부를 상대로 '기본 소득'을 지급하며 노동의 본질을 향한 탐구에 나선다. 정부가 지급하는 기본 소득의 규모는 월 587달러(약 71만 원)다. 일자리를 잃은 실업자 가운데 임의로 선정한 2,000명이 수혜 대상이다. 지급기간은 2년이다. 아직은 실험적 성격이 강하다. 민간 부문의 평균 급여가 3,500유로(약 443만 원)에 달하는 이 부유한 나라에서 먹고 살만한 수준은 아니며 지급대상·기한도 제한한다. 일을 하든 안 하든, 가난하든 부유하든 조건 없이 국가에서 지급하는 기본소득이라는 정의에 비춰볼 때 아직은 가야할 길이

멀다. 하지만 유럽 국가 중 기본소득을 지급하는 것은 핀란드가 처음이다. …… 기본소득은 한국에서도 정치권의 주목을 받고 있다. …… 노동당과 녹색당은 지난해 4.13 총선에서 기본소득을 공약으로 내걸기도 했다.(뉴시스 2017. 1. 8. 박영환 기자)

애초에 기본소득을 국제적인 이슈로 만들었던 국가는 스위스였다. 스위스에서는 직접 민주주의를 보장하기 위해서 10만 명 이상의 서명을 받은 제안은 국민투표에 붙일 수 있다. 그래서 2016년 6월 5일 스위스에서는 기본소득에 대해서 국민투표를 실시했지만, 76.9%의 반대와 23.1%의 찬성으로 부결되었다. 국민투표에 붙여진 기본소득안은 성인 모두에게는 월 약 300만 원, 어린이와 청소년에게는 약 78만 원의 기본소득을 제공하자는 것이었다. 스위스의 기본소득 운동가들의 홍보책자를 우리말로 번역한 『기본소득, 자유와 정의가 만나다』의 한국어판 편집자는 이렇게 적고 있다. "하지만 기본소득의 도입을 주장했던 사람들은 광장에 모여 환호를 하며 즐거워하는 모습을 보이면서 그러한 결과를 실패라기보다는 오히려 본격적인 출발점으로 여기는 듯했습니다."(기본 5)

그렇게 볼 근거가 있다. "잘 알려지지 않은 사실이지만 이번 스위스 국민투표에서 투표자들을 대상으로 한 별도의 여론조사 결과가 있었다. 반대투표를 던진 이들 중 대다수가 '25년 뒤에는 기본소득 안이 통과될 것이다.'라고 답했다. 찬성 투표자들 중 대다수는 이 기간을 15년 뒤로 내다봤다. 그리고 찬반을 막론하고 대부분 투표자들은 기본소득 제안을 놓고 몇 년 뒤에 다시 투표하게 될 것이라고 전망했다. 스위스 국민들은 기본소득 제도를 언젠가는 실시하게 될 것이지만, 지금 당장 이만한 금액을 하는 것이 무리라고 판단했다는 이야기다."(민중의소리 2016. 6. 9. 이완배 기자)

앞으로 기본소득은 우리 사회에서도 보다 광범위하게 논의될 것으로 보인다. 기본소득에 대한 당장의 찬반논쟁은, 소득이 없거나 부족한 사람들에게도 인간적인 품위를 가지고 살 수 있도록 기본소득을 지원할 것이냐, 아니면 이렇게 기본소득을 지원하면 직업 활동을 포기하고 다른 사람들의 직업 활동에 기생하는 사람이 늘어날 것이냐라는 인간관에 대한 문제일 수도 있고, 아니면 기본소득을 지원할 재원이 얼마나 있느냐 없느냐라는 재정적인 문제일 수도 있지만, 그것 외에도 관련하여 생각할 상당한 문제들도 있다. 이 절에서는 스위스의 기본소득 운동가이자 13만 명의 서명을 받아 기본소득을 국민투표에 붙인 다니엘 헤니와 필립 코브체의 논의를 검토해 본다.

기본소득과 노동

마르크스는 자본주의 사회에서의 노동의 소외를 문제 삼았다. 자본주의 사회가 운영하는 임금노동이라는 상황 아래서 노동자는 노동에서 자신을 느끼지 못하며 노동 밖에서만 자신을 느낀다는 것이다.

노동은 노동자에 대해 외면적인 것으로 존재한다. 다시 말하자면 노동은 노동자의 본질에 속하지 않는다. 그러므로 노동자는 자신의 노동을 통해 자기 자신을 긍정하지 않고 부정하며, 행복을 느끼지 않고 불행을 느끼며, 자유로운 신체적 정신적 에너지를 개발하지 못하고, 자신의 신체를 채찍질하고 자신의 정신을 황폐화한다. 따라서 노동자는 노동 바깥에 있을 때 비로소 안도감을 느끼며 노동을 할 때에는 탈아감을 느낀다.(마르크스, 『경제학-철학 수고』, 김태경 옮김, 서울: 이론과 실천, 1987, 58-59)

자본주의 사회에서 노동자들은 노동을 통하여 자신의 생계를 유지한다. 그래서 노동은 자유로운 선택이 아니라 불가피한 선택이 된다. 노동자는 자기가 하기 싫은 일이라 하더라도 그 일을 함으로써 사회에 기여하고 그러한 기여를 바탕으로 다른 사람들의 기여에 의존하여 살아간다. 만약 이러한 기여를 하기 싫다고 한다면, 자신의 생계를 더 이상 유지할 수 없다. 그래서 마르크스는 자본주의 사회의 노동을 '강제노동Zwangarbeit'이라고 부른다.

우리가 살고 있는 상황이 대체로 이러하기 때문에 우리는 일과 생활, 노동과 삶을 분리하여 생각하며, 노동은 어찌할 수 없는 것, 삶은 어찌할 수 있는 것으로 구분한다. 그리고 이러한 노동과 삶의 균형을 찾으려고 노력한다. "노동과 삶을 분리시키는 '일과 삶의 분열증'은 오늘날 우리 모두가 앓고 있는 하나의 집단적인 질병이다."(기본 43)

'일과 생활의 균형'은 우리의 노동을 강제노역과 같은 끔찍한 것으로 만들어버린다. 그리고 우리를 어떤 때는 부지런하기만 하고, 어떤 때는 게으르기만 한 우스꽝스러운 반쪽짜리 존재로 만들어버린다. 노동의 시간도 여가의 시간도 모두가 삶의 시간이다. 그 둘을 갈라놓으

면서 노동의 시간은 속박의 시간이 여가의 시간은 불모不毛의 시간이 되어버린다.(기본 43-44)

이러한 질병의 결과는 어떠한 것일까? "우리는 노동을 삶에서 분리함으로써 노동의 가치를 깎아내리고, 나아가 노동의 주체인 우리 자신의 가치마저도 깎아내리고 있다." 우리는 자신이 하고 있는 일이 남의 일이라고 생각하고 그 일을 하는 자신을 노예와 같은 존재라고 생각한다.

그리고 "노동과 삶에 대한 이러한 낡은 이분법은 실은 우리가 여가시간이라고 불리는 그 시간에도 날마다 매우 가치 있는 일을 하고 있다는 사실을 잊게 만든다."(기본 43) 여가시간에 우리가 하는 일들은 실로 우리의 삶의 목적들이고 본질들이다. 그러나 그런데도 우리 삶의 수단들이고 도구들인 노동보다 그것들을 결코 앞세우지 않는다. 왜냐하면 그것은 돈벌이가 아니기 때문이다. 회사일은 집안일보다 언제나 더 중요하다. 그래서 아이들 얼굴을 제대로 보지도 못하고 부모들은 오직 직장을 오간다.

이러한 질병이 없었던 때가 있었던가? 그렇다. "고대 아테네의 시민들은 이러한 구분에 관해 알지 못했다. 그들의 삶은 언제나 여가시간이었고, 그들이 소유한 노예의 삶은 언제나 노동시간이었다."(기본 42)

이러한 질병이 없어질 때가 있을까? 그럴 수 있다. 기본소득 운동가인 헤니와 코브체에 따르면 기본소득이 바로 이를 해소시켜준다. 기본소득은 우리로 하여금 자신의 노동을 선택할 수 있도록 해준다. 우리에게 기본소득이 있다면 우리는 서둘러 직업을 선택할 필요가 없다. 기본소득으로 최소한의 생계를 유지할 수 있다면 우리에게 적합한 노동의 기회가 오거나 그러한 기회를 스스로 만들 때까지 기다릴 것이다. 그렇게 되면 일과 생활, 노동과 삶은 하나가 될 것이다.

조건 없는 기본소득은 이렇게 억압을 위한 굴레로 악용되는 노동을 해방시킨다. 기본소득이 보장되면, 노동은 더 이상 억압이나 고통으로 나타나지 않는다. 기본소득이 보장되면, 내가 하고 싶은 바로 그 일이 나의 노동이 된다. 나아가 내가 나 자신을 발전시키고 싶어 하는 바로 그 분야가 나의 노동이 된다. 기본소득과 함께라면 노동은 내게 힘과 의미를 주는 것이 되며, 완전한 인간으로서 자신을 스스로 체험할 수 있게 해주는 것이 된다.(기본 79)

우리도 아테네의 자유시민처럼 살 수 있다. 우리에게도 노예가, 즉 기계나 로봇이, 있기 때문이다. 그래서 우리들의 삶은 언제나 여가시간이고 기계나 로봇의 삶은 언제나 노동시간일 수 있다. 그런데도 우리가 아테네의 시민처럼 살지 못하는 이유는 무엇인가? 그것은 충분한 소득이 없기 때문이다. 기계는 애초부터 인간의 직업을 뺏어갔다. 1811년에 시작된 기계파괴운동인 러다이트 운동Luddite Movement에서 우리는 일찍이 이것을 보았다. 그 운동은 실패했다. 오늘날의 새로운 러다이트 운동도 실패할 것이다. 지금 필요한 것은 러다이트 운동이 아니라 기본소득 운동이다.

자동화가 축복이 될 수 있는 궁극적인 이유는 기계의 한 부속품으로 전락해버린 인간이 이제 그런 무의미한 노동에서 벗어나서 의미 있는 노동을 할 수 있게 되었다는 점에 있다. 그러나 오늘날 많은 사람들은 컨베이어벨트 옆에 인간이 설 자리가 없어지고 있다고 탄식만 하고 있을 뿐이다. …… 하지만 지금은 오히려 그 동안 우리가 이룬 기술의 진보를 어떻게 복지로 연결할 수 있을지를 고민해야 할 때다.(기본 41)

미국의 경제학자 제러미 리프킨은 경제활동인구 20%만으로도 모든 생산활동이 충분히 가능하리라는 예측을 이미 제시하였다.(기본 34) 우리는 이러한 시대로 분명 다가가고 있다. 이러한 시대는 이제까지 우리가 살아온 산업사회와는 본질적으로 다른 사회일 수밖에 없다. 두 운동가의 다음과 같은 주장은 나름대로 설득력을 갖는다고 보인다.

이런 관점에서 보면, 조건 없는 기본소득은 자동화에 대한 일종의 이익배당금이나 마찬가지이다. 로봇은 소득을 필요로 하지 않지만, 우리는 소득이 있어야만 살아갈 수 있다. 그래서 로봇이 우리의 일자리를 가져가 일을 하고, 임금을 필요로 하지 않는 로봇 대신 우리가 그 임금을 받는 것이다. 곧 로봇이 일을 하는 세상을 만드는 데 기여한 보상을 모두가 나누어 받는 셈이다.(기본 41)

이러한 자동화된 사회에서 기본소득을 전제로 하여 개인이 선택한 직업은 피고용자에게 만족을 제공할 뿐만 아니라 고용주에게도 효율을 제공함으로써 사회전체의 효율성을 드높인다. 왜냐하면 자기가 하고 싶은 일을 하는 사람은 자신이 하는 일에 정성을 다하고 책임감을 가질 것이기 때문이다.

> 하기 싫은 일을 해야 하는 사람은 하고 싶은 일을 하는 사람보다 책임감도 떨어진다. 자신의 의지로 어떤 행위를 한 사람과는 달리, 하기 싫은데도 어쩔 수 없이 그렇게 할 수밖에 없었던 사람은 그 행위에 대해 책임감을 지니기 어렵다. 자유로운 의지가 책임감을 만든다. 자유롭지 않은 상황에서 어쩔 수 없이 어떤 일을 한 사람은 그 일에 대한 책임을 다른 누군가에게 떠넘기게 마련이다.(기본 142-43)

기본소득을 전제로 한 직업의 선택에서 피고용자가 얻을 수 있는 추가적인 혜택 중의 하나는 실패를 두려워하지 않게 되는 것이다. 사람들은 실패에서 배우라고 말한다. 하지만 그 말이 타당하기 위해서는 실패를 무릅쓰고 다시 시도할 수 있어야 한다. "기본소득이 보장되면 우리는 잠시 넘어질 수는 있을지언정 결코 절망의 나락으로 빠져들지는 않게 된다. 기본소득은 안전밧줄과 같은 것이다. 만약 안전밧줄이 없다면 우리는 많은 봉우리들을 오를 엄두조차 낼 수 없었을 것이다."(기본 203-4) "실패는 혁신을 위한 중요한 전제조건이다. 실패를 두려워하는 사람은 창조도 혁신도 이루어낼 수 없다."(기본 203) "실패에 너그러운 사회는 실패에 가혹한 사회보다 더 유연하고 더 많은 성과를 거둔다."(기본 204) 기본소득이 사회전체에 가져오는 효율성은 여기에도 있다.

기본소득과 권력

기본소득이 진정으로 직업선택의 자유를 보장하고 자유로운 노동계약을 가능하게 하여 일과 삶이 하나가 될 수 있는 여건을 조성한다는 것이 기본소득의 경제적인 가능성이라면, 기본소득의 정치적인 가능성은 무엇일까? 정치에서 가장 중요한 것이 권력이다. 왜냐하면 "자신이 원하는 것을 하는 사람이 권력을 가진 사람이고, 자신이 원하지 않는 것을 해야만 하는 사람이 권력을 갖지 못한 사람이다. 곧 자기가 원하는 것을 할 수 있는 것이 권력이고, 자기가 원하는 대로 할 수 없는 것이 무력함"(기본 142)이기 때문이다.

이러한 권력의 근거는 무엇일까? 자본주의 사회에서 그것은 소득이고 자본이다. 그래서 돈이 많은 사람이 권력을 가지고 돈이 적거나 없는 사람은 권력을 가지지 못한다. "하지만 다른 사람들도 똑같이 돈을 가지고 있다면 돈은 힘을 잃는다. 모두가 돈을 가지고 있다면 어느 누구도 돈 때문에 하기 싫은 일을 억지로 하지는 않을 것이기 때문이다."(기본 142)

기본소득을 시행한다는 것은, 완벽하게 이러한 상황을 만들지는 못하겠지만, 이러한 상황에 조금 더 가깝게 접근한다는 것이다. 기본소득이 시행되지 않고 있는 오늘날 우리 사회에서 중소기업 취업자들의 1년 내 이직률은 28.3%라고 알려져 있다. 그러니 지금도 이직이 불가능한 것은 아니지만 기본소득이 시행된다면 이러한 이직의 가능성은 더욱 커질 것이다. 아니 어쩌면 애초에 자기가 원하는 직장을 찾아서 취업하고자 하기 때문에, 이직이 줄어들 수도 있다.

대한민국의 헌법에 명시되어 있는 권력은 국민으로부터 나온다. 그러나 우리는 왜 국회나 국회의원들에게서, 정부나 정부 관료들에게서, 권력이 나온다고 느끼는 것일까? 권력자들이라고 지칭할 때 우리는 왜 우리 자신을 생각하지 않고 사회적으로 높은 지위에 있는 사람들을 생각하게 되는 것일까? 그것은 실제 권력이 그들에게 있기 때문이다. 우리가 위임했다고 아름답게 표현하지만 위임했던 하지 않았던 그들에게 있다.

이러한 권력을 더욱 강력하게 느끼는 사람들은 사회복지혜택을 받는 사람들이다. 어린아이가 자신의 생존을 어머니에게 의탁하고 있는 것처럼, 복지혜택을 받는 사람들은 자신의 생존을 복지 관료들에게 의탁하고 있다. '생활보호대상자'나 '차 상위 계층'이란 표현에는 부정하고 싶지만 혜택을 받는 사람이 느끼는 어떤 모멸감이 포함되어 있다. 두 운동가는 이를 이렇게 표현하고 있다.

> 오늘날의 복지국가는 곤궁한 사람이 도움의 필요성을 증명할 경우에 국가가 그에게 도움을 준다는 돌봄의 원리 위에 세워졌다, ……곤궁함을 드러내기란 결코 쉽지 않다. 누군가가 자신은 도움이 필요한 곤궁한 사람임을 다른 누군가에게 증명하고 그에게서 도움을 받는다면, 이 둘은 결코 대등한 관계일 수 없다. 이것은 주권자의 모습이 아니며, 현대적 차원의 구걸일 뿐이다.(기본 123)

이런 까닭으로 두 운동가는 기본소득의 도입이 국가에 대한 종속을 키우는 것이 아니라 국가로부터의 보살핌에서 해방되는 것이라고 지적한다. "기본소득은 이러한 상황을 깨끗이 없앤다. 더 이상 고맙게 여길 필요도 없고, 복종할 필요도 없다. 나는 한 사람의 주권자이다. 내가 기본소득을 받는 것은 나의 필요 때문이 아니라, 내가 한 사람의 주권자이기 때문이다. 기본소득의 근거는 나의 곤궁함이 아니라, 나 자신이다. 조건 없는 기본소득을 통해 우리는 조건 없이 서로의 존재를 인정하게 된다."(기본 124)

이렇게 보면 기본소득은 단순히 하나의 복지제도를 도입하는 것이 아니라 우리가 살아가는 세계를 변모시키는 것이다. 이것은 이전의 어떠한 혁명과도 비교될 수 없는 새로운 세계에 다가가는 혁명이다.

하지만 과연 이 혁명이 성공할 수 있을까? 기본소득에 들어가는 재원들을 조달할 수 있을까? 두 운동가는 이러한 우려가 기본소득에 대한 근본적인 오해라고 지적하고 있다.

누가 이 모든 것을 지불하는가? 이 질문은 잘못된 질문들 가운데서도 가장 잘못된 질문이다. 조건 없는 기본소득은 지불되어야 하는 것이 아니라, 이해되어야 하는 것이기 때문이다. 재정과 관련해서 본다면 이것은 일종의 [이득과 손실의 총합이 제로가 되는] 제로섬게임이다. 기본소득을 시행하기 위해 재정이 추가로 필요한 것은 아니다. 계좌에 더 많은 돈을 넣어야 하는 것이 아니라, 계좌에 있는 돈을 다른 방식으로 배분하는 것일 뿐이다. 조건 없는 기본소득은 바로 이 새로운 배분방식에 대한 하나의 제안이다. 원칙적으로 기본소득은 기존의 소득을 단지 다른 방식으로 운용하는 것일 뿐이므로 기본소득을 시행하든 시행하지 않든 계좌에 있는 돈의 액수가 달라지지는

않는다.(기본 138)

두 운동가가 무엇이라고 이야기하든 간에, 다른 사람들의 의견은 그들과 다르다. 사람들은 혁명을 좋아하지 않는다. 오늘날 기본소득의 가장 성공적인 사례로 언급되는 미국의 알래스카도 기본소득의 재원은 알래스카의 석유판매자금이다. 다른 사회들은 기본소득을 현실화하기 위한 재원의 문제가 두 운동가가 지적하는 것처럼 그렇게 간단하지 않다고 생각하고 있다. 핀란드 정부의 실험도 그래서 조심스럽다. 제한된 인원에 제한된 시기 동안 그들은 실험을 하고 있으며, 긍정적인 성과가 나온다는 전제 하에서 그러한 제한들을 없애갈 것을 계획하고 있다. 그러므로 재원의 문제는 그렇게 단순하게 치부할 수 없다. 하지만 이를 다소간 유보해 두더라도 기본소득은 분명 고려해볼 만한 상당한 가치가 있다고 볼 수 있다.

기본소득과 자유

두 운동가는 자유를 자유 I과 자유 II로 구분하였다. 그들의 이러한 구분을 산업혁명 이후의 자유를 자유 I이라고 지칭하고, 정보혁명 이후의 자유를 자유 II라고 지칭했다고 해석할 수도 있다. 산업혁명 이후의 자유는 노동으로부터의 자유를 뜻하는 반면, 정보혁명 이후의 자유는 노동 안에서의 자유를 뜻한다. 우리는 오늘날까지 자유 I을 유일한 자유로 보고 그것을 향유하기 위해 노력을 집중해 왔다. 그들은 우리에게 이제 우리가 누려야 할 자유는 자유 II라고 지적하고 있다.

그들이 말하는 자유 I은 아테네를 기준으로 보면 노예의 해방에서 비롯된 것이고, 중세를 기준으로 보면 권위주의의 약화로부터 비롯된 것이다. 하지만 산업혁명을 기준으로 보면 그것은 분업에서 비롯된 노동 소외의 산물이다. 그래서 자유 I은 노동과 대립적이며 모순적인 특성을 가지고 있다.

여가는 노동과 삶의 분열 속에서 생겨난 개념이다. 스위치를 켜면 작동하는 기계처럼 자신의 의지와 무관하게 노동이 행해지게 되면서 기계가 쉬어야 하는 것처럼 인간의 노동에도 여가가 필요하다는 생각이 제기되었다. 그리고 여가는 기본적으로 자신의 의도와 무관하게 행해지는 노동, 다시 말해서 일하는 사람의 사정이나 의사와는 무관하게 일하는 시간이 미리 정해져 있는 노동을 전제로 하는 개념이다. 노동이 삶의 의미를 만들어 내는 과정이 아니라 생존을 위해 어쩔 수 없이 참고 견뎌야 하는 고통스럽고 힘겨운 과정이라면 그와 같은 노동에 대한 보상으로서 임금만이 아니라 노동의 시간과는 다른 성격을 지닌 삶의 시간도 보장되어야 한다.(기본 198-88)

이러한 삶의 시간이 바로 자유시간이다. 하지만 그들이 말하는 자유 II는 이러한 자유 I과는 다른 종류의 자유다. 그것은 변화된 생산환경으로부터 비롯되는 새로운 방식의 자유다. 자유 I이 산업혁명에 기인했다면 자유 II는 정보혁명에 기인한다. "연산이 가능한 모든 것들이 자동화되어가고 있다. 실제로 은행에서도, 백화점의 계산대에서도 자동화가 진행되고 있으며, 심지어 자동차운전마저 자동화되고 있다."

앞에서 이미 본 것처럼 '노동의 종말'이 오고 있다. 하지만 노동의 종말 가운데서도 살아남는 노동이 있다. 그것은 매뉴얼에 따라 조립하는 것과 같은 기계적인 일이 아니라 인간이 아니면 할 수 없는 창조적인 일이다.

그리고 이러한 창조적인 일은 그 일을 싫어하는 사람, 그만두고 싶은 사람이 할 수 있는 일이 아니다. 그 일을 즐기는 사람, 그 일에서 재미와 보람을 느끼는 사람, 자유롭게 그 일을 선택한 사람만이 할 수 있는 일이다. 어떻게 이러한 선택이 가능하게 되는가? 두 운동가에 따르면 바로 기본소득을 통해서이다. 자유 I이 소비에서의 자유를 의미한다면, 자유 II는 생산에서의 자유를 의미한다.

조건 없는 기본소득은 우리에게 더 많은 생산의 자유를 가져다줄 것이다. 그리고 우리가 한 사람의 인간으로서 어떻게 살아갈지, 무엇을 위해 살아갈지, 어떤 일을 하며 살아갈지에 대해서도 더 많은 선택의 가능성과 자유를 가져다줄 것이다. 꼭 해보고 싶은 일이 있다면 더 이상 지금처럼 머뭇거리지 않게 될 것이다. 실패하더라도 기본소득이라는 안전한 생존의 기반이 나를 받쳐줄 것이기 때문이다. 기본소득이 시행되면, 내가 원하는 일이 무엇인지, 그리고 나를 필요로 하는 곳이 어디인지에 대해서도 나는 더 자유롭고 깊게 생각할 수 있게 될 것이다.(기본 203)

기본소득에 대한 비판들

아직 제대로 운영되어 보지 못한 제도의 성공과 실패에 대하여 속단하기는 이르다. 하지만 그러한 제도를 구상하고 그것의 다양한 가능성들을 검토하는 것은 필요한 일이다. 기본소득의 반대자들이 기본소득에 대하여 우려하는 것이 어떤 것들인지 살펴보자.

국가가 계속 생계비를 지원하는 것은 무엇보다도 청소년들의 동기와 에너지를 파괴해서 그들을 무기력증에 빠트릴 것이다. 청소년들로 하여금 삶의 기회를 스스로 팽개치게 하는 사회적 자극, 바로 그것이 조건 없는 기본소득이다.(기본 84)

국가가 당신에게 아무런 조건 없이 생활비를 충분히 제공한다. 물론 그래도 당신이 원한다면 일하러 갈 수도 있다. 하지만 꼭 그래야만 하는 것은 아니다. 이런 식으로 우리 사회 전체가 게으름이라는 마약에 중독된다. […] 필요한 모든 것들이 주어지면 사람은 누구나 게을러지게 마련이다.(기본 85)

조건 없는 기본소득은 '다른 사람들의 자유를 위해 다른 사람들의 삶을 책임져라'라는 의미 그 이상도 이하도 아니다.(기본 85)

조건 없는 기본소득이 가져다주는 자유는 일하지 않으려는 사람들을 위한 자유일 뿐이다. 일하는 사람들은 세금에 짓눌려 죽어갈 것이다.(기본 86)

국민투표에 부쳐질 조건 없는 기본소득은 국민경제를 건 무책임하고 위험하기 짝이 없는 도박이다. …… 우리 사회의 발전은 …… 품

위가 뭔지도 모른 채 남에게 빌붙어 살아가는 게으름뱅이들에 의해 이루어지는 것이 아니다.(기본 90)

이러한 우려들은 기본소득이 사회구성원으로서 우리가 마땅히 담당해야 할 노동에의 의욕을 저하시킬 것이라는 우려다. 물론 이러한 우려는 기본소득이 충분하여 기본소득에 의거한 삶에 구성원들이 만족할 경우에 생겨날 수 있는 상황이다. 앞에서 예시된 핀란드와 스위스의 예를 비교하면 스위스의 예에 더욱 적용 가능한 비판들이다.

인간의 가능성은 다양하고 어떤 가능성은 상황에 의하여 강제적으로 닦달되어야 할 때도 있다. 특히 한 인간으로서의 책임감을 아직 충분히 성숙시키지 못한 청소년들에 대한 영향은 무시할 수 없다고 볼 수도 있다. 청소년기를 지나고도 자신이나 이웃에 대한 책임감이 없는 사람들도 여전히 있다. 낙관주의자들은 이들이 자신들만의 가능성을 발휘할 것이라고 보지만, 비관주의자들은 오히려 그들의 최소한의 노동의욕조차 꺾어놓을 것이라고 걱정한다.

기본소득이 만능의 해결책은 아니다. 기본소득이 인간의 삶의 일부를 미국의 인디언보호구역의 삶처럼 만들 우려가 전혀 없는 것은 아니다. 기본소득이 인간에게 노동으로부터의 소외를 극복하게 해 줄 가능성도 있지만, 인간이 돌려받은 자유를 늘 생산적으로만 사용하는 것은 아니다. 그런 의미에서 기본소득은 도박일 수 있다.

그렇지만 혁명적인 정책은 어느 정도 도박성을 피할 수 없다. 기본소득이 사람을 빌붙게 만드는 경우가 많을 것인지 아니면 스스로 책임지게 만드는 경우가 많을 것인지 시행하고 평가하면 알 수 있을 일이다. 어떠한 정책이든 논의의 대상이 되는 것을 막는 것은 바람직하지 않다. 사회의 고민거리는 사회가 계속 논의하고 비판하고 조정할 수 있어야 한다. 이런 의미에서 현실적으로 기본소득을 시행하는 초창기에는 핀란드의 경우처럼 기본소득 제공의 범위와 정도와 시기에 대한 제한이 필요하리라 본다.

오늘 이곳이라는 관점에서 보면, 필자에게는 기본소득을 청년들에게 우선 실시하는 것이 바람직하게 보인다. 기술의 발전과 인구의 노령화에 따라서 청년세대는 다른 어떤 세대보다 어려움에 처해 있다. 고등학교를 졸업한 청년들에게 4년간의 대학등록금에 해당하는 기본소득을 제공한다고 한다면, 대학에 진학하지 않는 청년들은 고등학교를 졸업하고 기본소득을 받으며 직업생활을 선택할 시간과 여유를 가지게 될 것이며, 대학에 진학한 청년들은 대학교육을 통하여 자신의 직업생활을 준비할 시간과 여유를 마찬가지로 가지게 될 것이다.

당신의 입장은?

1. 당신이 즐겨 다니던 커피숍에서 공정무역 커피를 사용하는 커피를 주문하면 추가적으로 15% 높은 가격을 부담해야 한다면, 당신은 공정무역 커피를 주문하겠는가, 하지 않겠는가?
2. 지금 세계는 자유무역과 보호무역의 갈등 속에 놓여 있다. 당신은 자유무역을 지지하는가, 보호무역을 지지하는가?
3. 우리나라가 기본소득제도를 아무런 추가적인 재원 없이 실시할 수 있다고 가정하고, 이 제도의 도입과 관련한 국민투표를 한다고 가정하자. 당신은 찬성할 것인가, 반대할 것인가?

더 깊고 더 넓게 읽을거리

1. 리트비노프/메딜레이, 『공정무역』, 김병순 옮김, 서울: 모티브북, 2007.
2. 브라운, 『공정무역이란 무엇인가』, 이은숙 옮김, 서울: 김영사, 2014.
3. 헤니/코브체, 『기본소득: 자유와 정의가 만나다』, 원성철 옮김, 인천: 오롯, 2016.
4. 라벤토스, 『기본소득이란 무엇인가』, 이한주/이재명 옮김, 서울: 책담, 2016.

12장

빅 데이터 무엇을 할까?
: 인문학과 빅 데이터

오늘날 우리 사회의 유행 중의 하나는 빅 데이터big data다. 유행fashion 이라는 것은 의복fashion의 변천, 즉 미니스커트miniskirt가 유행하고 맥시스커트maxiskirt가 유행하는 것처럼 일시적이라는 특징을 띠고 있다. 빅 데이터도 등장했다가 변화하거나 사라질 것이라는 뉘앙스가 이 표현에는 들어 있다. 그러나 변화하거나 사라질 것은 빅 데이터가 아니라 빅 데이터에 대한 미신일 것이라 생각된다.

컴퓨터가 등장했을 때 전문가들조차도 사실 컴퓨터가 어떤 역할을 할 것인지 충분히 이해하지 못했다. 퍼스널 컴퓨터가 등장했을 때 일반인들은 더욱 그것이 자신들의 삶을 어떻게 바꾸어 놓을지, 그리하여 자신을 어떻게 바꾸어 놓을지 알지 못했다. 하지만 스마트폰이 등장하자 우리는 이제 컴퓨터가 얼마나 위대한 존재인지 드디어 이해하기 시작했다.

빅 데이터에 대한 맹신은 컴퓨터에 대한 이러한 찬탄에서 비롯되었을 것이다. 컴퓨터는 스몰 데이터small data만을 처리하고서도 엄청난 변화를 유발시켰고 과거에는 불가능한 일들을 가능하게 만들었다. 그러하니 빅 데이터를 컴퓨터가 처리한다면 더욱 상상하지 못할 일이 벌어질 것이라 상상할 수 있다. 이것이 아마도 빅 데이터에 대한 맹신의 이유일 것이다.

과연 빅 데이터는 사람들이 기대하는 그러한 일들을 해낼 것인가? 아니면 빅 데이터는 모든 기술과 마찬가지로 확대하는 기능과 더불어 축소하는 기능을 발휘하여, 망원경이 달의 모습은 보여주었지만 달의 소리는 삭제해 버린 것처럼, 어떤 부분을 밝혀 보여주고 어떤 부분을 그림자로 가려버릴 것인가? 아니면 사람들이 빅 데이터에 기대하는 그러한 일들은 잘못된 이해에 근거하는 미신에 불과한 것이 될 것인가?

사회현상에 대한 우리의 인문학적 탐구의 후반부인 이곳에서 우리는 구글의 연구원으로 활동했던 에레즈 에이든Erez Aiden과 장바티스트 미셸Jean-Baptiste Michel의 책 『빅 데이터 인문학: 진격의 서막』과 김동환 교수의 책 『빅 데이터는 거품이다』의 논의를 따라서 빅 데이터의 시대적 유행에 대하여 이모저모를 살펴보고자 한다.

빅 데이터

빅 데이터

퍼스널 컴퓨터를 처음 접하였을 때 필자는 360KB 용량의 5¼인치

플로피 디스켓을 사용하였다. 필자의 작업파일을 조사해 보니 그 당시에는 책 한 권을 통째로 편집하기 어려워서 장별로 편집을 해놓았는데, 전체 파일의 크기를 합쳐보니 514KB였다. 이는 애초에 필자가 디스켓 2장에 이것을 저장하였다는 의미이다. 나중에 워드프로세서가 압축 기능을 가지게 되어 데이터를 압축하여 저장하게 되었는데 이로 인하여 파일이 공간을 50% 정도만 차지하게 되었다. 그 이후에야 책 한 권이 한 장의 디스켓에 들어가게 되었다. 필자가 가지고 있는 다른 책 한 권의 용량은 286KB이다.

디스켓을 계속 바꾸어 넣고 빼던 필자는 전자과 교수의 조언에 따라 하드디스크를 장만하였는데, 그 하드디스크의 용량은 20MB였다. 이 하드디스크 덕분에 디스크 교체를 걱정하지 않고 아주 자유롭게 컴퓨터를 사용할 수 있었다. 하지만 필자가 지금 사용하고 있는 하드디스크는 2TB 용량이다. 30년이 지나는 동안에 저장용량이 10만 배가 늘어났다. 물론 이러한 확장은 텍스트 때문이 아니라 사진이나 소리나 동영상 때문이다. 텍스트에 사진이나 소리나 동영상을 삽입하면 텍스트의 양은 완전히 무의미하게 되어 버린다. 오늘날 한 편의 영화를 담고 있는 DVD는 4GB에서 8GB 정도이다.

컴퓨터가 사용하는 용량의 최소단위는 비트bit인데 이는 이진법의 한 자릿수binary digit다. 이는 예나 아니오 질문의 하나의 답이라고 볼 수 있다. 8개의 비트를 1개의 바이트byte라고 부르는데, 360KB는 36만 바이트라는 뜻이다. 1,000배씩 올라갈 때마다 킬로kilo, 메가mega, 기가giga, 테라tera, 페타peta, 엑사exa, 제타zeta, 요타yotta라는 표현을 사용하고 있다.

그렇다면 현재 우리가 사용하는 데이터의 용량은 어느 정도일까?

현재 보통 사람의 데이터 발자국, 즉 전 세계적으로 한 사람이 연간 만들어 내는 데이터의 양은 거의 1테라바이트terabyte에 가깝다. 이것은 약 8조 개의 예, 아니오 질문과 맞먹는 양이다. 집단적으로 보면 인류는 매년 5제타바이트zettabyte의 데이터를 만들어낸다.(빅데 20)

앞으로 컴퓨터와 인터넷을 사용하는 사람의 숫자가 계속하여 증가할 것이기 때문에 이러한 데이터의 양은 더욱 더 늘어날 것으로 보인다. 이러하기 때문에 이제 인류는 적지 않은 데이터를 상대하게 된 것이다. 바로 빅 데이터이다.

빅 데이터의 유행: 구글의 독감 유행 예측

이런 빅 데이터를 유행시킨 전설적인 사건은 2009년 세계적인 과학 잡지 『네이처Nature』에 실렸던 구글 연구진의 감기 예측 시스템의 등장이다.

소프트웨어 엔지니어인 제러미 긴스버그Jeremy Ginsberg가 구글Google에서 이끄는 팀은 인플루엔자가 유행할 때 사람들이 인플루엔자의 증상과 합병증, 치료약 등에 대해 더 많이 검색하는 경향이 있다는 것을 알게 됐다. 그들은 별로 놀라울 것이 없는 이 사실을 매우 중요한 일을 하는 데 사용했다. 특정 지역에 있는 사람들이 무엇을 구글링Googling하는지를 들여다보고 다가오는 독감 유행을 예측하는 시스템을 개발한 것이다. 그들의 조기경보 시스템은 질병의 조기경보를 위해 고비용의 방대한 인프라를 유지하고 있는 미국 질병통제예방센터Centers for Disease Control and Prevention CDC보다 훨씬 더 빨리 새로운 독감 유행을 식별해낼 수 있었다.(빅데 24)

아래의 그래프(거품 88)에서 볼 수 있는 것처럼 미국의 질병통제예방센터와 구글의 독감 트렌드 예상치는 아주 흡사한 내용을 보여주고 있다. 구글의 두 연구원 에이든과 미셸은 '다가오는 독감 유행을 예측하는 시스템'을 긴스버그가 개발했다고 서술하고 있다. 그래프에서 볼 수 있는 예측가능성은 가로축인 독감의 유행 시기와 세로축인 독감의 유행 크기이다. 한 눈에 보기에는 독감이 더 유행하거나 덜 유행하는 해가 있다는 것, 그리고 대개는 새해가 시작한 직후에 그렇지만, 어떤 해는 직전에 독감이 유행하기에, 그러한 패턴이 적용되지 않는 해도 있다는 것을 알 수 있다. 그렇다면 이 그래프를 보고 올해 언제

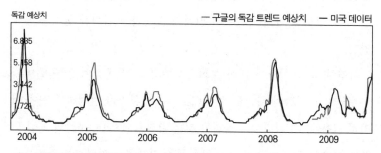

미국: 미국 질병통제예방센터에서 공개한 인플루엔자 의사환자(ILI) 데이터

그림 17 구글과 질병통제예방센터의 통계비교

독감이 유행하기 시작할지 그리고 얼마나 유행할지 알 수 있는가?

두 연구원은 '그들의 조기경보 시스템은 질병의 조기경보를 위해 …… 훨씬 더 빨리 새로운 독감 유행을 식별해낼 수 있었다'고 서술하고 있지만, 지진의 조기경보 시스템이 아무리 빨라도 지진이 오기 1주일 전에, 1일 전에, 1시간 전에 미리 예언하지 못하는 것처럼, 독감 조기경보 시스템이 첫 환자가 발생하기 1주일 전에, 1일 전에, 1시간 전에 미리 예언하지는 못한다.

그들이 그러한 표현으로서 의미하고 있는 것은, 그러한 조기경보 시스템이 독감 환자들이 발생하기 시작한 이후 독감이 얼마나 많은 사람들에게 어떤 속도로 유행할 것인가를 질병통제예방센터와 비슷한 정확도를 가지고 질병통제예방센터보다 더 빨리 식별할 수 있다는 것이다. 아마도 질병통제예방센터는 자신들의 통계절차가 구글의 통계절차와 다르기 때문에 구글보다 식별속도에서는 느리지만 확실한 근거를 가지고 정확한 속도와 범위를 식별한다고 주장할 것이다.

빅 데이터가 할 수 있는 일과 없는 일은 구분될 필요가 있다. 할 수 없는 것을 할 수 있다고 믿는 것은 미신이다. 할 수 있는 것을 이야기할 때도 그것의 한계를 정확히 밝히지 않는다면 미신을 불러올 수도 있다.

이러한 빅 데이터에 대한 분석으로부터 올해 독감이 언제 얼마나 유행할지 일찌감치 예언할 수 있다고, 즉 첫 환자가 발생하기 전에 이러한 일을 할 수 있다고 주장하는 것은 미신일 것이다. 구글의 독감 트렌드 예측의 의미는, 사람들의 행동들을 자세히 들여다보는 것만으로도, 환자들을 진료한 의료진들의 보고서를 취합하지 않아도, 그렇게 보고서를 취합했을 경우와 비슷하게 독감 유행의 트렌드를 알 수 있다는 정도에 머물러야 한다.

사실 긴스버그의 논문이 우리에게 알려주었다고 볼 수 있는 것은 독감의 트렌드에 대하여 알 수 있는 두 가지 방법이 있다는 것이다. 하나는 질병통제예방센터처럼 독감의 치료에 관계하는 전문가들로부터의 자료를 수집하여 독감의 트렌드를 알 수 있을 뿐만 아니라, 환자나 환자의 관련자들이 포털사이트에서 검색하는 내용을 수집해도 독감의 트렌드를 알 수 있다는 것이다.

사실 이는 독감에 관계하는 두 종류의 관계자, 즉 의료인들과 환자들과 그 관련자들로부터 도출된 각각의 자료에 근거하여 하나의 결론, 즉 각 시점의 독감의 유행 정도를 파악한 것이다. 인간 행동 일반으로부터 도출된 빅 데이터로부터 이러한 지식에 도달했다는 것은 분명히 새로운 가능성을 열어준 것이다. 하지만 그것이 새로운 가능성이라고 해서 무한정한 가능성은 물론 아니다.

김동환 교수 또한 빅 데이터의 거품에 대해 비판하는 그의 책에서 긴스버그의 논문과 빅 데이터의 유행과 관련하여 세 가지 점을 지적하고 있다. 첫째는 빅 데이터의 유행에 긴스버그의 논문이 결정적으로 기여했다는 점이다.

빅 데이터가 빠른 속도로 유행한 것은 빅 데이터가 미래를 예측할 수 있는 놀라운 능력을 가졌다는 주장 때문이었다. 이러한 주장의 근거로 늘 제시되었던 것이 구글의 독감 예측에 관한 논문이다.(거품 86)

둘째는 하지만 긴스버그의 논문은 빅 데이터의 능력으로 오해된 미래 예측을 다룬 것이 결코 아니라는 점이다.

그런데 이 논문의 제목을 잘 보아야 한다. 논문의 제목은 「Detecting influenza epidemics using search engine query data」였다. 여기서는, 논문의 제목에 예측이나 예언을 의미하는 'predicting'이라는 단어가 아니라 진단을 의미하는 'detecting'이라는 단어가 사용되었다는 점에 유의해야 한다. 이 논문의 제목만 그런 것이 아니다. 이 논문의 본문에서도 예측이라는 말은 한 번도 사용되지 않는다. (거품 89-90)

셋째는 그럼에도 불구하고 우리는 이 논문을 계기로 빅 데이터가 미래를 예측하게 해준다고 믿는 경향이 있는데 이는 빅 데이터와 관련해서 시급하게 수정해야 할 오해라는 것이다.

이 논문의 필진들은 구글의 빅 데이터 분석이 미래를 예측할 수 있다고 말한 적이 없다. 하지만 이들의 논문은 빅 데이터 분석이 가장 강력한 미래 예측 도구라는 주장의 근거로 이용되고 포장되어 확산되었다. 이들의 연구는 세계 각국으로 퍼져나갔다. 2년 정도 흐른 다음에는 우리나라에 상륙하여, 빅 데이터가 가장 중요한 국가 전략이 되어야하며, 빅 데이터를 준비하지 않으면 국가경쟁력을 상실하여 국가 간의 경쟁에서 뒤처질 것이라는 선언의 핵심 명분이 되기에 이르렀다. (거품 93)

빅 데이터의 정체

오늘날 유행을 타고 있고 사람들이 열광하고 있는 빅 데이터의 정체란 과연 무엇인가? 원리적으로 빅 데이터는 보통 디지털화된 거대한 문자, 사진, 소리, 동영상 자료를 일컫는다. 물론 때로는 아직 디지털화되지 않은 빅 데이터도 있을 수 있겠지만 처리를 위해서 디지털화되어야 하기 때문에 결국 우리가 빅 데이터라고 말할 때는 디지털화가 전제가 된다.

김 교수에 따르면 "빅 데이터의 초기에는 보통 트위터, 페이스북에 올라온 문자들을 빅 데이터라고 불렀는데, 이들은 비정형 데이터로서 문자 데이터인 셈이다. 요즘에는 빅 데이터의 범위를 더 넓게 잡는 편이어서, 신용카드 거래 내역이라든지 사물인터넷에서 보내는 신호까지 포함시킨다. 이들은 대체로 정형 데이터로서 숫자데이터다."(거품 155)

김 교수는 빅 데이터와 관련하여 빅 데이터도 데이터, 다시 말해서 '과거의 기록'이라는 점을 강조하고 있다. 그래서 김 교수는 빅 데이터가 미래와 직접적인 관계가 없다는 점을 지적하고 있다. "빅 데이터에 대한 가장 큰 망상은 빅 데이터를 통해 미래를 예측할 수 있다는 주장이다. 근본적으로 빅 데이터는 과거의 기록이다. 빅 데이터를 분석해서 과거에 어떤 일이 있었는지를 자세히 알 수 있다고 한다면, 어느 정도 수긍할 수 있다. 하지만 과거의 기록인 빅 데이터를 가지고 미래를 예측할 수 있다는 주장과 기대는 난센스이다."(거품 158)

또 김 교수는 빅 데이터가 기록자에 의해서 선정되어 기록된 것이기 때문에 사실 그 자체가 아니라는 점을 지적한다. "여기에서 중요한 것은 데이터는 기록된 것이지, 발생한 그대로의 사실이 아니라는 것이다. 그 기록이 틀릴 수도 있고 사실에 가까울 수도 있다. 기록은 언제나 누군가에 의해 기록된 것일 뿐이다, 그것을 기록한 자가 사람일 수도 있고 기계일 수도 있다. 하지만 그것은 기록한 자의 시선으로 본 것일 뿐, 그 내용이 사실이라고 단정할 수는 없다."(거품 157)

그렇다면 빅 데이터를 가지고 우리가 지금 기대하고 있는 것처럼 미래를 예측하려면 어떻게 해야 하는가? 김 교수는 그래서 이론이 필요하다고 지적한다. 그에 따르면 데이터는 과거의 기록으로서 상관관계correlation를 따져서 과거를 평가할 수 있도록 해준다. 이에 반해 이론은 과거와 현재와 미래 언제라도 적용되는 통시적 원리로서 인과관계causal relation를 따져서 미래를 예측할 수 있도록 해준다.(거품 160)

김 교수는 이러한 자신의 입장을 행태주의, 경제학, 통계학, 심리학, 인공지능의 대가이자 20세기의 천재라고 불리는 허버트 사이먼Herbert A. Simon이 저술한 책의 한 구절을 인용하여 웅변하고 있다. "인류가 등장한 이후 밤하늘에 원시인들의 머리 위로 무수히 많은 별들이 떠 있었다. 하지만 케플러의 이론이 나오기 전까지 사람들은 별들의 운행을 이해할 수 없었다."(거품 154 재인용)

이러한 김 교수의 입장을 수용한다고 하더라도, 우리가 구별해야 할 것은 스몰 데이터와 빅 데이터다. 쉽게 짐작할 수 있는 것처럼, 스몰 데이터에서는 우리가 충분하지 못한 것을 대표성을 가지는 것으로 오해할 수 있다. 빅 데이터는 이러한 오해에서 우리가 상당히 벗어나게 해준다. 주사위를 열 번 던진 결과에서 우리는 확률값을 정확히 산출할 수 없다. 백, 천, 만, 십만, 백만 번 던질수록 우리는 더 정확한 확률값을 구할 수 있다. 이것이 빅 데이터와 스몰 데이터를 구분해야할 최소한의 이유가 된다.

김 교수가 지적하고 있는 다음의 예는 바로 이러한 점을 확실하게 보여준다. 서울시가 심야버스의 운행노선을 정하려고 했을 때, 어떻게 해야만 했을까? 누가 가장 많은 사람이 이용할 운행노선을 알 수 있었을까? 자연인 누구라고 하더라도 이를 안다고 주장하기는 쉽지 않다. 다수의 서울 시민에게 물어보아도 결과는 거의 비슷하였을 것이다.

2013년에 서울시는 KT와 양해각서를 맺고 KT 고객의 통화 기지국 위치와 청구지 주소를 활용해 유동 인구를 파악 및 분석했다고 한다. 3월 한 달 동안 매일 자정부터 오전 5시까지의 통화 및 문자메시지 데이터 30억 건을 활용했다. 서울시 전역을 반경 500m 크기의 1,252개 정육각형으로 나누고, A육각형에서 심야에 통화한 사람이 B육각형에 살고 있다면, 결국 A에서 B로 이동하는 수요가 있는 것으로 판단했다. 이렇게 빅 데이터를 활용해서 선정한 심야 버스 노선에 대해서 많은 서울 시민들이 만족해했다. 이러한 서울시의 빅 데이터 활용은 과거 행태에 대한 이해와 평가에 초점을 둔 것이었다.(거품 163-64)

빅 데이터의 성공과 실패

빅 데이터를 제대로 활용하면 이제까지 인류가 결코 가질 수 없었던 새로운 정보들을 얻어내는 주요한 통로가 된다. 김 교수가 인용하

고 있는 또 다른 성공사례는 보건복지부의 경우다. "2016년에 보건복
지부는 10개 기관에서 수집한 19종의 정보를 빅 데이터로 분석해서
사각지대에 놓인 복지대상자 1만 8,318명을 찾아냈다고 밝혔다. 이
역시 과거 이해 및 평가에 관한 빅 데이터의 능력을 활용한 좋은 사례
다."(거품 164)

　구글의 두 연구원 에이든과 미셸이 들고 있는 외국의 한 성공 사례
를 보면, "네이트 실버Nate Silver는 갤럽Gallup, 라스무센Rasmussen, 랜드
RAND, 멜맨Mellman, 시엔엔CNN을 비롯해 다른 많은 곳에서 나온 대통
령 선거에 관한 방대한 수치들로부터 데이터를 수집했다. 이 데이터
를 사용해 그는 오바마가 2008년 선거에서 이길 것이라고 정확하게
예측하고, 49개 주와 워싱턴DC 선거인단의 승자를 정확하게 예측했
다. 그의 예측이 틀린 단 하나의 주는 인디애나였다. 개선의 여지가 별
로 없을 정도로 훌륭했지만, 그는 다음 선거에서 이 부분을 개선했다.
2012년 대통령 선거 날 아침, 실버는 오바마가 90.9%의 확률로 롬니
를 이겼다고 선언했고, 워싱턴DC와 모든 주-물론 인디애나도 포함
한-에서의 승자를 정확하게 예측했다."(빅데 25)

　물론 우리는 오늘날 이러한 모든 예측 프로그램들이 실패한 사례를
알고 있다. 2016년 도널드 트럼프Donald Trump의 대통령 당선은 거의 모
든 예측 프로그램들이 예측하지 못한 결과였다. 빅 데이터는 우리가
사실에 접근하는 유력한 하나의 통로이며 심지어는 이론의 도움을 받
아 이러한 과거의 기록에 근거하여 미래의 사실을 예측할 수 있게까
지 해준다. 그러나 그렇다고 하더라도 과거의 선정된 기록들이 그리
고 데이터에 대한 이론적 접근이 완벽한 것은 아니다. 완벽하고자 하

는 것은 인간의 목표이지 현실은 결코 아니다.

때로는 빅 데이터가 난관에 봉착한 곳에서 스몰 데이터가 해결책을
제시하기도 한다. 알려져 있는 가장 유명한 예는 레고사의 좌절과 회
생이다.

> 한때 '잘 나가던 장난감 회사'로 이름을 날렸던 덴마크의 레고LEGO는
> 2000년대 초 파산 위기에 놓였다. 이런 우울한 상황에서 레고가 수차
> 례 빅 데이터 분석을 실시한 결과 도출된 결론은 한결 같았다. 바로
> 미래세대는 레고에 흥미를 잃는다는 것. '디지털 네이티브(1980년대
> 이후 출생자)'들은 이전 세대와 비교했을 때 시간과 인내심이 부족하기
> 때문에 더 이상 레고 같은 블록에 관심을 갖지 않을 것이라는 결론이
> 었다. …… [한 사용자 가정을 방문했던] 이때 레고 마케터들은 …… 아이
> 들이 자신의 손으로 직접 만든 레고는 그 자체로 아이들의 사회생활
> 에서 엄청난 의미를 갖는다는 것을 깨닫게 된 것이다. 이는 빅 데이터
> 를 통해서는 알 수 없었던 정보였다. 이후 레고는 업의 기본으로 돌아
> 가 '블록'에 다시 집중했다. 블록의 크기는 더 작아졌고, 조립 설명서
> 는 더 상세해졌다. …… 잘못된 분석으로 헛발질을 하던 레고는 이를
> 통해 극적인 턴어라운드에 성공했고 이제는 전 세계에서 가장 성공
> 적인 장난감 회사가 됐다.(매일경제 2016. 4. 15. 윤영선 기자)

위의 기사에서 『스몰데이터Small Data -The Tiny Clues That Uncover Huge Trends』
의 저자인 마틴 린드스트롬Martin Lindstrom은 스몰 데이터와 빅 데이터
의 상관관계를 이렇게 지적하고 있다. "스몰데이터는 원인을 파악한

다. 어떤 일에 대한 이유causation를 분석할 수 있다. 반면에 빅 데이터는 연관성correlation을 찾는 도구다. 상관관계를 찾기 위해서는 우선 가정 해야 하는데, 가설을 세울 때 중요한 도움을 주는 것이 다름 아닌 스몰 데이터다. 다시 말하자면 빅 데이터의 문제는 데이터의 양은 엄청 크 지만, 명확한 정보가 없다는 점이다. 때문에 데이터마이닝data mining 분 석가들은 수십억 개의 데이터를 보고 가설을 세우는 경우가 많다. 그 렇지만 소비자의 집을 직접 방문해 집안을 둘러보며 스몰데이터를 모 으는 방법만이 흥미로운 가설을 세울 수 있는 길이다. 이렇게 세워지 는 가설은 나중에 빅 데이터를 통해 맞는지 확인할 수 있다."

2009년 긴스버그의 논문이 『네이처』지에 게재된 후 2013년 디클레 인 버틀러Declan Butler는 『네이처』지에 "어디서 구글은 독감을 오해했는 가When google got flu wrong"를 발표하였다. 다음 그래프(거품 95 재인용)에서 볼 수 있는 것처럼 CDC 데이터에 더 가까운 것은 Google이 아니라 Flu Near You였다.

Flu Near You라는 자료는 오직 4만 6,000명이 참가하여 자신 혹은 친지가 독감에 걸렸다고 보고하는 방식으로 획득된 자료이다. 구글이 빅 데이터를 분석하였다면, 2011년에 이 자료를 고안한 존 브라운슈 타인John Brownstein은 스몰 데이터를 분석하였다. "많은 사람들은 크면 클수록 좋고, 많으면 많을수록 좋다고 믿는다. 이런 사람들은 당연히 빅 데이터를 더 신뢰한다. 하지만 현실은 그렇지 않다 거대한 것이 반 드시 좋은 것은 아니다."(거품 96-97)

빅 데이터는 성공하기도 하고 실패하기도 한다. 정확히 표현하면 그 러한 데이터를 사용하는 사람들이 성공하기도 하고 실패하기도 한다.

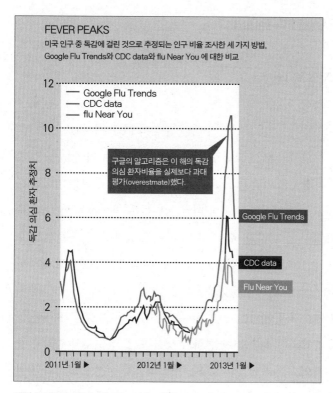

FEVER PEAKS

미국 인구 중 독감에 걸린 것으로 추정되는 인구 비율 조사한 세 가지 방법,
Google Flu Trends와 CDC data와 flu Near You 에 대한 비교

— Google Flu Trends
— CDC data
— flu Near You

구글의 알고리즘은 이 해의 독감
의심 환자비율을 실제보다 과대
평가(overestmate)했다.

독감 의심 환자 추정치

Google Flu Trends

CDC data

Flu Near You

2011년 1월 ▶   2012년 1월 ▶   2013년 1월 ▶

그림 18 구글, CDC, Flu Near You 비교

빅 데이터는 빅 데이터대로, 스몰 데이터는 스몰 데이터대로, 각각의
효용이 있다. 이런 데이터를 잘 이용하여 사실에 가까이 접근하면 할
수록 우리는 세계를 더 잘 이해할 수 있게 될 것이다. 이러한 사실접근
의 재미난 사례를 전자도서관의 빅 데이터를 통하여 알아보자.

전자도서관의 빅 데이터

역사학자와 빅 데이터

구글과 CDC의 독감 트렌드에 대한 분석이 아주 가까웠던 것처럼, 구글과 역사학자의 역사 트렌드에 대한 분석도 아주 가까울 수 있다. 미국의 공식명칭은 미합중국United States of America이다. 우리는 미국을 하나의 나라로 생각하지만 과거의 미국 국민들은 자신들을 한 주의 주민으로 보았지 한 나라의 국민으로 보지는 않았다고 한다. 하지만 오늘날의 미국인들은 우리처럼 자신들이 한 나라의 국민이라고 생각한단다. 언제 이러한 변화가 생겼을까?

미국의 역사학자 제임스 맥퍼슨James McPherson에 따르면 1865년 남북전쟁의 종식과 함께 이러한 변화가 생겼다. 결국 북부의 승리로 끝난 남북전쟁의 간접적인 결과로 각 주의 독립성은 크게 낮아지고 연방정부의 우월성이 높아진 결과였으리라. 하지만 이러한 변화는 또한 언어의 미묘한 변화에서도 감지할 수 있다. 1887년 「워싱턴 포스트Washington Post」에 게재된 한 기사에 따르면 "몇 년 전만 해도 합중국을 복수형으로 말하던 시절이었다. …… 제퍼슨 데이비스와 로버트 리 장군의 항복은 복수형에서 단수형으로의 전환을 의미했다."(빅데 9-10)

구글은 2004년 세계의 모든 책들을, 대략 1억 3,000만 권을,(빅데 74) 디지털화하는 계획을 세웠다. 그리고 그것을 꾸준히 추진했다. 9년 만에 3,000만 권(빅데 26)이 디지털화되었고 지금도 계속 진행 중이다. 이중의 일부를 이용하여 예컨대 위의 기사가 사실인지 확인해 볼 수 있다. 구글의 두 연구원 에이든과 미셸은 이러한 일을 하기 쉽도록 엔그램 ngram이라는 시스템을 준비하였다. 그들과 구글 덕분에 우리도 books. google.com/ngrams라는 웹페이지에서 이를 직접 확인할 수 있다.

이 글을 작성하고 있는 현재, 이 사이트에 접속해 'Graph these comma-seperated phrases:' 옆의 박스 속에 'The United States are'라는 표현과 'The United States is'라는 표현을 쉼표로 분리하여 입력하고 'Search lots of books'를 클릭하면 다음과 같은 그래프를 얻을 수 있다. 그래프를 보면 남북전쟁이 끝난 1865년에는 여전히 복수형이 우세했지만 1880년을 기점으로 단수형이 추월하는 것을 볼 수 있다. 최고점을 친 해는 1940년대 초반인데 이때의 빈도는 10억 단어 당 700번 정도이다. 그러니 맥퍼슨이나 「워싱턴 포스트」의 기사와 거의 흡사한 용례를 확인할 수 있다.

우리가 구글의 독감 트렌드 예측을 직접 해볼 수 있는 웹페이지는 없지만, 구글의 역사 트렌드 예측을 직접 해볼 수 있는 웹페이지는 있기에, 우리가 직접 빅 데이터를 활용하는 경험을 가져볼 수 있게 되었다. 물론 디지털화된 도서들의 일부를 이용한다는 한계점은 분명히

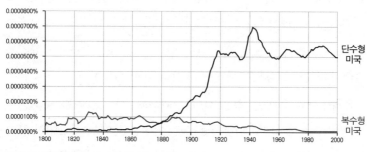

그림 19 복수형 미국과 단수형 미국

존재한다. 이러한 한계를 상정하지 않을 때 우리는 앞에서 본 것처럼 미신에 빠지기 때문이다.

그렇다면 우리는 이것을 어떻게 이용할 것인가? 다른 사람들이 이 것을 어떻게 이용했는지 알게 된다면 우리의 관심사를 가지고 이것을 이용하려고 할 때 많은 참고가 될 것이다. 이를 위해서 구글의 두 연구원이 이를 어떻게 이용했는지 쫓아가 보기로 하자. 빅 데이터는 인문학을 어떻게 바꾸어 놓을 것인가?

영어의 불규칙동사와 규칙동사

구글의 두 연구원은 영어의 불규칙동사 thrive와 drive 중에서 전자는 thrived가 과거형이 된 데 반해 후자는 여전히 drove가 과거형인 이유를 추적하였다. 그들이 발견한 것은 규칙동사가 먼저 있었고 불규칙동사가 그 다음에 생겨난 것이 아니라, 불규칙동사가 먼저 있었고 나중에 규칙동사가 생겨났다는 역사적 사실이었다.

불규칙동사의 유래는 다음과 같다. "프로토 인도 유러피언은 일정한 규칙에 따라 모음을 바꿔 어떤 단어를 그것과 관련된 다른 것으로 변환하는 시스템을 가지고 있었는데, 그것은 흔히 학자들에게 모음전환ablaut이라는 현상으로 알려졌다. 영어에서는 모음전환이 불규칙동사에서 미묘한 패턴으로 아직 남아 있다."(빅데 53-54)

규칙동사의 유래는 '치음 접미사dental suffix'라고 불리는 -ed를 동사에 붙이는 방식에서 비롯되었는데 "기원전 500년에서 250년 사이에 스칸디나비아에서 쓰인 게르만 조어祖語Proto-Germanic에서 등장했다.

…… 그런데 우연히 새로운 동사들이 등장했고 그중의 일부는 과거의 어떠한 모음전환 패턴과도 전혀 들어맞지 않았다. 그래서 게르만 조어 사용자들은 새로운 것을 발명했다. 이처럼 새롭고 비타협적인 동사에 ed를 붙여 과거 시제를 만든 것이다."(빅데 54-55)

시간이 지나면서 상황은 반전되었다. 새로운 규칙이 옛 규칙을 밀어내기 시작하였다. "약 1,200년 전 고대 영어의 대표적인 문헌인 『베오울프』가 쓰일 때쯤에는 영어 동사의 3분의 1이 새로운 규칙을 따르고 있었다. 오래된 모음전환 규칙은 한번 힘이 빠지기 시작하자 달아나기 시작했고, 신출내기 '-ed 규칙'이 그것을 내쫓았다. 그 이후 1,000년 동안 불규칙동사들은 점점 사라졌다."(빅데 55)

이러한 변화의 지난 200년간의 변화의 예가 throve와 thrived이다. 엔그램 뷰어ngram viewer를 통해서 보면 1920년을 전후하여 엎치락뒤치락한 끝에 이제는 thrived가 다수설이 되었다. 그렇다면 왜 drove는 살아남았는데 throve는 죽었을까? 이에 대한 그럴듯한 해석은 다음과 같은 것이다. "그들은 우리가 불규칙동사를 덜 자주 만날수록 익히기는 어려운 반면에 잊어버리기는 쉽다고 설명했다, 그래서 예를 들

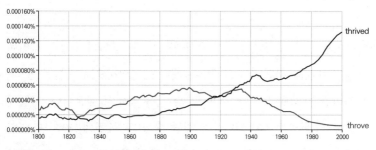

그림 20 throve와 thrived의 출현빈도

어 throve처럼 빈도가 드문 불규칙동사는 drove와 같이 빈도가 높은 것들에 비해 빨리 사라졌다. 오랜 시간이 지나면서 빈도가 낮은 불규칙동사들은 탈락했으며, 그 결과 불규칙동사들은 전체적으로 빈도가 더 높아졌다."(빅데 57)

그렇다면 불규칙동사들은 어느 정도의 속도로 규칙동사로 전환되었을까? 두 연구원은 이렇게 주장하고 있다. "우리는 불규칙동사의 규칙동사로의 변환을 조사하면서, 빈도를 계산에 넣을 경우 규칙화 과정은 방사성 원자의 붕괴와 수학적으로 전혀 구별할 수 없다는 사실을 발견했다. 나아가 우리가 어떤 불규칙동사의 빈도를 안다면 그것의 반감기를 계산하는 공식을 세울 수 있을 정도였다."(빅데 60-61)

그들이 예로 들고 있는 단어 drink와 speak는 빈도가 백 번 내지 천 번에 한 번인데, 이러한 단어들의 반감기는 대략 5,400년으로 예상한다. 그들의 주장에 따르면 과거의 추세를 고려할 때 그들이 조사한 불규칙동사 177개 가운데 2500년경에는 83개만이 불규칙동사로 남을 것이다.(빅데 61) drove는 7,800년 후에 drived로 바뀔 예정이다.(빅데 62-63)

단어의 탄생과 죽음

단어는 언제 태어나서 언제 죽을까? 우리는 단어의 죽음을 사전에 게재되는 때와 사전에서 삭제되는 때라고 편의적으로 말할 수 있다. 사전이란 사람으로 치면 주민등록과 같은 것이기 때문이다. 연말에 우리는 사전에 등록된 신어들을 만날 수 있다. 예컨대, 2016년 11월 영국 옥스퍼드대 출판부는 올해의 말들 중의 하나로 Brexiteer라는 단어를 들었는데, 이는 영국의 유럽연합EU 탈퇴, 즉 브렉시트Brexit에 찬성한 사람들을 가리킨다.(한국일보 2017. 1. 3. 이재현 기자)

그렇다면 누군가가 만든 단어가 사전에 등록되기 위해서는 어떤 조건을 갖추어야 할까? 여기에 대해서는 객관적인 조건이라기보다는 주관적인 조건, 즉 사전편찬자의 의견이 주된 영향을 발휘할 것이다. 두 연구원은 자기들이 엔그램을 가지고 사전을 생각할 때 다음과 같은 객관적 조건을 내세웠다. "영어 단어는 영어 텍스트에서 최소한 평균 10억 개의 1그램당 한 차례 등장하는 1그램이다."(빅데 93)

그들이 이러한 기준으로 구상한 사전과 현재의 사전을 비교한 결과는 사뭇 흥미로운데, 그것은 현재의 사전에 단어의 빈도가 100만 번에 한 번 이상의 경우는 거의 등록되지만, 자신들의 기준인 10억 번에 한 번의 경우에는 25% 정도밖에 등록되지 않았다는 것이다.(빅데 97) 그들이 발견한 사실은 다음과 같다. "결과적으로 책에서 사용된 단어의 대다수, 즉 영어의 52%가 어휘의 암흑물질인 것으로 드러났다. 우주의 상당 부분을 구성하는 암흑물질처럼 어휘의 암흑물질은 언어의 상당 부분을 이루지만 표준적인 참고문헌에서는 포착되지 않은 채 존재한다."(빅데 98)

그렇다면 각 시대마다 사용되는 단어뭉치의 크기는 어떨까? 증가할까 유지될까 감소할까? 구글의 두 연구원은 세 시기를 검토했다. 그러자 1900년과 1950년을 비교해 보면 55만 단어 근처에서 유지되는 것으로 보였다. 하지만 1950년과 2000년을 비교하자 2000년에는 100만 단어 근처로 치솟았다. 이 추세는 매일 20개, 매년 8,400개의 단어가 추가되는 그러한 상황이다.(빅데 99-100)

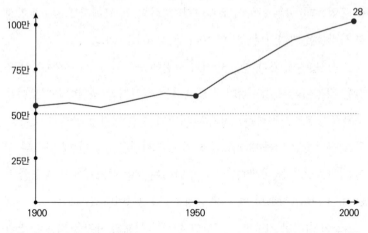

그림 21 단어뭉치의 연도별 크기

특별한 단어들의 탄생과 죽음

우리가 엔그램 웹페이지books.google.com/ngram에 직접 접속하면 필자가 이 글을 쓰고 있는 현재는 세 사람의 이름이 이미 입력되어 있다. Albert Einstein, Sherlock Holmes, Frankenstein이 그들이다. 그래프는 그들의 이름이 언제 책들에 등장했는지도 보여주지만 시기마다 그들이 책들에서 얼마나 언급되었는지도 보여준다. 1960년에는 A〉S〉F 순서였지만, 2000년에는 F〉A〉S 순서이다. 여기서 알 수 있는 것처럼, 우리는 엔그램이라는 도구로 특별한 종류의 단어, 즉 고유명사의 탄생과 죽음과 유행을 객관적으로 언급할 수도 있다.

그림 22 고유명사 빈도 비교

이러한 언급도를 우리가 유명세를 떨치는 것으로 해석한다면, 인물들의 유명도를 판단할 수도 있다. 물론 이렇게 유명도를 판단하는 데는 여러 가지 문제점이 있을 수 있다. 예컨대 엔그램으로 판단할 때 유명 배우보다 유명 학자가 더 유명한 것으로 나타나겠지만, 그것은 책의 세계에서 그렇다는 것이지 대중매체의 세계에서 그렇지는 않을 것이다. 대중매체에 엔그램 같은 것이 있다면 당연히 그 결과는 정반대일 것이다. 두 연구원은 배우 로버트 레드포드Robert Redford와 학자 캐럴 길리건Carol Gilligan을 비교하고 있는데(빅데 123), 독자 여러분이 직접 엔그램에서 확인해 볼 것을 권한다.

이러한 비교는 세대별로도 가능하다. 두 연구원은 각 출생년도 별로 가장 많이 언급되는 50명씩을 선정하여 서로 비교해 보았다. 그랬더니 아주 흥미로운 현상을 볼 수 있었는데, "데뷔, 기하급수적 성장, 절정, 점진적 쇠락을 보여주는 이런 형태는 우리가 연구한 모든 집단에서 일반적으로 나타났다. 그러나 각 집단에는 저마다 미묘한 변화가 있는데"(빅데 138) 이것 또한 흥미롭다.

예컨대, 데뷔 연령은 1800년에는 43세였지만, 20세기 중반부터는

29세로 낮아졌다. 기하급수적 성장에도 차이가 있었는데, 1800년생 집단의 경우 명성이 두 배가 되는 데 약 8년이 걸렸고, 절정에 이를 때까지 명성이 약 네 배 더 커졌다. 1950년생 집단의 경우 명성이 두 배가 되는 시간은 3년이면 충분했다. 절정의 연령은 별로 큰 차이가 없었는데, 대개 75세에 절정에 이르렀다. 점진적 쇠락의 경우도 1800년에 반감기는 120년이었지만, 1900년에는 71년이었다.(빅데 139-41) 간단히 말하면 오늘날의 사람들은 과거의 사람들보다 더 일찍 유명해지고 더 많이 유명해지지만 정점을 찍는 나이는 75세 정도이며 더 일찍 망각되기 시작한다.

유명의 정도, 즉 얼마나 많이 언급되느냐는 직업에 따라서도 차이가 나타났는데, 두 연구원이 비교한 직업군들을 보면 정치인〉작가〉과학자〉배우〉예술가〉수학자 순이다.(빅데 143) 물론 여기서도 앞에서 본 것처럼 유명 배우보다 유명 작가가 우대를 받고 있는 것을 볼 수 있다. 우리가 지금 언급하고 있는 것은 책에서 언급된 정도이니 말이다.

고유명사도 특별한 종류의 단어에 해당되지만 연도도 또한 특별한 종류의 단어라고 볼 수 있다. 연도는 사람이 아닌 시간을 가리키는 고유명사이기 때문이다. 그렇다면 이러한 연도도 고유명사와 마찬가지의 사이클을 가질 것이라 예상할 수 있는데, 두 연구원에 따르면 과연 그러하다. "1950의 역사는 우리가 기록에서 가지고 있는 모든 연도의 이야기다. 소년은 X연도를 만난다, 소년은 X연도와 사랑에 빠진다, 소년은 새로운 모델을 찾아 X연도를 떠난다. 소년은 시간이 흐르면서 그의 X연도에 대해 점점 드물게 회상한다."(빅데 195) 이러한 사이클에서 반감기 또한 빨라지고 있다. 1872년의 반감기는 24년이었지만,

1973년의 경우에는 10년이었다.(빅데 196)

기술적 발명품의 탄생과 죽음

오늘날 우리가 빅 데이터를 사용할 수 있게 된 것은 그간의 기술 발전 때문이었다. 그래서 우리는 우리 이전의 세대들은 결코 꿈꿀 수 없었던 인문학의 연구도구를 손에 넣게 되었다. 예전에는 연구계획이 수립되고 계획에 따라 수많은 노동이 이루어진 다음에 연구결과가 나왔다. 지금은 연구의 아이디어가 핵심이다. 그 아이디어에 따른 통계적 작업은 프로그램이 해결해 준다.

과거에 도서의 색인을 만들려면 색인에 나타날 단어를 지정하고 그 단어를 책에서 일일이 찾아 그 페이지를 적어야만 했다. 그러나 지금 색인은 색인에 나타날 단어만 지정해 주면 워드프로세서가 알아서 만든다. 지금 우리는 엔그램을 가지고 비교할 단어만 지적해 주면 우리가 일일이 책을 다 찾지 않아도 그 빈도의 차이를 확인할 수 있다.

이렇게 우리에게 새로운 도구를 안겨준 기술도 사람이나 연도와 같

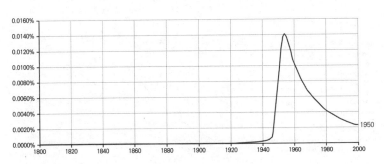

그림 23 연도의 빈도 비교

은 사이클을 겪게 되는 것일까? 그렇겠지만 조금 사정은 다르다. 다음과 같은 이유에서다. "새로운 기술적 아이디어를 한 사회가 완전히 받아들이려면 발명을 구현할 기술적인 노하우, 그것을 사용할 수 있는 기술적 기량, 그것의 판매와 보급을 유발시키는 경제적 모델, 그것의 확산을 돕는 인프라 등이 전부 필요하다."(빅데 199)

우선 대표적인 발명품 몇 가지를 살펴보자. 리볼버 권총, 타자기, 세탁기, 진공청소기의 역사를 우리는 아래의 그래프에서 볼 수 있다. 리볼버 권총이나 타자기가 상대적으로 높은 빈도를 보이는 대신 세탁기나 진공청소기는 상대적으로 낮은 빈도를 보인다. 1930년대 이후 리볼버 권총은 계속 하향국면에 있지만 타자기는 세 번의 정점을 보이다가 1980년대 이후 하향국면에 있다.

구글의 두 연구원은 "문화적 충격이 최고치에 이르렀을 때의 4분의 1 지점에 도달하기까지"(빅데 205)의 시간을 측정했다. 그러자 리볼버는 24년, 타자기는 45년이라고 나타났다. 워크맨은 10년, 청바지는 103년이 걸렸다. "발명들이 전파되는 데 걸린 시간은 유명인사들이

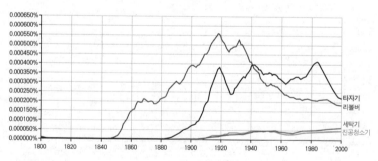

그림 24 기술제품의 빈도 비교

유명해지는 데 걸린 시간에 비해 훨씬 다양한 것으로 드러났다."(빅데 205-6)

그들은 이러한 점을 각 시대별 기술들에 적용하였는데, "19세기 초기의 기술들은 영향력이 최고치의 4분의 1에 도달하기까지 65년이 걸렸다. 세기 전환기의 발명품들은 겨우 26년이 걸렸다. 집단학습 곡선은 10년마다 2.5년씩 줄어들며 갈수록 짧아지고 있다. 사회는 점점 더 빨리 배우고 있다."(빅데 206-7)

구글의 두 연구원은 앞에서 우리가 엔그램을 이용하여 살펴본 이런 모든 현상들의 원인에 대하여 어떻게 생각하고 있을까? 그들의 답은 간명하다. "우리는 정말로 모른다. 엔그램들은 과거에 대해서만 말해준다. 아, 그들은 미래를 예측하지는 못한다. 아직까지는."(빅데 209)

당신의 입장은?

1. 빅 데이터 전문가들은 빅 데이터를 효과적으로 활용하기 위하여 개인 정보들 중의 일부를 개방해야 한다고 주장하고 있다. 당신은 이러한 개인 정보 활용에 찬성하는가, 반대하는가?
2. 도서 데이터의 활용을 위하여 현재보다 도서판권의 유효기간을 50% 줄이자는 제안이 있다고 가정해 보자. 당신은 이에 찬성하는가, 반대하는가?
3. 대학에서 사용하는 각종 저작물들에 대하여 대학은 교육목적을 앞세워 무료사용을 주장하고, 저작권리 대행업체는 유료사용을 주장하고 있다. 당신은 이 두 입장 중 어느 입장을 선택할 것인가?

더 깊고 더 넓게 읽을거리

1. 김동환, 『빅 데이터는 거품이다』, 서울: 페이퍼로드, 2016.
2. 에이든/미셸, 『빅 데이터 인문학: 진격의 서막』, 김재중 옮김, 파주: 사계절, 2015.
3. 박형준, 『빅 데이터 전쟁』, 서울: 세종서적, 2015.
4. 매일경제기획팀/서울대 빅데이터센터, 『빅 데이터 세상』, 서울: 매경출판, 2014.

13장

나는 속고 있는가?
: 진실과 선전

우리는 자신이 세상을 알고 있다고 생각한다. 자신이 세상에 대해서 알고 있는 것은 자신이 알아낸 것으로서 남에게 얻은 것이라고 생각하지 않는다. 그러나 잠깐만 생각해 보아도 자신이 알아낸 것이 별로 많지 않다는 것을 알게 될 것이다.

지구가 둥글다는 것을 언제 자신이 알아냈는가? 만약 내가 발견할 수 있었다면 지구가 평평하다고 믿었던 시대의 사람들도 발견할 수 있었을 것이다. 그 사람들은 다른 사람들이 평평하다고 생각하던 시대에 태어나 그렇게 얻어들었고 나는 둥글다고 생각하는 시대에 태어나 그렇게 얻어들었을 뿐이다.

내가 지금 읽고 있는 이 말들을 어떻게 알게 되었는가? 세종대왕의 후손이어서 태어날 때부터 알고 태어났는가? 부모님과 선생님들, 친구들과 이웃들에게서, 언론과 인터넷에서 보고 듣고 배워서 우리는 이 말들에 대한 앎을 가지게 되었다.

물론 우리는 많은 것을 보고 듣고 배우지만 그렇다고 그렇게 한 많은 것들을 모두 수용하는 것은 아니다. 어떤 것은 배척하고 다른 것은 수용한다. 그러기에 우리가 가지게 된 앎을 내가 확인한 것이라는 의미에서 나의 것이라 생각하고 남의 것이라 생각하지 않는다. 나의 것은 나의 것인 것이 맞기도 하다. 하지만 나의 것은 남의 것이 나의 것으로 된 경우가 대부분이다.

그러기에 나의 앎은 때로 잘못된 것일 수도 있다. 나의 앎이 잘못되는 원인이 이처럼 앎의 재료를 제공하는 남에게서 비롯된 것일 수도 있고, 남이 제공한 것을 내가 받아들일 때 나의 잘못에서 비롯된 것일 수도 있다. 그래서 나의 앎의 진실성에 대해 검토해 보고자 하는 이 장에서는 이러한 두 방향에서의 속임을 각각 살펴보고자 한다.

타인에 의한 속임

먼저 살펴보고자 하는 속임은 타인에 의한 속임이다. 타인들은 나를 자신들에게 유용하게 행동하도록 하기 위하여 나를 속이고자 한다. 우리는 대개 그러한 속임을 경계하고 있기는 하지만 쉽게 속아 넘어가는 것이 또한 현실이기도 하다. 이러한 속임에 대하여 프랑스에서 '지성의 자기방어auto-defense of intelligence'라는 교과목을 운영하고 있는 소피 마제Sophie Mazet가 자신의 책 『너희 정말, 아무 말이나 다 믿는구나!』에서 논의하고 있는 내용을 따라 같이 생각해 보기로 한다.

언론

오늘날 우리가 얻는 정보의 대부분은 언론을 통한 것이다. 정보가 어디에 실려 있든 간에, 인쇄된 종이든, 텔레비전의 영상이든, 컴퓨터나 스마트폰의 모니터든 간에, 언론이 우리에게 제공한 것이다. 군사용어로 첩보와 정보는 수집된 자료와 유용하다고 판단된 자료로 구별된다. 마찬가지로 언론이 제공하는 정보도 그 언론사가 자신들에게 유용하다고 판단한 자료들이다. 특히 오늘날 언론은, 흔히 시청률 경쟁이라고 말하듯이, 자기존재를 유지하고 발전시키기 위하여 정보를 판매해야 하기 때문에, 더욱 더 유용성을 따진다.

정보를 판매한다고 하면, 가장 효과적인 판매법은 소비자가 원하는 정보를 판매하는 것이다. 어떤 정보가 그러한 정보일가? 마제 교사는 다음과 같이 지적하고 있다.

주제는 되도록이면 참신해야 하고 경우에 따라선 계절에 맞아야 한다. 갈등이나 이슈를 유발해야 하고, 희한하고 흔치 않은 사건을 다루어야하며 우리가 알고 있거나 우리에게 친숙한 인물과 관련 있어야 한다. 또한 극적인 연출이 용이해야 한다. 간단하고 빠르게 설명할 수 있어야 한다. 시각적 요소가 있어야 하며 특히 스크린 송출에 최적화된 영상이면 더 좋다. 끝으로 지금 뉴스에 나오는 시의성 있는 테마여야 한다.(너희 30)

그녀가 예로 들고 있는 것은 리얼리티 쇼를 통하여 스타가 된 사람의 치정 상해사건이다. 친숙한 인물의 전례가 없는 희한한 사건으로서 치정이라는 범주에 적합하여 간단하고 빠르게 설명할 수 있었고 상해 화면이 있었고 프랑스 사회의 한 단면을 보여주어 논쟁거리가 되었다. 이러한 사건은 정보로서의 가치는 없지만 인포테인먼트 infotainment, 즉 재미있는 가십거리가 된다. 우리가 소비하는 정보들은 이처럼 정보로서의 가치에 의해 제공되기보다는 정보를 가장한 흥밋거리로 제공된다.

이러한 정보들과 관련하여 전문가의 견해를 들려주는 경우에도 그러한 견해를 들려주는 패널panel은 보통 늘 같은 사람이 출연한다. 왜 그 패널이 고정적이냐 하면 기자들이 요청하는 패널은 세 가지 조건을 충족시켜야 하기 때문이다. 첫째, 짧고 간결하게 답해야 한다. 둘째, 방송국에 나올 수 있어야 한다. 셋째, 기자가 추구하는 입장에 동조해야 한다.(너희 33) 그래서 패널은 제한될 수밖에 없으며 들을 수 있는 이야기는 특정한 방향에 치우칠 수밖에 없다.

우리 정보의 유력한 통로가 언론이기 때문에 우리가 알고 있는 세계는 사실 세계 그 자체라기보다는 언론에 의해서 선택되어 우리에게 제시된 세계에 불과하다. 그래서 우리는 언론이 오보를 하게 되면, 그러한 오보를 진실로 받아들이게 된다. 나중에 언론이 그것이 확인되지 않은 보도였다고 정정하여도 정정보도를 보지 못하거나 보았다고 하더라도 자신의 머릿속의 정보를 수정하지 않은 경우 본인은 그것을 여전히 사실로 인지하게 된다.

마제 교사가 들고 있는 재미있는 예화는 이슬람 극단주의자들이 프랑스 잡지사 샤를리 에브도를 공격했던 테러사건 이후에 미국의 폭스

뉴스가 파리에 가면 이슬람법인 샤리아로 통치되는 비무슬림 제한지역 '노고존no-go zone'이 있다는 루머를 보도했다는 것이다. "한 번도 파리에 와 본적 없는 미국인들에겐 루머가 퍽 현실적으로 느껴졌음이 분명하다."(너희 39) 미국인들이 뉴욕에 대한 이런 보도를 보았으면 코웃음을 쳤을 것이다. 그러나 그것이 자신이 직접 알지 못하는 파리였기에 폭스뉴스를 받아들일 수도 있다. 그러면 우리는 어떠할까?

마제 교사는 언론의 이러한 기만에 대응하기 위하여 우리가 정보와 거리를 유지하는 것이 필요하다고 지적하고 있다. 이를 위해서 그녀가 추천하고 있는 방법은 다음과 같다. "우선, 항상 반대되는 입장에서 생각해 볼 것을 권한다. 그리고 하나의 테마나 주제를 시간을 두고 꾸준히 따라가되 모든 정보매체는 사건을 소개할 때 일련의 선별과정을 거친다는 사실을 기억해야 한다."(마제 41)

작가

뉴스가 인포테인먼트로 전락해서 우리의 세계를 실제 세계와 다르게 만들어 내듯이 드라마 작가들은 자신들이 공공연하게 픽션이라고 게시하고 있으면서도 우리의 세계를 실제 세계와 다르게 만들어낸다. 사실 작가는 뉴스앵커보다는 책임이 없다. 자신들은 분명히 픽션이라고 밝혔는데도 그것을 현실로 받아들인 것은 우리였으니 말이다.

상황이 이렇게 된 데에는 오늘날 우리가 드라마를 대하는 방식과도 큰 상관이 있다. 과거에는 드라마를 정한 시간에 시간적 간격을 두고만 볼 수 있었다. 바쁜 일정 때문에 뛰어넘기도 예사고 한 이야기와 다음 이야기 사이에 하루나 일주일의 간격이 있었다. 그래서 현실 사이에 삽입된 환상이라는 점을 쉽게 파악할 수 있었다.

하지만 오늘날 넷플릭스와 P2P 사이트는 드라마 몰아보기를 가능하게 한다. 특히 외국드라마의 경우 한 시즌 대개 열두 회를 한꺼번에 보게 된다. 그것도 밤을 꼬박 새우면서 말이다. 이럴 경우 우리의 의식은 그 드라마 속에 완전히 침잠하게 된다. 이렇게 되면 우리의 의식은 현실과 분리되어 일종의 마비상태에 빠지게 되고 드라마는 마치 현실인 것처럼 느껴지게 된다.(너희 47)

우리가 선전이라는 말을 부정적으로 생각하는 이유를 제공해준 독일 나치스당의 선전부장 파울 괴벨스Paul Joseph Goebbels는 이러한 반복학습의 방법을 통하여 독일인들이 히틀러에 충성을 바치도록 세뇌하였다. 다음의 실험이 어떻게 그렇게 되었는지를 보여준다. "'레오나르도 다빈치는 동시에 두 명의 아내를 가졌다'거나 '총면적이 120만 제곱미터인 티베트는 중국 전체의 8분의 1을 차지한다'는 등의 여러 가지 주장들을 실험 참가자들에게 들려주었다. 몇 문장은 반복적으로, 나머지는 한 번씩만 들려준 결과, 피실험자들에게서는 반복해서 들었던 문장들이 '사실'이라고 믿는 경향이 뚜렷하게 나타났다."(너희 49)

일부 직종이나 분야들에 대해 우리는 드라마가 만들어낸 이미지를 바탕으로 믿게 된다. 물론 그 이미지는 작가의 상상력과 줄거리 전개의 필요에 따라 빚어진 허구일 뿐이지만, 현실 속 경찰계, 법조계, 의료계와 직접적으로 알고 지낼 가능성이 희박하거나 아예 없는 우리들로선 비교기준을 갖기가 어렵다.(너희 52-53)

범인이 항상 흑인인 까닭이 무엇인지 아는가? 그것은 고정관념을 반영하기 때문이다. 피해자가 대개 백인 여성인 까닭도 마찬가지다. 하지만 어떤 연구는 드라마의 범인이 실제보다 백인이 더 많다고 하는데, 그 이유는 고정관념을 깨기 위해서이기도 하고 다른 이유는 유명배우에 백인이 많아서 이기도 하기 때문이라고 한다.(너희 54) 한편 실제 피해자는 "FBI 통계에 따르면 1980년대부터 오늘날까지 강력범과 잡범을 막론하고 대부분의 피해자는 소수집단에서 나왔으며 흑인과 중남미 출신이 가장 많았다."(너희 55)

경찰 드라마나 리얼리티 프로그램을 통하여 우리가 범죄가 넘쳐나는 사회 속에서 살면서도 경찰력의 든든한 보호 아래 실제로는 별다른 범죄를 실감하지 않고 살고 있다고 생각하지만, 이는 경찰이 자신들의 존재의 정당성과 효율성을 홍보하기 위한 전술이기도 하다.

하지만 경찰보다 이러한 현상을 자신의 이익을 위해서 유효적절하게 사용하고 있는 이들은 드라마 속에서 간접광고Product Placement PPL를 수행하고 있는 광고인들이나 광고의뢰인들이다. (다음 항에서 이를 더 자세히 볼 것이다.) 우리는 인기드라마에서 유명 배우가 걸치고 나온 의상이나 액세서리가 품절되었다는 소식을 귀가 따갑게 듣고 있다. 하지만 간접광고가 상품에만 국한되는 것은 아니다. 그것은 사회적인 이슈일 수도 있고 정치적인 이슈일 수도 있다.

마제 교사가 들고 있는 예는 이러한 것이다. 미국 최초의 흑인 대통령 오바마가 당선되기 전에 이미 방영된 드라마 〈24〉에서 팔머라는 대통령이 오바마와 비슷한 배경과 정책을 가지고 있었는데 이것에 따라 "사람들은 오바마가 대통령이 되는 모습을 비교적 편안하게 받아들이게 되었다. 그런 점에서 〈24〉 작가들은 버락 오바마를 대통령으로 만드는 데 자신들이 일조했다고 믿고 있고, 아마도 사실일 것이다."(너희 65)

현실이 드라마에 영향을 미치는지 드라마가 현실에 영향을 미치는지 헷갈리는 세상에 우리는 살고 있다. 어떤 경우에는 현실이 드라마보다 더 드라마틱해서 드라마의 인기가 시들해지는 것까지 느끼며 우리는 살고 있다. 그러나 드라마는 드라마고 현실은 현실이다. 자신의 현실을 드라마와 뒤섞는 것은 영화 〈슈퍼맨〉을 보고서는 빨간 보자기를 어깨에 두르고 담장에서 뛰어내리는 아이와 같은 일일 뿐이다. 개그맨들이 늘 부르짖는 구호 '개그는 개그일 뿐'임을 잊지 않는 것이 좋다.

마제 교사는 이를 이렇게 말하고 있다. 영국의 시인 "콜리지 시대의 관객이나 독자들은 연극을 보거나 소설을 읽을 때 일시적으로 의심을 멈추고 그 속에 빠져들었다. 사실 스스로가 그런 상태라는 걸 인식하고 있으면 현실과 리얼리티 효과를 분간해내는 데 도움이 된다. 드라마를 보는 동안은 자발적으로 비판 정신의 가동을 중지시키고 특히 그 사실을 본인이 인지하고 있다면, 자신이 픽션 속에 들어와 있음을 아는 상태가 된다. 무엇보다 중요한 건 자신이 픽션 속에 있음을 기억하고 이 자발적 정지 상태를 일시적으로만 유지해야 한다는 점이다." (너희 69)

광고인

우리가 살고 있는 후기 산업사회는 미국의 경제학자 존 갤브레이스

John K. Galbraith가 그의 저서 『풍요로운 사회』(1985)에서 주장했듯이 의존효과dependence effect에 의거하고 있다. 의존효과란 인간의 자연적인 필요에 의해서 일어난 본래의 욕망original wants은 완전에 가깝게 충족되었기 때문에 풍요로운 사회는 생산의 계속을 위하여 인위적으로 조작된 욕망contrived wants에 의존하게 된다는 것이다.(김성동 85)

본래의 욕망은 생물로서의 자기애 때문에 생겨나는 것이지만 조작된 욕망은 타인보다 낫고자 하는 자존심을 이용하여 광고주가 소비자를 설득함으로써 생겨난다. 그래서 실제적으로는 타인보다 나을 것이 없음에도 불구하고 타인보다 나아진다는 환상을 가지고 우리는 끊임없이 구매하는 것이다. 이러한 설득의 대표적인 기법이 바로 광고이다.

광고는 AIDA라는 공식으로 도식화된다. 첫째, 주목Attention을 끌어라. 둘째, 흥미Intrest를 유발하라. 셋째, 갖고 싶게Desire 만들어라, 넷째, 행동Action하게 만들어라.(너희 150) 마제 교사는 다양한 광고의 기법을 인용하고 있다.

원시적이고 단순한 광고기법은 '우리 제품을 사라'는 식의 광고이다. 사실 모든 광고의 취지는 바로 이것 아니겠는가? 그러나 광고인들은 이것을 다양한 방식으로 숨긴다. 직접광고보다 간접광고가 더 효과가 있다는 것을 우리도 이미 알고 있지 않은가? 그래서 광고인들은 드라마에 은근슬쩍 끼워 넣고 입소문을 내게 하며, SNS에 올린다.

하지만 직접광고의 다른 형태도 있다. 소위 이미지 광고이다. 제품과 이미지를 결합시켜서 그 제품을 소유하면 자신이 그 제품과 연관된 이미지를 전이 받을 수 있을 것이라는 기대를 주는 광고이다. "맥컴퓨터 이용자중 대다수는 사무용 프로그램을 돌리거나 드라마를 보거나 음악을 들을 뿐이지만 애플 광고에 나타나는 '자아상'은 그보다 훨씬 매력적인 구매 동기를 부여한다. 사실 애플 광고치고 제품의 특징을 자랑하는 경우는 거의 없다."(너희 149)

이보다 더한 광고는 아예 제품에 대한 언급조차 하지 않는다. 명시적인 언급을 배제한 채, 제품 이미지에 모든 것을 건다. 실로 환유적인 광고라고 할 만한 것인데, "네스프레소의 커피 광고가 이런 방식이다. 조지 클루니가 제품을 대변하고, 커피 자체에 대한 정보는 전혀 나열하지 않는다."(너희 150) 김연아가 믹스커피의 광고모델인 이유도 바로 이러한 것이다.

광고인들이 이렇게 사실이 아닌 것들을 사실로 만들어 제품의 판매에 이용하지만, 오늘날의 광고는 사실인 것을 사실이 아닌 것처럼 숨기기까지 한다. 정말 역설적인데, 이는 광고인들이 자기들이 우리를, 즉 소비자를 너무 잘 알고 있다는 것을 숨기기 위하여 감행된다. 왜냐하면 광고가 자신을 너무 잘 알 경우 소비자는 자신이 감시당한다고 느끼기 때문이다.

마제 교사가 들고 있는 재미있는 한 예는 2011년 미국 미네소타 주의 한 십대 여학생에게 배달된 아기용품 관련 할인쿠폰 사건이다. 여학생의 아버지는 대형 슈퍼마켓 '타깃Target'에 항의를 했지만 알고 보니 그 여학생은 임신 중이었다는 것이다. 부모도 모르는 임신을 슈퍼마켓이 알게 된 까닭은 이러한 것이었다.

'타깃'에 근무하는 통계학자 앤드루 폴에 따르면

무향 수분 크림을 자주 구매하는 것도 하나의 단서가 된다. 임신 중에는 강한 향을 견디기가 힘들기 때문이다. 이와 같은 방식으로 앤드루 폴과 통계팀은 임신부가 일반 여성보다 자주 구매하게 되는 25가지 품목 리스트를 만들었다. 그리고 알고리즘을 이용해 이 제품들의 구매 개수와 양에 따라 '임신 지수'를 매긴다. 그렇게 해서 해당고객들이 예비 엄마일 가능성을 점칠 수 있는 일종의 평가표가 완성된다.(너희 165)

스몰 데이터든 빅 데이터든 데이터분석을 통하여, 이렇게 임신지수를 매겨 소비자의 상황을 파악하는 것이 끝이 아니다. 이렇게 임신지수에 따라 할인쿠폰을 보낼 때에도 생뚱맞은 다른 할인쿠폰과 섞어서보내야 한다. 그래야 소비자는 실제로 자신이 감시당하는 것이 사실인데도 감시당하지 않는다고 착각하며, 보내온 할인쿠폰들을 마음 편하게 사용한다.

이러한 광고들에 어떻게 대항할 것인가? 프랑스의 평론가인 롤랑바르트Roland Barthes는 광고가 만들어 내는 것은 신화이며 이러한 신화를 기호학적으로 분석해서 탈신화화하는 것이 필요하다고 지적했다. 이러한 탈신화화를 간단히 소개하면 이렇다. "예를 들어 한 남자가

파롤 즉 신화 (내포)	III. 기호= 그녀는 행복하다.		
	I. 기표=그가 그녀에게 장미를 주었다.		II. 기의=그는 그녀를 사랑한다.
랑그 (외연)	3. 기호=그가 그녀에게 장미를 주었다.		
	1. 기표=장미	2.기의=선물	

표 2 바르트의 기호학적 분석

자기의 비서인 여자에게 장미꽃을 선물했다고 하자. '장미꽃'을 기표라고 본다면 그 기의는 '선물'이다. 둘째 단계는 내포의 단계다. '장미꽃을 선물했다는 것'이 내포의 단계에서는 새로운 기표가 되는데 이것의 기의는 '그 남자가 그 여자를 사랑한다'는 것이다. 그리하여 이행위는 그 여자에게 달콤한 사랑의 환상을 심어주게 된다. 이것이 그행위가 빚어내는 신화다. 이를 도식으로 나타내면 앞과 같다."(김성동 209) 하지만 그가 그녀를 사랑하지 않고서도 자신을 위한 수고에 감사의 표시로 장미꽃을 선물할 수 있다. 광고가 만들어 내는 신화는 이러한 수준의 가상현실이기 때문에 이러한 가상현실의 가상성을 분석해냄으로써만 우리는 광고를 탈신화화할 수 있게 된다.

정치가

광고인들만큼이나 언어를 가지고 가상적인 세계를 사실적인 세계인 것처럼 만드는 재주를 가진 다른 종류의 사람들이 정치가들이다. 김운회 교수에 따르면

레닌은 언어적으로 특정 거점을 점거하는 데 가히 천재적이었다. 그
대표적인 것이 볼셰비키(다수파) 개념이다. 1903년 러시아 사회민주
노동당 제2차 당대회에서 마르토프와 레닌의 노선 대립이 있었는데,
항상 소수에 불과했던 레닌의 정파가 약간의 수적 역전이 있자, 레닌
은 즉시 자신의 정파를 볼셰비키(다수파)라고 불렀는데……(미래 한국
2016. 12. 22)

레닌이 자신을 다수파라고 부르면 대립하는 사람들은 소수파가 된다.

정치가들이 사용하는 이러한 어법, 즉 유리한 고지를 선점하는 어법은 그 자체가 지양되어야 할 언어유희라고 할 수 있다. 교육운동을 하면서 자신의 교육운동을 '참교육'이라고 지칭하면, 자신과 다른 의견을 가진 교육운동은 '거짓교육'이라고 지칭하는 꼴이 된다. 이러한 의도가 아니라면 이러한 어법을 사용해서는 안 된다. 최근의 한 당명이 '바른정당'이라고 하는데, 이도 마찬가지로 자신의 정당은 바른 정당이지만 다른 정당들은 바르지 않은 정당이라고 지칭하는 꼴이 된다. 이러한 단어들을 일단 앞으로 나올 '환호유발어'와 대비하여 '고지선점어'라고 불러보기로 하자. 이처럼 정치가들의 언어는 광고인들의 언어와는 훨씬 다른 수준에서 사실과 세계를 창조하기 때문에 더욱 위험할 수 있다.

마제 교사로 하여금 '지식의 자기방어'라는 과목을 만들게 한 지적인 동기를 제공한 사람은 미국의 언어학자이자 사회비판가인 노엄 촘스키였지만, 실천적 동기를 제공한 사건은 르완다의 인종청소 사건이었다. 벨기에가 르완다를 식민통치하면서 후투족과 투치족을 분리하였고, 독립 후 후투족은 투치족에 대한 인종청소를 행하기 전에 공영 라디오 채널을 통하여 치밀하게 대학살을 조장했다. "방송에서 투치족은 '바퀴벌레' 또는 '바퀴'라고 불렸다. 대대적인 살육에 일단 불이 붙자, 이번에는 살인을 '일'에 비유하는 선동 방송이 날마다 울려 퍼졌다."(너희 194)

어떻게 이렇게 될까? 마제 교사는 사회심리학을 인용하여 이러한 메커니즘을 설명하고 있다.

사회심리학에서는 '인그룹'과 '아웃그룹', 즉 내집단과 외집단이라는 개념이 기본 바탕을 이룬다. 인그룹은 내가 속한 집단이고, 아웃그룹은 나와 동일하지 않은 사람들로서 다른 정체성을 가진 집단이다. 이처럼 상대방이 근본적으로 나와 다르다고 분류하고 나면, 그다음 단계로 언어를 통해 그 사람의 인간적 요소를 지워나간다. 그렇게 되면 나와 동일시될 수 있을 만한 모든 특성이 사라진다.(너희 194-5)

우리는 앞에서 해외원조를 이야기하면서 옥시토신에 대한 흥미로운 실험들을 이미 보았다.(8장 2절) 우리는 진화과정을 통하여 내집단과 외집단을 구분하는 본능을 가지게 되었다. 옥시토신이 불러올 수 있는 내집단 편애주의는 극단적인 경우에는 대량학살과 테러로 나타날 수 있는 인종차별을 만들어 낼 수 있다는 점을 그 실험들은 보여주고 있었다.

오늘날 우리는 시민권이 아니라 인권에 주목하기에 그 사람이 누구든지 사람을 죽이면 살인이 된다. 그러나 원시사회에서는 내집단과 외집단의 구분이 사람을 죽이고도 살인이 아니 되는 경우와 살인이 되는 경우를 구분하는 기준이었다. 굳이 살인에 이르지 않는다고 하더라도 이와 같은 구분법과 언어사용은 적의를 불러올 수 있는 위험성을 충분히 내포하고 있다. 마제 교사의 다음과 같은 지적은 유념할 만하다. "함부로 특정 집단을 낙인찍어 놓으면 나중엔 그들이 '정말로 우리와 다른 사람'처럼 느껴지게 된다. 그래서 학대와 낙인은 결국 한 끗 차이다."(너희 197)

정치가들이 가장 쉽게 활용하는 지지자 결집의 방법이 이렇게 인그

룹과 아웃그룹을 나누는 일이다. "한 주제에 대한 양측의 의견을 비교
할 때면 으레 진보적/보수적, 개방적/폐쇄적, 현대적/시대착오적 등
으로 딱 잘라서 더 이상 말이 필요 없다는 듯" 대한다.(너희 181) 이럴
경우 마치 양극 사이엔 아무것도 없다는 느낌까지 준다. 그리고 반대
파를 비판함으로써 자신에 대한 지지자들을 결집시킨다. 그러나 그
사이에는 엄청나게 다양한 입장들이 있다.

마제 교사가 인용하고 있는, 정치가들이 실제적이지 않은 세계를 만
들어내는 다른 어법은 '환호유발어'다. "환호유발어란, 민주주의 체제
하에서는 동의하지 않을 수 없을 문구들을 사용함으로써 즉각적인 호
응을 유도하는 말들이다. 정치 연설문에서 이런 말들을 반복적으로,
가능한 한 자주 사용하게 되면 청중은 즉각적으로 지지하기 마련이
다." 마제 교사는 다음과 같은 예를 들고 있다.

'자유는 민주주의적 선택입니다!'라는 문장은 막연하기 그지없지만,
그 속에는 환호유발어가 세 개나 들어 있다. 이런 문장이 연설문가운
데 끼어 있으면 항상 제 몫을 해낸다.(너희 182)

이러한 환호유발어가 중요한 까닭은 이른바 '문 안에 한 발 들여놓
기' 전략이기 때문이다. 예전에 방문판매가 유행하던 시절에, 판매원
들은 제품을 소개하기보다 우선 물 한 잔을 요청하거나 시간을 물어
본다. 그래서 물 한 잔을 얻어 마시거나 시간을 알게 되면 문 안에 한
발을 들여놓은 것이다. 일단 최소한의 의사소통을 했기에 훨씬 쉽게
판매를 위한 의사소통을 하게 된다.

정치가들이 환호유발어를 사용하는 것도 바로 같은 방식이다. 환호유발어를 사용하여 일단 한 번 동조를 이끌어내면, 물 한 잔을 얻어 마시거나 시간을 알게 된 다음처럼, 청중을 자기편으로 만들기가 보다 쉬워지기 때문이다. 하지만 마제 교사는 때로는 이러한 환호유발어가 숨어있을 경우도 있다고 지적한다. 임신중절과 관련된 논쟁에서 정치가들은 '생명존중 지지자'나 '선택존중 지지자'라는 표현을 사용하는데, 이러한 용어는 환호유발어이면서 또한 고지선점어라고 할 수 있다.

마제 교사가 인용하고 있는, 정치가들이 실제적이지 않은 세계를 만들어내는 다른 어법은 '뉴스피크Newspeak'다. 이는 원래 1948년에 간행된 조지 오웰George Orwell의 공상과학소설 『1984』에서 그 통치 체제의 새로운 언어를 가리킬 때 사용한 표현이다. 예컨대, '국방부'를 '평화부'라고 지칭하는 것도 뉴스피크이다. 현실에서 이러한 뉴스피크라고 부를 만한 것은 유대인 학살을 '최종 해결'이라고 지칭한 독일의 나치즘의 언어이다. 마제 교사가 들고 있는 오늘날 프랑스에서의 뉴스피크는 다음과 같은 형태이다.

한편 극우 성향의 사이트 '프드주슈'도 독자적인 '뉴스피크 사전'을 만들었다. 그중 특히 눈에 띄는 '망언'이라는 표제어는 "주류 사상을 거스르는 발언을 가리키는 충격적인 표현. '논쟁' 참조"라고 되어 있다. 흥미롭게도 이 사전은 '망언'에 담긴 비난조를 완전히 중화시키고 있다. 여기에 따르면, 극우정당을 비난한 유대인 출신 가수 파트릭 브뤼엘을 비롯해 특정 인물들에게 '오븐에 넣고 구워 버리겠다.'는 망언으로 2014년 6월 언론을 화려하게 장식했던 국민전선(FN) 창

당자 장-마리 르펜도 그저 '주류 사상'을 거스르는 발언을 했을 뿐, 그 이상은 아니라는 뜻이다.(너희 190)

마제 교사는 이러한 정치가들의 사실제조적인 언어들을 지적하면서 다음과 같이 충고하고 있다. "그렇기에 정치판에서는 다른 어느 곳에서보다 더욱 말에 현혹되지 않도록 조심해야 한다. 정치에서의 말은 의미만 담고 있는 것이 아니라, 실질적인 영향력을 노리기 때문이다."(너희 198)

자신에 의한 속임

이제까지 우리는 오직 타인에 의해서만 속임을 당하는 것처럼 논의해 왔지만, 사실은 그에 못지않게 자신에 의해서도 속임을 당하고 있다는 사실이 사회심리학자들인 대니얼 카너먼Daniel Kahneman과 아모스 트버스키Amos Tversky에 의해 밝혀졌다. 그들은 자신들의 연구를 경제행위에 초점을 두고 진행했기에 그들의 이론은 행동경제학이라고 불린다. 그들은 인간의 직관적 판단인 휴리스틱이 어떤 오류를 갖는지, 그리고 먼저 제시된 프레임에 인간이 어떤 오류를 자기도 모르게 범하는지에 주로 주목하여 이러한 속임의 문제를 다루고 있다. 자신에 의한 속임을 다루고자 하는 이 절에서는 그들의 이론을 정리하여 보여주고 있는 도모노 노리오의 『행동경제학』에서의 논의를 따라 이러한 속임의 문제를 다루어 본다.

휴리스틱 이론

우리의 뇌는 진화과정을 통하여 두 가지 기능을 겸비한 것으로 보인다. 하나는 자주 노출되는 상황에 대하여 자동적으로 대처하는 능력이며, 다른 하나는 드물게 노출되는 상황에 대하여 추론적으로 대처하는 능력이다. 우리의 뇌를 구성하는 세 겹의 뇌, 즉 안에서부터 파충류의 뇌, 변연계, 그리고 신피질 중에서 파충류의 뇌나 변연계가 자동적으로 대처하는 능력을 주로 담당하고 있다면, 신피질이 주로 추론적으로 대처하는 능력을 담당하고 있다고 볼 수 있다.

전자에 대하여 심리학계에서 일반적으로 사용되는 명칭은 시스템1이지만, 전통적인 용어를 사용한다면 직관이라고 부를 수 있을 것이고, 이를 두 교수 카너먼과 트버스키는 휴리스틱heuristic이라는 용어로 지칭하였다. 이와 마찬가지로 후자에 대해서는 시스템2 혹은 추론 또는 알고리즘algorism이라는 용어로 부를 수 있다.(행동 69)

시스템1과 시스템2는 작동되는 순서에서 차이가 있다. 1과 2라는 단어가 의미하듯이 시스템1이 당연히 먼저 작동하며, 이어서 시스템2가 작동한다. 시스템2가 시스템1의 작동을 검토하여 특별한 문제가 없다고 판단되면 시스템1을 따라간다. 하지만 문제가 있다고 생각되면 추론을 시작하여 시스템1을 수정한다.

시스템1은 뇌를 이루는 신경세포인 하나의 뉴런이 발화되면 연관된 다른 뉴런들이 뒤따라 발화하면서 일련의 뉴런들의 동시적인 발화를 통하여 기능을 발휘한다. 시스템2는 이러한 발화된 뉴런들의 자동적인 발화에서 문제점을 찾아내는 작업인데 여기에는 많은 주의력과 그것을 뒷받침할 에너지가 소요된다. 사실 우리가 주로 시스템1을 사용하고자 하는 까닭은 시스템 2를 사용할 때 이렇게 소요되는 에너지를 아끼고자 하기 때문이다.

그렇다면 이제 아래의 문제를 풀어보자. 우리가 우리 자신을 어떻게 속이고 있는지 우선 확인할 수 있을 것이다.

> 방망이와 공을 합친 가격이 1달러 10센트이다.
> 방망이의 가격이 공의 가격보다 1달러 더 비싸다.
> 그렇다면 공의 가격은 얼마인가?(카너먼, 『생각에 관한 생각』(파주: 김영사, 2012, 68)

우리가 쉽게 내리는 답은, 즉 시스템1을 동원하여 얻는 값은 10센트다. 하지만 시스템2를 동원하여 검산을 해보면 방망이와 공을 합친 가격은 1달러 20센트다. 아주 간단한 계산인데도 실수를 했음을 알 수 있다. 진실은 무엇인가? 공의 가격은 5센트이어야만 한다. 그래야 합해서 1달러 10센트, 차이가 1달러가 된다.

이러한 경우에서 볼 수 있는 것처럼 시스템2는 특별한 문제점을 발견하지 않으면 작동하지 않으려고 애쓴다. 시스템2는 게으르다고 말할 수 있다. 이처럼 게으른 시스템2가, 실제로는 문제점이 있는데, 이것을 감지하지 못하고 그냥 지나갈 때, 편향bias, 즉 지금 우리의 맥락에서는 자기속임이 발생하게 된다.

인간과 로봇의 근본적인 차이점은 로봇의 의사결정이 시스템2에 의해서 이루어진다는 것이다. 왜냐하면 아직까지 시스템1을 흉내 낸

컴퓨터를 가진 로봇은 없기 때문이다. 존 폰 노이만John von Neuman은 논리학의 기본명제들을 계산하는 추론적인 컴퓨터를 만들었는데, 이것이 우리가 지금 사용하고 있는 컴퓨터다. 로봇은 아직 시스템1을 가지고 있지 못하다.

여하튼 두 교수의 업적은 휴리스틱을 발견한 것이 아니라 휴리스틱이 대단히 유용하지만, 이것이 때로 잘못을, 즉 인지적 편향을, 지금 우리의 맥락에서 보면 자기기만을 보인다는 점을 지적한 것이다.

이렇게 자기기만을 불러일으키는 대표적인 휴리스틱에는 이용가능성 휴리스틱availability heuristic과 대표성 휴리스틱representative heuristic이 있으며, 휴릭스틱이라 부르지 않지만 휴리스틱과 비슷한 기준점 효과와 조정anchoring and adjustment이 있다.

이용가능성 휴리스틱은 어떤 사건의 빈도나 발생 확률을 판단할 때 실제의 발생빈도에 근거하기보다는 그 사건과 관련된 구체적인 예나 연상 등이 얼마나 쉽게 떠오르느냐에 따라 판단하는 경향을 말한다. 다음과 같은 질문을 받았다고 해보자.

1. 소설 4쪽 분량(약 2,000어)에서 7문자로 된 단어 중 어미가 ing로 끝나는 것은 몇 개인가?
2. 소설 4쪽 분량(약 2,000어)에서 7문자로 된 단어 중 6번째가 n인 것은 몇 개인가?(행동 71)

두 교수는 질문1에 대한 답의 평균은 13.4개, 질문2에 대한 답의 평균은 4.7개라고 보고하고 있다. 그러나 잘 따져보면 질문2의 대답이 질문

1의 대답에 속하는 것이다. 7문자로 된 단어 중 어미가 ing로 끝나게 되면 자동적으로 6번째 철자가 n이 된다. 그러니 질문2에 대한 대답은 어미가 ing로 끝나는 것을 포함하여 다른 어미를 가진 것까지 포함해서 당연히 질문1의 대답보다 많은 숫자이다. 그런데도 이런 역전된 숫자의 대답이 나온 것은 1의 경우가 2의 경우보다 더 쉽게 환기되기 때문이다. 실제로 대답자가 한 대답은 ing로 끝나는 단어는 여러 개가 생각나는데, 6번째가 n인 단어는 생각하기가 쉽지 않다는 사실에 근거한다.

"당신이 가사에 기여하는 비율이 얼마나 된다고 보는가?"라는 질문을 받았을 때, 남편과 아내가 평가한 각자의 기여도의 합은 100%가 넘었다. 양쪽 배우자 모두 상대방의 노력과 기여보다 자신의 노력과 기여를 훨씬 더 분명히 기억하고 있기 때문에 자신의 기여를 더 높이 평가한다.(카너먼 192) 이럴 경우 사람들은 자신이 객관적으로 기여한 정도를 묻는 평가에 자신이 주관적으로 기여했다고 말하고 싶은 소망을 가지고 답했다. 서로 사랑하는 부부 사이에도 성과에 대한 평가가 이처럼 자기중심적이니, 사업에 성공한 부서의 구성원들이나, 전투에 승리한 부대의 구성원들 사이에 공적을 놓고 다투고 평가가 공정하지 못하다고 불평하는 것은 너무도 당연한 일이다. 물론 누군가가 공적을 독점하는 경우도 있겠지만, 우리가 자신을 속인다는 점을 고려하면 공을 이루되 공에 머무르지 말라成功不居는 노자의 가르침은 현명하고 현명하다.

대표성 휴리스틱은 어떤 집합에 속하는 하나가 그 집합의 특성을 대표한다고 생각하여 판단을 내리는 휴리스틱이다. 다음과 같은 질문을 받았다고 해보자.

어느 마을에 크고 작은 병원이 2개 있다. 큰 병원에서는 하루에 평균 45명, 작은 병원에서는 15명의 아기가 태어난다. 당연히 50%가 남자 아기다. 그러나 정확한 비율은 매일 다르며, 남아가 50%보다 많은 날도 있고 적은 날도 있다. 남아가 60%이상 태어난 일수는 1년 동안 큰 병원과 작은 병원 중 어느 쪽이 많을까?(행동 76)

카너먼의 실험에서 답한 사람들의 분포는 큰 병원 21%, 작은 병원 21%, 거의 같다고 대답한 사람이 53%였다. 실제로 확률 이론에 따라 정답을 계산해 보면 큰 병원에서는 27일, 작은 병원에서는 55일 된다고 한다. 확률에서 경우의 수가 많을수록 평균에 가까워질 것이라는 것은 보통 알고 있다. 주사위를 많이 던지면 던질수록 어떤 숫자가 나오는 경우는 1/6에 가까워질 것이다. 남자 아이가 태어날 확률도 경우의 수가 많으면 많을수록 1/2에 가까워질 것이다. 큰 병원이나 작은 병원이나 어떤 특정한 경우가 생길 가능성에 차이가 있는데도 그 가능성을 평균으로 본 것이 이 질문에 대한 대답에서 보이는 편향이다. 이처럼 표본의 크기가 작더라도 모집단의 특성을 대표할 수 있다고 여기는 편향을 "소수의 법칙law of small numbers"(행동 77)이라고 부르기도 한다.

동전을 20번 던지는 동안 5번 연속 앞면이 나오면, 다음은 뒷면이 나올 가능성이 높다고 판단하는 것을 "도박사의 오류gambler's fallacy"(행동 77)라고 부르는데, 이것도 6번째를 20번 전체의 대표로 보는 편향이다. 비행훈련에서 훌륭한 비행을 한 훈련생을 칭찬하면 다음 비행에서는 별로 잘하지 못하고, 비행을 잘 하지 못한 훈련생을 야단치면 다음에는 실력이 나아지는 경우를 보면 '칭찬하면 성적은 악화되고 꾸중하면 성적은 올라간다.'는 법칙을 도출하게 되겠지만, 수학에서는 이를 "평균으로의 회귀regression to the mean"(행동 78)라고 부르는데, 실제로 그럴 경우도 혹시 있겠지만 대개의 경우는 평균으로 회귀되고 있는 경우일 뿐인 한 경우에 임의적인 이유를 붙이는 오류를 범하고 있다. 예컨대 스무 번을 비행한 다음에 내려야 할 평균적인 판단을 둘째 비행에 대하여 내리고 있기 때문이다.

앞의 예들에서 볼 수 있는 것처럼 우리가 인과관계로 묶고 있는 것이 사실은 전혀 인과관계가 아닌 경우가 얼마든지 있다. 하나하나의 사건에 우쭐해하거나 실망—喜—悲하지 말고 자신이 맡은 일을 제대로 하기 위하여 충분한 노력을 하는 것이 더 낫다. 진실은 오래 시간을 두고서 천천히 드러나기에 서둘러 판단을 내리는 것은 그렇게 적합하지 않은 셈이다.

휴리스틱이라는 이름을 붙이지는 않았지만 휴리스틱과 비슷한 종류의 편향을 보이는 것이 있는데, 그것이 "기준점 효과와 조정"(행동 81)이라는 것이다. 이것이 상황이 불투명할 때 일단 먼저 어떤 지점을 설정하고, 그 다음에 조정을 통해 예측치를 확정할 경우에 기준치가 장애요인이 되어서 잘못된 예측치를 내는 편향을 가리킨다. 다음과 같은 질문을 받았다고 해보자.

1. $8 \times 7 \times 6 \times 5 \times 4 \times 3 \times 2 \times 1 = ?$
2. $1 \times 2 \times 3 \times 4 \times 5 \times 6 \times 7 \times 8 = ?$(행동 82)

두 교수는 질문1에 대한 답의 평균은 2,250, 질문2에 대한 답의 평균은 512라고 보고하고 있다. 정답은 40,320이다. 물론 양쪽 답은 똑같다. 이것은 암산할 때 처음 몇 개 항목만 계산해서 기준점으로 정하고 나머지 부분을 적당히 조정하여 예측치를 내기 때문에 생기는 편향이다. 큰 숫자부터 시작할 때의 예측치가 작은 숫자로부터 시작할 때의 예측치보다 큰 것이 맨 처음 몇 숫자를 계산하고 그것을 기준점으로 잡았음을 보여준다.

이러한 실험의 연장선상에서 MIT의 경영대학원에서 한 실험이 있다. 미래의 마케팅 전문가들인 학생들에게 우리의 주민번호 같은 그들의 사회보장번호의 끝 두 자리를 적게 한 다음, 정확히 가격을 알 수 없는 고급 와인들, 컴퓨터 관련물품들, 초콜릿들 등을 내놓고 자신의 사회보장번호 끝자리를 지불하고 살 것인지 여부를 적게 하고, 자신이 지불하고자 하는 최고가격도 적게 하였다. 그 결과는 끝번호가 높은 학생은 높은 가격을, 낮은 학생은 낮은 가격을 적어내었다. 무선키보드에 대하여 끝번호가 상위 20%인 학생은 평균 56달러를, 하위 20%인 학생은 16달러를 매겼다. 게다가 학생들은 같은 종류의 물건들에 대해서는 차이가 나게 보이는 순서에 따라 일관성 있게 가격을 매겼다. 예컨대 모두 트랙볼마우스보다 키보드에 높은 가격을 매겼다. 이 실험을 한 이는 이처럼 기준점 효과와 조정, 이를 일반적으로 번역하지 않고 앵커링이라고 하는데, 이것이 임의적인 일관성arbitrary coherence을 갖는다고 판단했다. 그들은 다양한 실험을 통하여 이러한 앵커링이 계속적으로 효과를 갖는지도 검토했는데 여기에 대해서도 긍정적인 답을 얻었다.(애리얼리,『상식 밖의 경제학』, 장석훈 옮김, 서울: 청림출판, 2008, 60-70)

이러한 현상은 심지어는 인신의 구속을 다루는 재판정에서도 일어난다고 알려져 있다. 동일한 종류의 사건에 대하여 검사가 구형을 34개월로 하였을 때와 12개월로 하였을 때 실제로 판사가 내린 선고가 8개월이나 차이가 났다는 조사연구도 있다. 검사의 구형이 기준점이 되어서 판사가 조정을 하였기에 이러한 결과가 나타났다고 볼 수 있다.(행동 85)

이러한 자기기만에 대처하기 위해서는 자기의 판단이 혹시 앵커링 되지 않았는지 계속 자기비판을 하는 방법밖에 없다. 타인의 기만에 대해서 우리는 지적인 자기방어를 말하며 열심히 방어한다. 그러나 자기의 기만에 대해서는 방어해야 할 대상이 자기인 까닭에 그렇게 열심히 방어하기가 어렵다. 인간의 자의식적인 반성이 그래서 중요한 것이다.

공자의 제자인 증자는 하루에 세 번 반성吾日三省吾身한다고 했다. "나는 매일 나 자신에 대하여 세 가지를 반성한다. 남을 위해 일을 할 때 불충실하지 않았는가? 벗들과 사귀는 데 신의를 잃은 일은 없었는가? 가르쳐 받은 것을 복습하지 않았는가?"(『논어』 「학이편」) 그러나 우리는 일사성해야 한다. "내가 판단할 때 앵커링하지 않았는가?"

프로스펙스론

두 교수는 휴리스틱론 이후에 프로스펙스론을 제시하여 드디어는 노벨 경제학상을 수상하였다. 프로스펙스론은 정확히는 하나의 특수한 가치론인데, 가치가 첫째, 준거점reference point에 따라, 둘째, 민감도

체감diminishing sensitivity의 원칙에 따라, 셋째, 손실회피성loss aversion에 따라 달리 느껴진다는 가치함수론이다. 그러나 이를 우리는 자기기만이라는 맥락에서 이해할 수 있다.

준거점에 대한 의존의 예는 다음과 같다.

> 두 사람이 최근 한 달간 자신의 금융자산 증감에 관한 보고를 받았다. A는 자산이 4,000만 원에서 3,000만 원으로 줄어들고, B는 1,000만 원에서 1,100만 원으로 늘어났다는 보고를 받았다. 어느 쪽이 행복할까?(행동 108)

만약 절대치로 보면 누가 만족해야 하는가? 전자다. 후자보다 1,900만 원이나 더 있지 않는가? 이렇게 단순히 비교하면 전자가 더 만족하겠지만, 원래의 자산을 알고 나면 후자가 더 만족하리라 예상된다. 원래의 자산이 준거점이 되기 때문이다.

민감도 체감에 대한 의존의 예는 다음과 같다.

> 기온이 1도에서 4도로 오를 경우가 21도에서 24도 상승할 경우보다 더 따뜻하게 느껴진다.(행동 109)

경제학에서 우리가 배운 한계효용체감의 법칙처럼, 모수가 클 경우에 모수가 작을 경우처럼 변화가 크게 느껴지지 않는다. 제품가격이 3만 원에서 3만 3,000원으로 인상된 경우와 30만 원에서 30만 3,000원으로 인상된 경우 전자는 10% 인상이고 후자는 1%인상이다. 같은

3,000원이지만 다르게 느껴진다.

손실회피성에 대한 의존의 예는 다음과 같다.

득실 확률이 50대 50인데, 100달러를 손해 볼 수 있다면 최소 얼마의 이득을 올릴 수 있어야 이 도박에 참여하겠는가?(카너먼 364)

두 교수의 측정에서는 같은 크기의 이익과 손실, 예를 들어 1만 원의 이익과 1만 원의 손실에서 각각이 주는 충격은 손실이 약 1.5배에서 2.5배 큰 것으로 나타났다. 액수가 같더라도 손실이 이익보다 훨씬 크게 느껴지는 것이다.

두 교수의 이러한 프로스펙스론은 다음과 같은 가치함수 그래프로 표시할 수 있다.(곽준식, 『브랜드, 행동경제학을 만나다』, 고양: 갈매나무, 2012, 127)

다음 표에서 보면 마이너스 가치를 나타내는 비효용이 더 급격한 곡선을 그리고 있는데 이것은 손실회피성 때문이며, S자 곡선으로 효용의 증가나 감소가 점차 둔화되는 것은 민감도체감 때문이며, 표에서 수직선과 수평선이 교차하는 지점이 준거점이다.

프로스펙스론은 일단 위와 같은 가치함수론이라고 이해할 수 있겠으나, 확률과 관련하여 이해할 때에는 여기에 확률가중함수론을 덧붙여야 한다. 확률가중함수론이란 금전적인 손실이나 이익이 절대적인 효용을 갖는다기보다는 준거점, 민감성 체감, 손실회피의 영향을 받아 상대적인 효용을 갖는 것처럼, 수학적 확률 또한 확률을 바라보는 인간의 마음이라는 필터를 거쳐서 절대치가 아니라 상대치를 갖는다는 의미이다.

그렇다면 인간의 마음은 어떻게 움직이는가? 두 교수의 실험에 의하면, 확률이 0.35일 때를 중심으로 해서 확률이 작을 때는 과대평가되고, 확률이 클 때에는 과소평가된다는 것이 실험적으로 확인되었다. 이를 함수 그래프로 나타내면 아래와 같다.(행동 117) 확률이 희박한 로또를 사는 한 이유가 당첨확률을 과대평가하기 때문이라고 해석할 수 있다. 만약에 로또와 반대로 당첨되면 손실을 보는 경우에는 이것이 반대로 나타난다. 확률이 희박한 광우병에 걸릴까 걱정해서 소고기를 사지 않는 것이 그런 경우이다. 로또 당첨률과 광우병 감염률 모두를 과대평가한 것이다.

"당첨 확률이 매우 낮은데도 복권을 경쟁적으로 구입하는 일이나 감염될 확률이 매우 낮지만 광우병에 걸릴까 봐 소고기를 기피하는 행

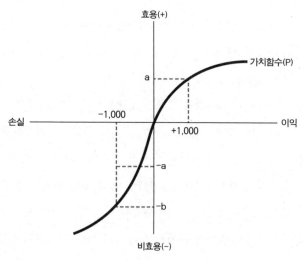

그림 25 가치함수 그래프

동 따위를 충분히 이해할 수 있다."(행동 126)

프로스펙스론에서 우리가 주목하게 되는 것은 특히 손실회피성이
다. 가치함수 그래프의 S곡선이 아래쪽에서 더 길게 늘어져 있는데, 이
것이 우리가 손실에 대하여 더 큰 비중을 둔다는 것을 보여주고 있다.
인간의 진화과정 중에 이득보다는 손실에 민감할 때 생존할 가능성이
더 높았을 것이고, 그리하여 우리가 이러한 마음의 습관을 가지게 되
었다고 볼 수 있다. 우리가 하는 거의 대부분의 경제활동에서 손실이
나 리스크를 회피하고자 하는 이러한 경향은 아주 자주 나타난다.
　이러한 손실회피성도 휴리스틱에서와 같이 일종의 편향을 보이는
데, 이런 것에는 보유효과endowment effect 내지 현상유지 편향status qua bias
이 있다.(행동 135) 보유효과란 내가 현재 가지고 있는 것을 남이 가지
고 있는 것보다 높게 평가하는 편향이다.

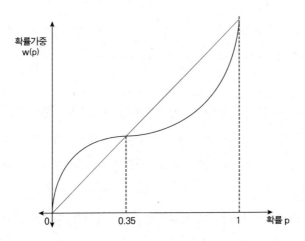

그림 26 가치확률함수 그래프

1950년대에 1병에 5달러를 주고 산 와인이 현재는 100달러의 가치가 있는데도 팔 생각이 없고, 또 똑같은 와인을 지금 다시 살 경우에는 35달러 이상을 주지 않으려 한다.(행동 135)

100달러 이상에 팔 생각willing to accept이면서 35달러에 살 생각willing to pay이라고 말하는 것은 분명히 이중적인 가치평가기준을 가졌다는 것인데, 이처럼 자기 소유분에 대하여 높은 가치를 부여하는 편향을 보유효과라고 말한다.

실험을 위하여 비슷한 가격의 머그컵과 초콜릿 바를 나누어주고 서로 교환할 수 있는 여건을 만들어주어도 교환하는 사람은 10% 정도에 불과했다. 이처럼 보유효과는 반드시 긴 시간을 필요로 하지 않으며 순간적으로도 나타난다.(행동 136) 다만 판매목적으로 재화를 보유할 때나 화폐를 보유하고 있을 때에는 보유효과가 나타나지 않는다.(행동 143)

현상유지 편향이란 현재 상황이 특별히 나쁘지 않은 한 현상을 유지하고 변화를 회피하고자 하는 편향이다.

당신은 신문의 경제면을 열심히 읽는 독자인데, 지금까지는 투자할 자금이 없었다. 그러나 최근 뜻밖에 작은할아버지로부터 거액의 현금을 증여받았다. 당신은 포트폴리오를 분산시키려 한다.(행동 144)

당신은 어떤 방식으로 투자하겠는가? 기존의 방식을 유지하겠는가? 아니면 리스크에 대해 새로운 선택을 하겠는가? 만약 유산이 리스크가 크지 않는 회사에 투자되어 있다면 그것을 당신의 방식으로 변경하겠는가? 여러 가지 질문에 대하여 변화보다는 현상 유지가 훨씬 더 많이 선택되며, 특히 선택대안이 많을수록 현상 유지가 더 많이 선택된다.(행동 144) 르네 데카르트René Descartes는 움직이거나 멈춰 있는 물체가 계속 그 상태를 유지하려고 하는 관성을 발견한 것으로 유명한데, 현상유지 편향은 우리 마음에도 그러한 관성이 있다는 것을 보여준다.

두 교수는 경제현상에 주목했지만, 이러한 자기기만적 특징들은 우리가 살고 있는 세계에 대하여 우리가 사실적 판단을 내릴 때에 다양한 방식으로 우리 자신을 기만하고 있다. 데카르트는 "나는 생각한다. 그러므로 나는 존재한다.cogito ergo sum"는 유명한 표현을 남겼다고 알려져 있지만, 사실 이는 아우구스티누스Aurelius Augustinus가 남긴 "나는 의심한다. 그러므로 나는 존재한다.dubito ergo sum"라는 표현을 수정한 것이다. 우리가 자신과 자신을 에워싸고 있는 세계와 관계하면서 견지해야할 하나의 원칙은 바로 이것, 즉 자신이 믿는 것에 대하여 끊임없이 의심하는 것이다. 그래서 소크라테스의 "너 자신을 알라γνῶθι σεαυτόν"는 경구는, 너 자신이 사실은 모르고 있다는 것을 알라는 경구는, 그 효용이 끝나지 않는다.

타인에 의한 속임이든 자신에 의한 속임이든 우리는 속임에 대하여 늘 경계해야 한다. 중국의 제자백가 중의 한 사람인 노자의 도덕경은 이렇게 시작한다. "도가도비상도道可道非常道 명가명비상명名可名非常名." 도일 수 있는 도는 영원한 도가 아니고 이름일 수 있는 이름은 영원한 이름이 아니라는 이 구절은 내가 도라고 생각하는 것과 다른 사람이 일러주는 이름이 영원한 도나 영원한 이름이 아니라는 것을 경계하고 있다. 이러한 노력은 결코 멈추지 말아야 한다. 의심하여 나아지고자 하는 것, 그것이 인문학이기 때문이다.

당신의 입장은?

1. 금연 캠페인을 위하여 드라마 속의 주인공이 흡연에 의한 폐암으로 고통을 받는 상황을 연출한다고 한다면, 당신은 이러한 간접공익광고에 찬성하는가, 반대하는가?
2. 독도를 두고 한국과 일본은 각각 다른 입장을 견지하고 있다. 만약 독도를 한국과 일본이 공유하자고 양국의 정부가 합의하고 이를 국민투표에 붙인다면 당신은 찬성할 것인가, 반대할 것인가?
3. 당신은 '보유효과'에 대하여 충분히 이해하고 있다. 이제 당신에게 동일한 가격의 머그잔과 초콜릿을 교환하라고 하면 당신은 흔쾌히 이를 교환할 것인가, 하지 않을 것인가?

더 깊고 더 넓게 읽을거리

1. 마제, 『너희 정말, 아무 말이나 다 믿는구나!』, 배유선 옮김, 서울: 뿌리와이파리, 2016.
2. 프랫카니스/아론슨, 『프로파간다 시대의 설득 전략』, 윤선길 외 옮김, 서울: 커뮤니케이션북스, 2005.
3. 노리오, 『행동경제학』, 이명희 옮김, 서울: 지형, 2003.
4. 카너먼, 『생각에 관한 생각』, 이지원 옮김, 서울: 김영사, 2012.